合同教会の「法」を問う

北村慈郎牧師の戒規免職
無効確認等請求訴訟裁判記録

北村慈郎牧師の処分撤回を求め、
ひらかれた合同教会をつくる会 ［編］

新教出版社

巻 頭 言

代表　関田　寛雄

　本書『合同教会の「法」を問う』は、2014年6月6日付で最高裁が「棄却」とした北村慈郎牧師の「戒規免職無効確認等請求裁判」の報告です。門前払い判決という残念な結果ではありますが、原告とその支援者たちが提起した問題は、日本基督教団という教会の在り方を根本から問うものであり、教会の歴史に深く刻み込まれたものであると信じます。それを記録に残し、現在と将来の多くの方々に参照していただきたく、本書を上梓いたします。

　裁判記録としては、本来なら原告・被告双方が裁判所に出した全記録と裁判所の判決全文を収めることが必要です。しかし、より広い読者に見ていただけるよう市販できる出版物とするためには、筆者の了承を得ることが困難な文書については、載録を断念するほかありませんでした。従って、本書は原告側の陳述書・提出証拠を中心とした記録とならざるをえませんでした。

　本来裁判は民事といえども公開されているものです。もし本「資料集」をもとに更に原文そのものに当たりたいと希望する方、また被告日本基督教団側の提出文書を見たい方は誰でも、民事訴訟記録そのものの「閲覧」ができる（「謄写」については当事者又は法律上の利害を疎明した者でないとできない）ことになっています。また北村訴訟支援会事務局にも、原告・被告双方が裁判所に提出した書面のすべてと、証拠のすべてを資料として保管していますので、閲覧したい方はお問合せください。

　また、この問題についての論点の理解を助けるため、巻末に「参考資料」として、瀬戸英治牧師による「『教団新報』における『聖餐』論議」を載せました。『教団新報』のバックナンバーは現在、日本基督教団事務局や関係神学校でも、また販売されたCD-ROM化されたものからでも閲覧できます。ここには2006年までのものが収められていますが、一番古いところでは1960年代から議論が始まっていたことが分かります。また「聖餐」を「開く」「閉じる」をめぐって実に冷静に、互いの主張に耳を傾け合いながら意見が交わされていたことも分かります。それにも拘らず、残念ながら北村慈郎牧師の「戒規免職」処分は、こうした積み重ねがあたかも存在しなかったかのように、余りにも感情的、一方的に進められたことが、この資料からも分かります。

　私たちは「戦争責任告白」によって罪を告白し、主によってゆるされて生きる教会となった日本基督教団を心より愛しています。それ故に会議制と手続きを無視して北村牧師排除に走り続ける、現教団執行部に対して、イエス・キリストの福音にふさわし教団になることを心より願い、次の三つの事を続けて参ります。「教団という土俵を割らない、対話を止めない、希望をすてない」。神にのみ栄光あれ！

（神奈川教区巡回教師）

目　　次

巻頭言　　関田　寛雄　3

第1章　北村慈郎牧師免職問題の経緯　7

第2章　地位保全仮処分命令の申立て　15
- 2－1．地位保全仮処分命令の申立て　16
- 2－2．仮処分申請に至る経緯　16
- 2－3．仮処分の申請およびその内容　17
  - 2－3－1．地位保全仮処分申立て　17
  - 2－3－2．申立ての理由　22
  - 2－3－3．上告審判手続における瑕疵　22
  - 2－3－4．保全の必要性　22
- 2－4．被告教団側の主張　23
- 2－5．仮処分取り下げ　23
- 2－6．日本キリスト改革派教会の訓練規定　23

第3章　東京地方裁判所民事部へ提訴（第一審）　25
- 3－1．一審提訴に至る経緯　26
- 3－2．東京地方裁判所に提訴　26
  - 3－2－1．訴状及び準備書面（1）　26
  - 3－2－2．被告「日本基督教団」からの答弁書　49
  - 3－2－3．双方による求釈明　51
  - 3－2－4．審理経過　53
- 3－3．東京地方裁判所一審判決　75
  - 3－3－1．判決　75
  - 3－3－2．請求及び事案の概要　75
  - 3－3－3．争点　75
  - 3－3－4．争点に対する判断　77
  - 3－3－5．一審判決に対する評価　81

第4章　東京高等裁判所へ控訴　85
- 4－1．東京高裁に控訴（控訴状提出）　86
- 4－2．控訴の理由　86
- 4－3．被控訴人からの準備書面（控訴人主張への反論）　123
- 4－4．東京高裁第1回控訴審　127
- 4－5．東京高裁判決　128
- 4－6．東京高裁判決に対する評価　136

第5章　最高裁判所へ上告　141
　5－1．最高裁判所へ上告　142
　5－2．上告理由　142
　5－3．上告理由書　142
　5－4．上告受理申立理由書　153
　5－5．最高裁判決　170
　5－6．判決に対する見解　173

第6章　総括に代えて　　渡辺　英俊　175

[参考資料]　185
　【参考資料－1】　【原告側意見書】　　　　　　　　浅野　直人　187
　【参考資料－2】　【『教団新報』における「聖餐」論議】　瀬戸　英治　192
　【参考資料－3】　【日本キリスト改革派教会　教会規定第2部　訓練規定】（抜粋）　236

あとがき　　小海　基　249

---

1. 本書において、編集委員会による本文は明朝で、裁判所提出書類等の引用は丸ゴシックで記述されています。
2. 個人名を掲載することが特に必要ないと思われる部分、双方の弁護士や裁判官などの個人名は伏せてあります。
3. 準備書面、控訴理由書等に記載されているページ番号はその文書のページを表しており、本ページとは異なることに注意してください。

第1章　北村慈郎牧師免職問題の経緯

年	月　日	項　　　　目
1999年	3月21日	紅葉坂教会定期総会において教会規則8条削除を決議
	9月	紅葉坂教会⇒神奈川教区へ「紅葉坂教会規則変更承認申請書」提出
2003年	4月1日	神奈川教区宣教研究委員会答申 「未受洗者の陪餐を、現在実施している教会については、その決定に至る経緯を尊重しつつ、各教会の宣教的、教会形成的取り組みを尊重する」
2005年	5月	山北宣久議長、教区総会挨拶で「正しい聖礼典の執行」を呼びかける
2006年	12月9～10日	第35／20回総会期第1回常議員会にて、教団総会で聖餐に与らなかった常議員について問題提起（北村牧師、それは自分である旨、自ら応答） （注：第35/20は沖縄キリスト教団と合同後第20回を表す。以下同様）
2007年	7月9～10日	第2回常議員会懇談会　記録に残さない条件で北村牧師が「聖餐について」発題
	10月1日	紅葉坂教会役員会から退任勧告案に対する公開質問状提出
	10月22～23日	第3回常議員会　北村慈郎教師への教師退任勧告決議 　6教区、1教区議長からの要望、退任勧告議案への反対署名（262教会、2,168名）にも拘らず、賛成16名で可決
	10月26日	山北議長、北村教師に退任勧告書を送付し、12月31日までに回答を迫る
	11月6日	紅葉坂教会役員会、山北議長へ抗議文送付
	12月31日	北村牧師から「勧告書への回答」を山北議長に送付
2008年	1月20日	紅葉坂教会役員会「北村牧師への『教師退任勧告』に対する紅葉坂教会の見解」を公表
	2月19日	山北議長⇒北村教師へ「再勧告書」送付
	6月20日	北村牧師⇒山北議長へ「再勧告書への回答」送付
	7月14～15日	第35／20回総会期第5回常議員会が「北村慈郎教師に対する戒規申立てを行う件」を可決。あまりにも横暴な議案に10名の常議員が退席する中での強行採決
	10月21～23日	第36／21回教団総会 　①　議案41,42,43号「教師退任勧告取り消し・撤回・無効に関する件」⇒否決 　②　議案44号「常議員会による戒規申立てを無効にする件」

		⇒可決 ③ 議案46号「聖餐について協議の場を設定する件」 ⇒時間切れ廃案
	11月29日	山北宣久議長の抱負（2008年発行『教団新報』第4663号） ・多様性が強調されるが違法聖餐は多様性の中に位置づけられるとは思っていない ・聖餐を巡る対立が教団分裂に突き進んではならない ・未受洗者への配餐をこれみよがしに実行することも、戒規をちらつかせて脅かすことも自重しなければならない
2009年	2月13日	信仰職制委員会答申 「現行の教団諸規則には戒規発動主体を特定する条文はない。但し、これは『先例集』96を否定するものではない」
	3月11日	教師委員会から申立てについて諮問 ① 教師委員会は前記答申について詳細説明を信仰職制委員会に諮問
	7月7日	信仰職制委員会答申 ・戒規申立人について定めた条文はない。理論上はだれでもなれる ・しかし、申立ての乱立を防ぐため、『先例集』96がある ・発議機関を教団規則で定めるまでは、『先例集』96は暫定指針に過ぎない ・発議機関が規則を作る場合にも、『先例集』96を無視できないが、これに縛られることはない
	7月13日	教師委員会「教師の戒規適用に関する内規」改定
	7月31日	信徒常議員小林貞夫他6名（全て信徒常議員）戒規申立て
	9月16日	教師委員会申立て受理
	10月19~20日	教師委員会は常議員会に戒規申立てを受理した旨報告 （北村教師、この時はじめて提訴された事実を知る）
	10月28日	紅葉坂教会⇒教師委員会へ質問書 ① 教師委員会が申立てを受理した根拠 ② 教団総会決議に違反すること（申立ては一事不再理に抵触すること） ③ 申立書を北村牧師に開示すること
	10月28日	教師委員会⇒北村教師へ面談要請 ① 教師委員会・雲然俊美調査員会委員長から北村教師へ面談要請 ② 北村教師は教師委員会への質問書を同封し、回答を受けてから検討する旨回答。出席を拒否していない ③ 北村教師本人には戒規申立てを受理したことの通知はなさ

		れていない
	11月4日	教師委員会松井睦委員長⇒紅葉坂教会へ回答 ① 信仰職制委員会の答申を受け、内規を改正し、申立てを受理した ② 教団総会の議決は手続き不適切が理由。今回は新たな答申に基づくものなので、一事不再理に当たらない ③ 申立書は他の案件に波及するので、開示はできない ④ 教規の解釈については信仰職制委員会に問うてほしい ⑤ 戒規は裁判ではない。信仰の指導を戒規という仕方で検討する。必要があれば戒規を適用する
	11月11日	紅葉坂教会⇒信仰職制委員会へ諮問 ① 教師委員会の内規は教団諸規則に該当するか ② 先例集９６が暫定指針であるならば、「未受洗者の陪餐について」の答申も暫定指針ではないか
2010年	1月26日	教師委員会、北村慈郎教師の免職処分を決定 　決定に先立ち、教師委員会の運営に異議を唱えていた西澤他喜衛、高橋敏通の２委員が抗議、辞任表明
	1月26日	信仰職制委員会答申 　2009年11月11日付紅葉坂教会からの諮問に対する答申 ① 2009年7月13日改定された「教師委員会の戒規適用に関する内規」は、教団諸規則に該当しません ② 「未受洗者の陪餐について」と題する答申は、教規第135条、136条、138条の諸規定から直接導き出される結論を示したもので、暫定的な指針ではありません」 ⇒教師委員会と同日開催のため、北村教師はこの答申を待って教師委員会の調査に出席するか否かを決める旨回答していたが、教師委員会はこれを全く無視したことになる
	2月7日	紅葉坂教会⇒教師委員会へ異議申立書 　紅葉坂教会役員会及び北村教師から教師委員会委員長宛に提出 ① 調査委員会の開催もなく、戒規申立て理由も通知せずに処分決定できるか ② 北村教師の行っている聖礼典は教憲教規のどこに違反するのか ③ 「度重なる勧告」とは何か ④ 「常議員として教会の徳を建つるに重大な責任」とは何か ⑤ 戒規施行細則第１条の後半部分をどう理解しているか(但し本戒規は、その適用を受けたものと神との関係を規定するものにあらず)

	2月12日	北村教師、山北議長へ上告書提出 （上告しないと即日発効のため、教師委員会決定を認めたわけではないが、不本意ながら上告）
	2月16日	第4回常議員会で上告審判委員を選任 　山北議長は上告審判委員の選任に当たり、戒規申立者及び被申立者を当事者として審議から外すように提案。しかし、審議の末否決。常議員全員で採決 　（⇒　公平性保持の観点から通常では考えられない。多数の論理による不条理な決定）
	3月14日	紅葉坂教会⇒教団へ「抗議と要望」提出 教師委員会の戒規適用の審議過程には重大な瑕疵がある 　① 公正・公平性が保たれていないこと 　② 手続きが不適正であること 　③ 弁明の機会が保証されなかったこと 　④ 以上は重大な人権侵害に相当する 　⑤ 教師委員会は審議プロセスを検証し、再検討するよう要望する
	4月10日	北村教師、上告理由書を審判委員に提出
	6月26日	第124回神奈川教区総会 　議案第8号「教団総会に『聖餐のあり方について慎重かつ十分に議論する場を設置する件』を議案として提出する件」を可決 　議案第9号「日本基督教団教師委員会による北村慈郎教師に対する免職戒規適用の無効を確認する件」を可決
	8月10日	北村慈郎代理人北村宗一弁護士から山北宣久教団議長への質問に対する回答 　① 上告審判の審判手続きを定める規則の有無 ⇒ 規則、細則は無い 　② 口頭審理の有無 ⇒ 審判委員会が判断すればあり得る 　③ 上告審判における代理人の選任 ⇒ 代理人選任は不適当 　④ 審理公開の有無 ⇒ 審判委員会は非公開で行われている 　⑤ 上告人に陳述機会提供の有無 ⇒ 審判委員会が必要と判断すればあり得る 　⑥ 上告理由を裏付ける書類、記録等の提供の可否 ⇒ 委員会に提出された資料は委員会においてのみ扱われるべきもの。原則として提供は出来ない 　⑦ 上記②〜⑥を否とする根拠 ⇒ 明文の規定はないが、戒規の本質と目的から判断されるべき 北村代理人から教団議長及び上告審判委員長へ要望 　① 上告審判の審判手続きを定める規則・細則を定めてから審

		理すべきこと⇒　恣意的運用を防ぐため （参考）日本改革派教会は「教会規定・訓練規定」の中で戒規について詳細な規則を定めている ②　戒規申立て書を開示すること⇒　北村教師は弁明したくても、その内容が判らない
	9月15日	審判委員会、北村教師の上告を棄却 　教師委員会の戒規免職処分を可とする結論を出す
	9月21日	教団議長名による「上告に対する審判結果について（免職決定の通知）」が北村教師宛に届く 紅葉坂教会宛と教区議長宛に同様の文書が届く ・北村は日本基督教団教師の身分を失う ・日本基督教団紅葉坂教会主任担任教師の職を解かれる ・教団総会議員若しくは教区総会議員に選ばれ、又教団若しくは教区の教務に従事することができない （⇒　各個教会の牧師の招聘権及び教区の選任権は一切認められず、各個教会と教区は何も言わずに教団の言うことに従えという意味にとれる）
	10月26～28日	第37／22回教団総会 　北村慈郎教師免職無効を求める2議案は教規に抵触するとして議事日程段階で上程しないことを決定。つまり門前払いで廃案になった。また、京都教区は北村議員の議員権はく奪に抗議し、総会は不成立として退場
	11月14日	紅葉坂教会臨時総会にて「北村慈郎教師の『地位保全処分命令申立て』を行う件」を満場一致にて可決
	11月22日	北村牧師、「地位保全処分命令申立て」（仮処分）を東京地方裁判所民事部に提出
	12月	全国署名委員会が「北村慈郎教師の免職処分に抗議する"全国署名"」運動を開始
2011年	2月1日	北村慈郎牧師仮処分を取り下げ 　本件は東京地裁で受理されたが、裁判官から、緊急性が乏しく、むしろ本訴で争うべき内容ではないかとの示唆を受けたことからやむなく取り下げることとした
	3月11日	東日本大震災発生により本訴を延期
	4月16日	『キリスト新聞』に意見広告掲載「わたしたちは免職処分に反対します」
	6月3日	「北村慈郎牧師を支援する会」神奈川世話人会・全国事務局会議 　裁判に向けての打ち合わせ会議実施

	10月12日	北村牧師、裁判前に石橋教団議長に話し合いを求める
	10月28日	石橋教団議長から、免職処分撤回の意思はないこと、悔い改めることを示唆する回答が届く
	11月25日	北村牧師、東京地方裁判所に「免職処分無効確認等請求事件」として提訴 【請求内容】 ・免職処分の手続きに重大な瑕疵がある ・不服申立ての審判手続きも適正さを欠いている ・懲戒権の濫用 ・牧師活動の名誉を傷つけられ、今後の活動が制限される。また年金もカットされるため、損害賠償を求める
	12月3日	「北村慈郎牧師を支援する会」結成集会（於：紅葉坂教会）全国から146名が参加
2012年	4月26日	地裁第1回口頭弁論 傍聴者170名以上
	4月26日	第1回報告集会（於：日比谷図書館文化館）参加者168名
	6月25日	地裁第1回準備手続き 被告側（教団）は、本件は宗教問題故裁判に馴染まず却下するよう主張
	7月28日	7・28報告＆討論集会（於：紅葉坂教会）92名参加
	8月9日	地裁第2回準備手続き
	10月23〜25日	第38／23回教団総会
	10月24日	「北村慈郎牧師を支援する会」全国交流集会（於：東京セミナー学院）参加者158名
	12月3日	地裁第2回口頭弁論
	12月3日	第2回報告集会（於：日比谷図書館文化館）参加者121名
2013年	2月25日	東京地裁一審判決 「本件訴えをいずれも却下する」との判決
	2月25日	第3回報告集会（於：日比谷図書館文化館）参加者137名
	3月8日	東京高等裁判所民事部に控訴 原告は「一審の判決は完全に法令の解釈を誤っており、東京地方裁判所に差し戻されるべきである」と主張
	6月3日	東京高裁第1回控訴審　傍聴者110名
	7月10日	東京高裁控訴審判決 本件控訴棄却判決
	7月10日	控訴審判決報告集会（於：スタンダード会議室虎ノ門）出席者112名 原告の最高裁上告を支持する決議を行った
	9月18日	最高裁判所へ上告　上告理由として

		①正教師の地位の確認の適法性について ②本件年金減額決定の無効確認請求の適法性について
2014年	3月29日	「北村慈郎牧師を支援する会」2013年度総会　参加者90名
	6月6日	最高裁上告を棄却
	7月26日	『キリスト新聞』、『クリスチャン新聞』意見広告掲載「日本基督教団による不当処分・北村慈郎牧師への免職撤回を！」
	8月28日	最高裁上告棄却報告集会（於：紅葉坂教会）参加者60名
	10月28〜30日	第39／24回教団総会
	10月29日	「北村慈郎牧師を支援する会」全国交流集会（於：東京セミナー学院）参加者120名強
2015年	4月18日	「北村慈郎牧師を支援する会」2014年度総会　参加者70名 「北村慈郎牧師を支援する会」を「北村慈郎牧師の処分撤回を求め、ひらかれた合同教会をつくる会」に会の名称変更を承認。 「北村慈郎牧師の処分撤回を求め、ひらかれた合同教会をつくる宣言」を採択し、賛同者を募る運動を展開することを決める
	9月19日	『キリスト新聞』に意見広告掲載　「北村慈郎牧師の処分撤回を求め、ひらかれた合同教会をつくる宣言」 10月6日現在賛同者2,409名

第2章　地位保全仮処分命令の申立て

２－１．地位保全仮処分命令の申立て

　北村慈郎教師は 2010 年（平成 22 年）11 月 22 日に「地位保全仮処分命令申立て」を求める訴訟を東京地方裁判所民事部に提訴した。債権者は北村慈郎、債務者は日本基督教団である。申立ての趣旨は以下の２項目とした。
（１）　債務者が平成 22 年 9 月 21 日付で債権者に対してなした免職の意思表示は仮にこれを停止する。
（２）　債権者が、債務者の正教師である地位を仮に定める。

　その後、本訴を東京地裁、東京高裁、最高裁判所へと上告することになったが、いずれも宗教に関わる事柄ということで、訴えは却下された。しかし、本訴の前に北村教師が紅葉坂教会の全面的支援を受けて行った「地位保全仮処分」提訴において東京地裁はこれを宗教上の問題として審理を行わない、という態度を取らずに、主として手続きの適否に着目して審理を行っている。結果的にこの訴えは取り下げることになったが、仮処分申請に至った経緯及び原告側の主たる主張を、本訴の前段階として記録にとどめておきたい。

２－２．仮処分申請に至る経緯

　2010 年 1 月 26 日、日本基督教団教師委員会は日本基督教団教師紅葉坂教会北村慈郎牧師に対し、開かれた聖餐の執行を理由に同教師の免職処分を決定した。教師委員会に北村慈郎牧師への戒規適用申立は、神奈川教区および紅葉坂教会とは何の関係も有しないＡ氏（他６名の賛同者）が個人として行った。しかし、教師委員会が受理したこの申立て及びその審議過程において、有効性、戒規申立て書を北村慈郎教師本人にも開示しないこと、同教師に弁明の機会が与えられなかったこと等々、公平・公正さに重大な疑問が提起された。

　北村教師にとってもこの決定は到底承服できないものであった。しかし、この決定は即日効力を生じるという教団総幹事の回答を得たため、北村教師は免職処分の決定を認めたわけではなかったが、やむを得ず教団議長に上告を行った。これを受け、審判委員会は審議を行い、2010 年 9 月 15 日付で「上告理由なし」として北村教師免職の最終決定を下した。この審判に関しても、審判委員の選任方法や、弁明の機会を与えないいわば密室審議であったこと、議事録を北村教師本人にも開示しないなど、ここでも公平・公正性に欠けるプロセスが繰り返された。

　北村牧師は退任勧告が問題になる前の 2007 年 3 月、紅葉坂教会役員会に 2011 年 3 月末の任期満了に伴い紅葉坂教会主任担任教師を辞任することを申し出ていた。したがって、同年 4 月からは新たな赴任地を求める必要があったが、免職になると新たな招聘を受けることが不可能になる。また、紅葉坂教会から提供されていた牧師館も任期満了以降は退出しなければならなくなる。つまり、免職は教師が招聘されることも、牧師館を提供されることもなくなり、いわば生活基盤そのものを失うことになる。北村牧師および紅葉坂教会役員会はＣ弁護士に相談し、地位保全の仮処分を申請することにした。本来ならば本訴するのが筋かもしれないが、本訴では時間がかかり、北村牧師の次の招聘に間に合わない恐れがあることから、結審が早い仮処分を申請することにしたのである。紅葉坂教会は、そもそも事の発端は聖餐のあり方についてであり、開かれた聖餐を決定したのは教会総会である。その結果、北村牧師のみが免職という重い処分を受けたことに大きな責任を感じていた。そのため、北村牧師は任期在任中は当教会の牧師であることを教会総意として確認した。また、北村牧師の今後のことへの影響を考え、仮

処分に関わる費用は教会が負担することとし、全面的に北村牧師を支援することを決定した。

２－３．仮処分の申請およびその内容

　仮処分を提訴する前に、教団との話し合いの契機にならないかを確認するため、北村牧師は日本基督教団Ｅ総会議長およびＢ総幹事に以下の資料開示の要請を行った。（2010 年 11 月 1 日）
（１）Ａ氏申立人による「戒規適用申立書」
（２）教師委員会議事録
（３）審判委員会議事録
　しかしながら、返ってきた回答は「いずれも非公開とされている文書のため、要求にお応えすることはできません」であった。（2010 年 11 月 9 日）

２－３－１．地位保全仮処分申立て

　平成 22 年 11 月 22 日（2010 年）北村慈郎は２名の弁護士に訴訟委任し、債権者を北村慈郎、債務者を日本基督教団とする「地位保全仮処分命令申立書」を東京地方裁判所民事部に提出した。申立ての趣旨は
① 債務者が平成 22 年 9 月 21 日付で債権者に対してなした免職の意思表示は仮にこれを停止する。
② 債権者が、債務者の正教師である地位を仮に定める。
　なお、申立ての際、原告北村牧師による以下に記載の陳述書を提出した。

陳 述 書

２０１０年（平成２２年）１１月１８日
横浜市□□区□□町□番地
北 村 慈 郎

1 身分と経歴

　私は１９４１年に横浜で生まれました。
　日本基督教団立東京神学大学を卒業後、１９７９年に日本基督教団正教師となりました。足立梅田教会、紅葉坂教会、御器所教会を経て、１９９５年４月より横浜市にある日本基督教団紅葉坂教会の主任担任教師となり、現在に至っております。
　日本基督教団の常議員も３期（第３４、３５、３６回総会期）務めました。

2 紅葉坂教会における聖餐のあり方の検討と牧師の対応

　紅葉坂教会は１９８０年代後半ごろから実質的に、洗礼を受けていなくても希望すれば誰でも与れる聖餐式を行っていました。しかし、教会全体の確認が無いまま行われていたために、１９９４年頃はじめて教会を訪れて礼拝に参加した中学生が聖餐に与ったのを、礼拝後に古い教会員の信徒の一人が、「あなたは洗礼を受けていないから、聖餐には与れないのよ」と注意したことがありました。それを見ていた別の教会員の信徒たちが、注意された中学生はもう二度と教会には来なくなるのではないかと思いました。そのことがあって、私が１９９５年４月に紅葉坂教会の牧師に招かれて着任した直後に、聖餐のあり方について考えて欲しいという要望が教会の役員会から出ました。その後、礼拝は誰にでも開かれているものであるから、礼拝の重要な構成要素である聖餐も開かれているべきではないかという問題が議論され、教会では著名な神学者、聖書学者もお招きして勉強会を繰り返し、議論と検討を重ねました。その結果、開かれた聖餐も聖書の解釈としては十分にありうることを確認し、１９９９年３月に開催された教会総会で、紅葉坂教会としては開かれた聖餐を行うことを決議しました。その後は、「希望する者は誰でも聖餐にお与りください」と明言して、牧師（教師）である私は、この教会総会の決定に従って開かれた聖餐式を執行しています。

3 聖餐のあり方についての他教区の動き

　また、日本基督教団には、全国に１７の教区がありますが、開かれた聖餐を執り行う教会は全国にみられます。九州、西中国、兵庫、京都、北海の各教区に多く、大阪、神奈川、関東、東中国にも（少数ですが）あります。
　一説によれば全国約１７００の教会のうち、開かれた聖餐を行っているのは２００以上の教会で、全体の１～２割に上ると見られますが、教団全体としては、閉ざされた聖餐という考え方が支配的であるために、開かれた聖餐を行っていることを公にしている教会はそれほど多数ではありません。
　それでも私の「教師退任勧告」「戒規適用」「免職処分」については、九州、西中国、東中国、兵庫、京都、大阪、神奈川、北海の各教区では、撤回や無効の声を上げてくれました。
　開かれた聖餐という考え方には批判的でも、戒規適用、特に免職処分まではやり過ぎだという意見は、関東、奥羽の各教区の教会にも相当強くあります。

4 常議員会による戒規の申立とこれに対する教団総会の無効確認決議

２００７年７月、第３５総会期第２回常議員会の懇談会において、私は、教団総会議長からの要請に基づいて、聖餐について発言し、その中で開かれた聖餐を行っていることを述べました。これは記録をとらない自由な発言という前提でなされたものですが、議長はこの発言内容を問題視し、自ら提案者となって常議員会に対し「北村慈郎教師に対し教師退任勧告を行う件」を上程しました。

この議長の行動は適正手続きを欠く暴挙であるとして、６教区１教区議長から抗議や議案取下要望書が提出され、また２６２教会２１６８名の署名を付した議案取り下げ要望書も提出されました。

それでもこの提案は、常議員会で、強行採決される形で可決されました。

私に対して教団からは、未受洗者への配餐を直ちに停止するか、さもなくば速やかに日本基督教団教師を退任されるようにという趣旨の「勧告書」が、２００７年１０月２６日付で送付されました。私としては、回答はできかねる旨を返答しましたが（２００７年１２月３１日付）、２００８年７月に開催された第３５総会期第５回常議員会において、「北村慈郎教師に対する戒規申立てを行う件」が可決されました。

しかし、その後の第３６回教団総会（２００８年１０月２１日～２３日開催）において、柴田もゆる氏が提案してくださった第４４号議案「教団第３５総会期第５回常議員会における『北村慈郎教師に対する戒規申立を行う件』の決議の無効を確認する件」が可決されました。

これによって、私に対する戒規申立ては無効であることが、教団の最高意思決定機関である教団総会で確認されたわけです。

5 その後、総会議長が紅葉坂教会に来会したこと

第３６回教団総会後、議長から私に対して、紅葉坂教会を訪問して協議したいという申し出がありましたので、紅葉坂教会の役員会はそれを承けて、２００８年１１月２８日に協議の場を設けました。

議長は、「第３６回教団総会での４４号議案の可決はショッキングなことだったが、そこに御心（神の意志）を見出したい。今後戒規は適用しないが、紅葉坂教会の内政干渉になるから、未受洗者への配餐を止めろとは言えないが、それが当然だとか当たり前だとか、大っぴらに言うことは止めて欲しい」と、紅葉坂教会に要望されました。

この時の議長の紅葉坂教会訪問は非公式なものであり、協議内容は出席者限りとし、口外しない事を申し合わせました。しかし、現在の段階ではその必要がないものと判断しております。

その後、紅葉坂教会としても、未受洗者への配餐が正しいといったことを大々的に喧伝するようなことは（以前からそうですが）特にありませんでした。また教団からも、教師退任勧告はまったくなされておらず（第３６総会期以降は一度もありませんでした）、私に対する戒規申立の問題は終息したかのように思われました。

6 教師委員会による内規改正とそれに基づく一信徒からの戒規申立

ところが、２００９年７月７日付で、教憲教規の解釈について権限を有する、教団の信仰職制委員会が「教憲教規上は誰が戒規発動者であるかが明記されていない。ただし、申立の乱立を防ぐため、先例集９６で役員会（但し常置委員会を通じること）と教区常置委員会に定められている。」ということを答申すると、その直後の７月１３日、教団の教師委員会は、同委員会の内規を改正して、何人でも戒規申立権者となりうることとしました。そして、これを承ける形で、常議員の一人であるＡ氏（他に賛同者６名のようであるが、戒規申立書が開示されておらずいまだに不明です）が７月３１日、

信徒個人の立場において、教師委員会に対し、私の戒規申立を改めて行ったのです（ただし、戒規申立がなされた旨の通知は、直接私には来ておりません）。そして、教師委員会はこの申立を受理し、内規に従って調査員会を設けました。

信仰職制委員会の答申から、再度の戒規申立まで、わずか1か月足らずのできごとでした。

7 免職処分までの教師委員会と北村牧師や紅葉坂教会とのやりとり、特に戒規申立書が開示されなかったこと

教師委員会に設置された調査員会からは、3回ほど文書で面談の申し入れがありました。

これに対して私は、誰が、どういう理由で戒規を申し立てているのか、申立書を開示して欲しいと再三にわたり要請しましたが、まったく開示されませんでした（いまだに開示されていません）。この申立書が開示されなければ、こちらとしては何の準備もできません。そもそも開示しない理由がまったくわかりませんので、まず開示していただくことが前提であると回答して参りました。

また、信仰職制委員会に対しても、そもそも教師委員会の内規を改正するという方法で、一信徒からの戒規申立を受理することが許されるか否かを問い合わせていたところですので、信仰職制委員会の諮問回答があるまでは面談を猶予していただくようにお願いをしておりました。

8 免職処分と上告申立

ところが、2010年1月26日、私に対し、教師委員会委員長名義で、突然、免職処分が通告されました。

私が、聖礼典執行に関し、①度重なる勧告を受くるにも拘らず、②教憲教規に違反していることを認め、③常議員として教会の徳を建つるに重大な責任を有する者たることに鑑み、教規第141条、戒規施行規則第1条及び第4条（4）により、免職処分とするという通告がなされました。

第36回教団総会での44号議案により、私への処分は無効と確認されたにもかかわらず、無理矢理に、内規を改正する形で別の申立権者（一信徒）による申立を受理し、私の主張も聞かないままで十分な審査も行わず、突然、私に対し、免職という、除名に次ぐ重い処分を教団は下したのです。極めて手続き的に不適切なやり方で、まったく公正性、公平性が保たれていません。

また、処分の具体的な理由も理解できません。①第35総会期で2度ほど退任の勧告を受けましたが、その後、第36総会期では一度も勧告を受けておりませんし、②教憲教規に違反していることを私自身が認めたわけでもありません。また、③常議員であることが免職処分にどういう意味を持つのかもわかりません。さらに処分の根拠となった教規第141条や戒規施行規則第1条は戒規の一般的な目的を述べているだけですし、戒規施行規則第4条（4）は教憲第1条、第2条に違反して教団秩序を乱した場合に免職しうることが規定されていますが、教憲第1条は教団自体の存在意義や使命について、第2条は教団の信仰告白についてそれぞれ規定した非常に抽象的な規定ですから、私の行為がそれらに違反するなどというのはおよそ理由にならないはずです。

この免職処分には手続的にも内容的にもあらゆる意味で納得できませんでしたので、私は、教規に従って直ちに上告を申し立てました。

9 戒規申立権者についての信仰職制委員会のいくつかの答申

前述のように、教師委員会は、2009年7月7日付信仰職制委員会の答申に呼応する形で、内規を急いで改めて私に対する一信徒からの戒規申立を受理しました。

ところが、戒規とその申立については、教師の身分に関する重大な事項ですから、教規その他の教団諸規則において定められるべきであり、内規はあくまで内部規約に過ぎず、教団諸規則に該当しないはずです。内規は非公開の状態において自由に改廃でき、公示もされておりませんので、それが教規その他の諸規則と同等のはずがありません。

この点について、私は信仰職制委員会に対し2009年11月11日付で諮問いたしました。すると、信仰職制委員会も、2010年1月26日付答申において、2009年7月13日に改訂された「教師委員会の戒規適用に関する内規」は教団諸規則に該当しない、と明言しました。

10　上告審判における審判委員選出方法と上告審判における手続の進め方

上告審判は、教団内部の手続きとしては最終的な判断であり、中立公平な立場であることが要請されるはずです。

ところが、この審判委員5名を選出する常議員会においては、私に対する戒規申立者およびその賛同者も利害関係人として議決に加わっております。また、審判委員長である人物は、「聖餐の正しい執行を求める会」なる会の代表に名を連ねており、明らかに一方の当事者の利益の代表者です。これではおよそ中立性が保たれた審判手続がなされるはずがありません。

また、上告審判の手続きについては、教団も認めているとおり、具体的な規定がありません（2010年8月10日付総会議長名の回答書による）。私としては、代理人の選任及び審理の公開を求めましたが、いずれも教団からは不要と回答され、さらに、意見を陳述する機会を求めましたがこれも実施されず、また、審判委員会に提出された書類・資料の開示を求めましたが、これもまた拒否されました。

結局、どのような手続きで審理がなされているかわからないまま、まったくの密室状態での審理が続いた末に、2010年9月15日付で、私の上告には理由がないという判断が審判委員会においてなされ、9月21日付で免職決定の通知が私宛に届けられました。

11　免職処分および上告審判に対する他教区の動き

免職処分及び上告を認めない審判委員会の決定については、各地で反対の声が上がっています。主に九州教区、西中国教区、東中国教区、京都教区、兵庫教区、大阪教区、神奈川教区、北海教区、関東教区（一部）が、この結論に反対の姿勢をとっています。

沖縄は今教団と距離を置いていますので、教団総会に議員を送ってきておりませんが、免職処分等には反対の教会が多いと思います。

また、地元の神奈川教区では、2010年6月26日に開催された神奈川教区定期総会において教団総会の議案とする「日本基督教団教師委員会による北村慈郎牧師に対する免職適用の無効を確認する件」を賛成多数で可決していただきました（議案第9号）。ただし、この議案も本年の教団総会では取り上げられなかったのが残念です。

12　地位が保全されない場合の不利益と緊急性

このまま免職処分が確定するとすれば、教団正教師という牧師としての身分が剥奪され、牧師（教会担任教師）でなければできない教務（洗礼と聖餐式の聖礼典執行）を一切遂行できなくなりますので、教会としても困った事態に陥りますが、私自身の生活にも直結する問題です。私は紅葉坂教会牧師館に居住しておりますが、これも退去しなければならなくなり、生活の場をいきなり追われること

にもなりかねません。

現在、仮処分の結論が出るまでは、紅葉坂教会では牧師として処遇していただけるようですが、仮処分が斥けられた場合には改めて教会に諮られることになると思います。

さらに、免職によって、本来受けられるべき退職年金の給付が取消しまたは減額されることになり（教師退職年金等規則第16条）、実際に、支給額の25％減額という通知も来ました。しかも、教師たる身分を失う結果、他の教会からも教師（牧師）として招聘される機会がなくなるわけです。従って、教師としては完全に失職状態になるうえに、年金額が相当減額されますので、私の今後の生活にとって極めて甚大な影響があるのです。

もはや、教団内部においては、適切な判断をまったく期待できません。

裁判所におかれましては、以上の経緯をよくご理解いただき、適切なご判断を早急に下していただきたく、お願い申し上げる次第です。

以　上

東京地裁から早速呼び出しがあり、11月24日、原告側2人の両弁護士が裁判官と面接を行った。この段階で、東京地方裁判所民事部第9部G係裁判官からは特に本件は司法判断になじまないという指摘はなく、次回は債務者（教団）を交えて審尋を行う旨、決定した。

この時、原告側が申し立てを行った理由を以下に述べる。

2－3－2．申立ての理由

債権者北村慈郎教師は「債権者の免職にかかる処分は、教師としての身分剥奪という不利益処分であるから、厳格な適正手続が求められるところ、本件は（中略）それを著しく欠いた瑕疵ある手続きであり、その瑕疵の程度も重大かつ明白であるから無効である。」として以下の項目を提示した。

① 教師委員会による免職処分における瑕疵
② 戒規申立の受理手続が違法であること
③ 不利益処分にあたって、弁明の機会の供与がなされなかったこと
④ 明らかに濫用的な処分であること

2－3－3．上告審判手続における瑕疵

上告は、いわば免職という不利益処分に対する不服申立であるから、その審判委員は厳正中立の立場にある第三者であることが求められるし、又、不服申立者である債権者が手続きの主体となって、手続きに参加し、そこで自己の主張を十分に展開できる機会を対等に保障されなければならない。

しかるに、本上告審判手続においては、そのいずれの点においても瑕疵が認められる。

2－3－4．保全の必要性

① 債権者は債務者の違法な免職処分により、教師の地位を否定され、現在も著しい精神的苦痛を受けている。
② また、切迫している財産上の不利益としては
・牧師（教会担任教師）としての教務（洗礼、聖餐式、礼拝説教、冠婚葬祭の主宰）を遂行できなくな

ったことにより、その所属する訴外紅葉坂教会からの生活の資たる謝儀（いわゆる報酬）を受ける根拠が失われること。
・牧師は、通常教会に付属する建物（通称牧師館）に居住するが、債権者も同様に訴外紅葉坂教会牧師館に居住している。しかしながら、免職により、その生活の本拠たる牧師館も退去せざるを得なくなること。
・また、免職により、本来受けられるべき退職年金の給付が取消しまたは減額されること。
・教師たる身分を失う結果、他教会から牧師として招聘される機会もなくなること。
・以上の精神的苦痛および財産上の不利益は、現に生じているかあるいは、その恐れが切迫しており、早急にその身分を保全する必要がある。

大略以上の原告側の主張に対し、債権者及び債務者を交えて4回にわたる審尋が行われた。その後、裁判所から、北村牧師の3月末任期切れが迫っているので、双方で補充すべき点について書面を提出すること及び最終回の日程が示され、双方ともそれを了承した。

2－4．被告教団側の主張

仮処分は非公開の場で審議されるので、被告側の主張を無断で公表することは差し控えなければならない。残念ながらここに記録として残すことはできないので、その主張は後述する本訴の章に譲りたい。

2－5．仮処分取り下げ

2011年1月26日、C・D両弁護士は第5回裁判期日の前に裁判官と面談し、本件に関し、緊急性に乏しいこと、争点の内容から本件はむしろ本訴で争うべき性質ではないかとの感触が示唆された。北村牧師は現に紅葉坂教会で牧会されており、牧師館からの退去を要請されたわけでもないこと、船越教会から招聘の動きが出てきたことなどがその理由であったようである。

そこで、非常に残念ではあるが、最後の審尋前に急きょ本件を取り下げることにし、以後本訴を行うかどうかについて支援者を交えて検討することとした。

教団は、本件はあくまでも宗教上の問題であり、憲法及び法律は宗教団体の自治性、自律性を尊重しているので、司法は介入すべきではないと主張している。しかし、これには、その団体は団体として自らを公正に律することができる事が前提となっている。即ち、一旦事が起きても、団体内部できちんとしたルールによって、公正、公平さを保って処置できる事が極めて大切なのである。問題は、その団体に自浄作用が働くか否かなのである。

しかしながら、北村牧師の場合は免職処分に至る規定もないままに、極めて恣意的な運用によって葬り去られたのである。ルールなき処分はいわばリンチである。教団に自律を標榜する意識があるならば、相手の言い分も聞かずにいわば追放する処分を決定する際に、相手側への人間尊重、人権感覚はどうだったのかと思わざるを得ない。

2－6．日本キリスト改革派教会の訓練規定

参考までに、日本キリスト改革派教会は教会規定の中に訓練規定があり、そこで戒規に対する詳細な規則を定めている。これは同教会のホームページに公開されているので、項目のいくつかを要約して紹介したい。条文の中で、日本基督教団と用語の相違があるので、（　）に日本基督教団で相応する名称を記載した。また巻末参考資料3にさらに詳細に採録したので参照されたい。

第27条（訴追者への警告）　会議（教師委員会）は、自発的訴追者（戒規申立者）に対して、あらかじめ次の警告をしなければならない。すなわち、もしかれが告発の根拠に蓋然性があったことを示すことに失敗したならば、告発において表わされた悪意または軽率に応じて、兄弟の中傷者としてかれ自ら戒規をうけなければならない。

第34条（起訴状の記載事項）　起訴状（戒規申立書）を作成するときは、被告（被戒規申立者）に防御の機会を与えるため時間、場所および状況を出来るかぎり具体的に記載すべきである。

第35条（被告の召喚拒否）　被告（被戒規申立者）が召喚状に従うことを拒否するときは、再度の召喚がなされなければならない。この再度の召喚状には、もし彼が指定された時間に出頭しないならば（不可抗的に妨げられる場合にはこの限りではない。ただし、その事実を会議に知らせることを要する。）、または、もし彼が出頭しても弁明を拒否するならば、「その不従順に対して第51条または第57条の規定によって処理する」という警告を書き加えなければならない。

第47条（事件記録）　両当事者は、もし彼らがそれを必要とするならば、全議事の写しを自費をもって求めることができる。審理議事録は、書記によって保存されるものとする。

2　審理議事録には、告訴、答弁、すべての証言、当事者のいずれかの要求によって会議がなしたところの事件に関係のあるすべての決議、命令および決定、ならびに判決を記さなければならない。

3　書記は、遅滞なく、告訴、答弁、召喚状およびそれに対する回答ならびに保存を要求されている審理議事録を合本しなければならない。このように合本されたこれらの文書は「事件記録」を構成する。

4　一つの教会裁判事件が上訴または異議申し立てによって上級会議（審判委員会）に移されたときは、下級会議（教師委員会）は、右の事件記録を上級会議に移送しなければならない。この事件記録には、上訴通知書、異議申し立て書、理由書があるときは理由書を添付しなければならない。この事件記録中に含まれていない事項は、両当事者の同意なしに、上級会議が考慮に入れてはならない。

5　上級会議において教会裁判事件の最終判決があったとき、その判決は、事件の裁判を開始した会議に通達されなければならない。

第130条（不同意）　不同意とは、会議において、特定の問題をめぐり、多数意見者と異なる意見を表明する一人またはそれ以上の少数意見者側の意志表示である。不同意は理由を付することなしに会議の記録に記載されなければならない。

第131条（抗議）　抗議とは、少数意見の議員が、その決議について有害または誤っていると考えるとの証言によって行ういっそう厳粛な正式の意見表示である。通常、その根拠となる詳細な理由が付されるものとする。

第132条（不同意または抗議の記録）　不同意または抗議が、温和な言葉により表現され会議に対し礼を失しないものであれば、それを記録にとどめなければならない。

会議は、その必要を認める時、抗議と共にそれに対する回答を記録にとどめることができる。問題はここで終了する。ただし抗議した当事者が許可を得て取り下げた場合はこの限りではない。

　改革派教団も戒規は教会訓練（ディシプリン）であると言っており、手続き規定を実に細かく記載し、戒規申立者と被申立者双方を公平に扱うことに細心の注意を払っている。特に、戒規申立者に対しては厳しい自己責任を要求している。しかも審議は密室的に行われてはならないことが実に明白である。戒規に関する目的は日本基督教団と類似しているにも拘らず、その内容は天と地ほどの違いを感じないだろうか。

第3章　東京地方裁判所民事部へ提訴（第一審）

3-1. 一審提訴に至る経緯

　北村牧師への教師退任勧告が常議員会で話題になってから、教団の在り方及び運営について多くの方々が危機意識を持つようになった。教団へは多くの抗議や要請が寄せられたが、そのほとんどは無視され、最終的に北村牧師の教師免職という最悪の結果になった。

　北村牧師は仮処分取り下げ後、本訴訟を行うべきか否か逡巡されていた。東日本大震災が起きたこと、ご自身の年齢、騒ぎをこれ以上大きくすることに躊躇いを感じておられたからである。しかし、北村牧師を支援してきた人々は、本問題は北村牧師の問題であると同時に教団の問題、すなわち教団に関わるすべての人々の問題という意識から北村牧師を支援する会の設立を準備するとともに、本訴を促した。

　支援する会の立ち上げに関しては、沖縄を含む16教区から45名もの世話人がイニシアティブをとられた。そして、2011年12月3日に「北村慈郎牧師を支援する会」(世話人代表関田寛雄牧師)が発足した。同時に裁判支援を決議した。

　裁判には4人の弁護士が弁護団を結成し、支援会内に「北村牧師訴訟対策委員会」(渡辺英俊委員長)を設置して、弁護団と連絡調整を図ることとした。

　世話人代表になられた関田寛雄牧師の挨拶が北村牧師を支援する人々の心情をよく表しているように思われる。

　「教会の問題を世俗の法廷に持ち出すべきではないという意見を聞いております。もっともでございます。出来れば教団内で対話の場を見出すことができれば、まさにそれにこしたことはございません。最後の対話を求めてのお願いの書簡も出しましたが、問答無用の形で返されてまいりました。このような冷酷な免職処分によって一人の牧師が任地を失い、生活が奪われるにいたることは、福音の中で中心的課題である基本的人権の危機を招くことを、教団執行部の方々はどのようにお考えだったのでしょうか。かくなる上はキリスト教会としての悲しみを抱きつつ、法廷での対話の道を求める以外に他に道はございません。心ある皆様方の祈りと理解とお力添えを切に願うのみでございます。」(『「北村慈郎牧師を支援する会」通信』第1号 2012.2.22)

3-2. 東京地方裁判所に提訴

3-2-1. 訴状及び準備書面(1)

　2011年11月25日、北村牧師を原告とする原告代理人弁護団は東京地方裁判所民事部に「免職処分無効確認等請求事件」として日本基督教団を被告とする裁判を提訴した。請求の趣旨は教師免職処分の無効確認及び正教師としての地位を有することの確認を主とし、慰謝料の支払いも追加した。

　訴状は以下の項目から構成されている。
（1）請求の趣旨
（2）請求の原因
（3）紛争の経緯
（4）免職処分が無効であること
（5）損害賠償請求
（6）結論

　特に、（4）項において、北村慈郎教師の免職処分は

① 免職処分事由に該当しないこと
② 免職処分の手続きに重大な瑕疵があること
③ 免職処分に対する不服申立の審判手続（上告手続）においても適正手続を欠いていること
④ 教師委員会による今回の免職処分が懲戒権の濫用であること等を指摘した。そして結論として
（1）被告の原告に対する、2010年（平成22年）1月26日付けの正教師免職処分が無効であることの確認
（2）原告が被告の正教師としての地位（教規115条に基づく謝儀の支弁を受ける権利を含む）を有することの確認
（3）不法行為に基づく慰謝料1,000万円及びこれに対する不法行為である2010年（平成22年）1月26日から支払済みまで、民法所定の年5分の割合による遅延損害金の支払いを求めるとした。
原告側主張を正確に記すため少々長いが、以下「訴状」全文を掲載する。

訴　　状

2011年（平成23年）11月25日

東京地方裁判所　民事部　御中

原告訴訟代理人弁護士　（氏名　略）

原　告　住　所　　　略
原　　　告　　　北　村　慈　郎

原告代理人弁護士住所　　略
原告訴訟代理人弁護士　　略

被　告　住　所　　　略
被　　　告　　　日　本　基　督　教　団
代表者代表役員　石　橋　秀　雄

免職処分無効確認等請求事件
　訴訟物の価格　　金１０００万円
　ちょう用印紙額　　　５万円

第1　請求の趣旨
1. 被告の原告に対する、2010年（平成22年）1月26日付けの正教師免職処分が無効であることを確認する。
2. 原告が被告の正教師としての地位を有することを確認する。
3. 被告は、原告に対し、金１０００万円及びこれに対する2010年（平成22年）1月26日から支払済みに至るまで年5分の割合による金員を支払え。
4. 訴訟費用は被告の負担とする。

との判決並びに第3項につき仮執行の宣言を求める。

第2　請求の原因
1　当事者

　　被告日本基督教団（以下「被告教団」という。）は、宗教法人法によって設立された宗教法人である。被告教団は1941年（昭和16年）、日本におけるプロテスタント諸教派が合同して成立した教団で、信徒数は約19万人、教会数は約1700であり、日本におけるプロテスタント教会としては最大規模である。（訴状別紙「組織図」参照）

　　また、原告は被告教団の正教師検定試験に合格した後、同教団中部教区総会の議決を経て、按手礼を領した正教師であり、かつ、同教団の被包括団体である訴外宗教法人日本基督教団紅葉坂教会（以下「紅葉坂教会」という。）の招へいを受けて、1995年（平成7年）に同教会の主任

担任教師に就任した正教師である。（甲第1号証「日本基督教団　教憲教規および諸規則」48頁以下、教規第124条、第106条、第107条）

2　原告に対する正教師免職処分の発令

　被告教団は原告に対し、2010年（平成22年）1月26日付けで「聖礼典執行に関し、度重なる勧告を受くるにもかかわらず、日本基督教団教憲及び教規に違反し続けていることを認め、かつ、日本基督教団常議員として教会の徳を建つるに重大な責任を有する者たることに鑑み、教規第141条、戒規施行細則第1条及び第4条（4）により免職処分とする」旨の発令をした。（甲第2号証「通告」）

3　紛争の経緯

　被告教団が原告に対して行なった免職処分に至るまでの紛争の経緯を時系列によってみると、以下のとおりである。

（1）紅葉坂教会は、永年にわたり、聖餐のあり方について検討し、開かれた聖餐（洗礼を受けていない者も参加できる聖餐）を採用した。

（2）1995年（平成7年）4月1日、紅葉坂教会に主任者たる担任教師として就任した原告は、1999年（平成11年）3月21日になされた同教会の教会総会の決定を尊重し、以後、開かれた聖餐を執り行なってきた。

（3）一方、被告教団は、開かれた聖餐は教団の教義解釈に反するとして、原告に対し、2007年（平成19年）10月以降、2回にわたり開かれた聖餐を中止するか、または教師を退任せよとの勧告を行なった。

（4）これに対し、原告は、聖餐のあり方については、2通りの解釈があり、その是非は決めがたいことおよび他の多くの教会においても開かれた聖餐を行なっていること、従って、聖餐のあり方については、教規上明文に規定がないため教団内部で一方的に決めるのではなく他の教区、教会の意見（声）を聞いて決せられるべきであるとして、賛否両論が対立した状況が全教団的に広がっている中で、聖餐の問題を一教師の退任勧告というような形で取り扱わないことを求め、勧告には応じなかった。

（5）しかるに、被告教団においては、2008年（平成20年）7月、常議員会で「勧告に従わない教師については戒規処分に付するべきである」との議決がなされ、常議員会議長が戒規申立人となり、同教団教師委員会に対し、原告を戒規処分に付するべきであるとの戒規申立を行ない、同教師委員会において一旦は受理された。

　なお、戒規は教団および教会の清潔と秩序を保ち、その徳を建てる目的をもって行なうとされているが、その内容についてみると

　①戒告
　②停職
　③免職
　④除名

の4種類とされており、実質的には、そのいずれの処分も教師に対する懲罰規定以外の何ものでもない。

（甲第1号証、52頁以下、教規第141条、第142条、戒規施行細則）

（6）しかしながら、このような戒規申立に対しては、手続（の違法性）や内容（の不当性）について、諸教会より批判の声が高まり、2008年（平成20年）10月21～23日開催の教団

第３６回総会において訴外柴田もゆる氏より「北村慈郎教師に対する戒規申立を行なう件の決議の無効を確認する件」との議案が上程されている。

議案の提案理由は
① 戒規処分に対する上告を受理する立場にある教団総会議長が、戒規申立を常議員会に発議することは、戒規施行細則第６条に抵触すること
② １９８０年（昭和５５年）７月７日信仰職制委員会の答申（先例）において、教会担任教師に対する戒規の提訴権者は教会役員会または教区常置委員会に限られるとしており、総会議長が常議員会に発議し、常議員会が戒規申立を行なうことは先例違反となること
③「北村慈郎教師に対する戒規申立を行なう件」は常議員会の処理事項の範囲を超える事案であり、これを常議員会において審議し、議決することは違法であること

等の戒規適用に当っての手続の瑕疵を問うものであった。

これについて審議の結果、この議案は可決され、常議員会による戒規申立が無効であることが確認されている。（以上につき、甲第３号証「第３６回教団総会議事録抜粋」）

（７）これによって、事態は一旦は沈静したように思われたが、２００９年（平成２１年）７月１３日に至り、被告教団教師委員会は、同委員会内規（甲第４号証の１「教師委員会内規（改正前）」）を改正し、何人でも戒規申立権者となりうるとし、これを承けて、常議員の一人である訴外Ａ氏が、同年７月３１日、信徒個人の立場において、教師委員会に対し、原告の戒規申立を行ない、教師委員会はこれを受理し、内規に従い調査員会を設けた。（甲第４号の２「教師委員会内規（改正後）」）

しかしながら、この受理に関しては、教師委員会より原告に対し何らの通知もなされなかった。原告がこのような戒規申立が受理されたことを知ったのは、同年１０月１９日の教団常議員会においてであった。

（８）原告が戒規の申立および受理の事実を知ってから間もなく、教師委員会より、原告に対し、面談申し入れがあった。

これに対し原告はその対応準備のため、戒規申立書を原告に開示されたい旨申し入れたが、教師委員会より開示を拒絶されたことや訴外紅葉坂教会から教団信仰職制委員会に対して行った諮問（内規と教団諸規則との関係等）に対する回答が得られていないことから、調査員会との面談について猶予を求めていた。

ところが、２０１０年（平成２２年）１月２７日に至り、突然、教師委員会委員長より、「北村教師を免職とする」との文書が原告に手交され、さらに、この免職処分につき、全国で発行されている被告教団の機関誌「教団新報」において公告がなされた。（甲第５号証「質問書」、甲第６号証「教団教師委員会調査員会との面談について」、甲第７号証「１１月５日付回答書」、甲第８号証「召喚猶予の申出書」、甲第９号証「教師委員会通知」、甲第１０号証「教団教師委員会調査員会との面談のお願い」、甲第１１号証「１１月２３日付回答書」、甲第１２号証「教団教師委員会調査員会との面談のお知らせ」、甲第１３号証「猶予の申出書」、甲第１４号証「公告（教団新報）」）

4　免職処分が無効であること

本件免職処分は、以下のとおり、そもそも免職事由に該当せず、少なくとも明らかに不相当な戒規適用であるばかりか、手続きに重大な瑕疵があり、各事情を総合して考慮すれば、明らかに懲戒権（戒規に関する権限）の濫用と言えるため、いずれにしても同処分は無効であることが明ら

かである。
(1) 免職処分事由に該当しないこと（免職適用の不相当性）
　① 処分対象行為の特定を欠いていること
　　被告の原告に対する２０１０年（平成２２年）１月２６日付け本件免職処分通告（甲第２号証）には、前記のとおり「貴殿が、聖礼典執行に関し、度重なる勧告を受くるにも拘わらず、日本基督教団教憲および教規に違反し続けていることを認め、かつ、日本基督教団常議員として教会の徳を建つるに重大な責任を有する者たることに鑑み、教規第１４１条、戒規施行細則第１条及び第４条（４）により免職処分とする」と記載されている。
　　しかし、上記免職処分通告には、「聖礼典に関し」としか記載されず、一体、いつ、どこでなされた、いかなる具体的行為が処分の対象なのか、まったく特定されていない。
　　本件免職処分は、対象となる行為の特定をまったく行わないままに下されたものである。
　② 本件免職処分の根拠規定が不明確であること
　　次に、前記免職処分通告は、原告の行為が「教憲および教規に違反し続けていること」を処分の根拠としているようであるが、教憲および教規のうち、どの条文のどの事由に該当しているのかがまったく特定されていない。
　　この点、前記通告（甲第２号証）は「教規第１４１条、戒規施行細則第１条及び第４条（４）により免職処分とする」としている。
　　しかし、教規第１４１条と戒規施行細則第１条は、戒規の目的を述べた規定に過ぎない（甲第１号証５２頁、９５頁）。
　　また、戒規施行細則第４条（４）（甲第１号証９５頁）は、「教憲第１条及び第２条の規定に反し、本教団の秩序を紊る行為ありたるとき」「教師委員会において構成員の３分の２以上の同意を得て之を免職す」と規定されているが、教憲第１条（甲第１号証６頁）は「本教団はイエス・キリストを首（かしら）と仰ぐ公同教会であって、本教団の定める信仰告白を奉じ、教憲および教規の定めるところにしたがって、主の体たる公同教会の権能を行使し、その存立の使命を達成することをもって本旨とする。」と規定し、教憲第２条も「本教団の信仰告白は（中略）第８回教団総会において制定されたものである。」と規定するのみである。
　　要するに、本件免職処分通告で被告教団が指摘したいかなる規定にも、本件免職処分を根拠付けるものはない。
　③ 以上より、本件免職処分は、処分対象行為も具体的に特定されず、処分の根拠規定も不明確なままに下されたものであって、この点だけでも無効な処分と言わざるを得ないのである。
(2) 免職処分の手続に重大な瑕疵があること
　教師委員会が原告に対して行なった免職処分は、教師としての身分剥奪という不利益処分であるから、厳格な適正手続が求められるところ、本件は以下に述べるとおり、それを著しく欠いた瑕疵ある手続であり、その瑕疵の程度も重大かつ明白であるから無効である。
　① 今回の免職処分は、その手続において、被告教団の最高意思決定機関である総会の決議に抵触している。
　　㋑ 前述のように第３６回総会においては、常議員会が原告を戒規処分の対象として、教師委員会に戒規申立を行なったことについて、違法性ありとして無効決議がなされている。（甲第３号証）
　　㋺ 今回の免職処分は、総会における無効決議後、教師委員会が一信徒による戒規申立を受

理して、原告に対し、戒規処分を行なったものであるが、その信徒は、前回総会において無効決議された常議員会による戒規申立にかかわった常議員である。

(ハ) 前回の教団の無効決議は、戒規申立の手続違反を問うものであったから、その意味では、一信徒による再度の申立自体は、厳密には一事不再理には該らないかも知れない。

しかしながら、常議員会による戒規申立手続の可否について既に総会の決議がある以上、常議員たる地位を有する一信徒による再度の戒規申立は総会決議を事実上潜脱するものとして許されないといわなければならない。けだし、総会は被告教団の最高意思決定機関であり、かつ、信仰告白、教憲および教規の解釈に関する事項を処理するとされており（甲第1号証16頁、19頁、教規第5条、第18条1項7号）、教団役員の全てがこれに拘束されるからである。

(ニ) 付言すると、2009年（平成21年）7月になされた2回目の戒規申立の申立人1名及び賛同者6名はいずれも常議員であるものと推測され、無効決議がなされた常議員会による当初の戒規申立に関わった常議員（平成20年7月の常議員会における戒規申立決議に賛成した16名）に含まれているものと窺われる。

即ち、再度の申立は、形式を信徒個人による申立に変えただけで、無効決議がなされた当初の申立と実質的にはほぼ同一主体ないし関与者によりなされた申立と見られる。

(ホ) 従って、このような申立を受理した教師委員会の行為も違法といわざるを得ない。

② 教師委員会が一信徒の戒規申立により教師を戒規処分に付することは教規に反し違法である。

(イ) 前述のように教師に対する戒規処分の性格は、戒規の内容が戒告、停職、免職、除名と4種とされていることからみても、身分上の不利益処分であり、懲戒規定となっている。
（甲第1号証52頁、教規第142条）

(ロ) そこで、教師委員会が、教師を戒規処分に付することに何ら制限がないか、換言すれば、何人の申立によっても、これにより教師を戒規処分に付することができるか、ひいては、何人の申立がなくとも教師委員会において、当該教師に戒規処分に相当する事由があるとの疑いがあれば随時戒規処分に付することができるかが大きな争点となる。

(ハ) この点に関しては、教規には明示規定は存しない。

しかしながら、以下に述べるように、教師の任免に関しては、汎く、当該教師の所属教会および教区に自治権を認めていることからみても、教会担任教師を戒規処分に付するためには、教会又は教区の申立を要件としていると解すべきである。

すなわち、教規（甲第1号証14頁以下）によれば

① 教区において処理すべき事項としては、
　　（ⅰ）教師の按手礼および准允に関する事項
　　（ⅱ）教師の就任、退任その他教師の異動に関する事項
　　とされ（教規第66条）
　教会において処理すべき事項としては
　　　牧師（教会担任教師）の異動に関する事項
　　とされ（教規第97条第4号）

⑪ さらに教師の任免の詳細に関しては
　　（ⅰ）教会担任教師の招聘は教会が行ない、教区総会議長の承認を得ること（教規第1

　　　　０６条第１項、第２項）
　　（ⅱ）教会担任教師の辞任については教会総会の議決と教区総会の議長の承認を得ること（教規第１０８条）
　　（ⅲ）教会担任教師に病気その他の事由で職務を行なえなくなったときや死亡の場合は教区総会議長へ届け出ること（教規第１０９条第１項第１号、２号）
　　（ⅳ）教会担任教師の解任については教会総会の議決と教区総会議長の承認を得ること（教規第１１２条第１項）
　　とされ、
ⅲ　又、教師の退任については、任地の教区総会議長を経て教団総会議長の承認を得るものとされ、明らかに教区前置主義を採っている（教規第１２９条）
ⅳ　従って、教師特に教会担任教師の場合はその辞任、解任、退任等身分に関する事項については、教区あるいは教団の承認を得ることを要件としつつも、第一次的には、教会の決すべき事項に属しているものといわなければならない。

㈡　戒規処分のうち免職とは、教師としての身分を剥奪するとともに、その職を免ずるの意であり、本件の場合、原告は教師の分類のうち教会担任教師であるから、原告に対する免職処分は、教会担任教師の職を免ずるということに他ならない（教規第１２８条）。

　　しかりとすれば、戒規申立は教会担任教師の任免にかかる問題として第一次的に教会において処理すべき事項に入るといわざるを得ない。

　　換言すれば、教師に対する戒規の申立権は教会あるいは教区に属し、教会にあっては所属教区を経由して、教師委員会に申立をすべきものであり、一信徒が独自に教師委員会に申立てることは許されないと解すべきである。

　　いうまでもなく、戒規の申立と戒規の申立を促す行為とは区別されるべきであり、一信徒としては、当該教師に戒規処分に相当とする行為ありと認めるときは、当該教師の所属教会に戒規の申立を促すこと（申立権の発動を求める行為）は自由である。

㈤　戒規の申立権をこのように解さなければ
　　①　他教区及び他教会の一信徒が特定の教師を標的として戒規の申立を行なうことも可能となり、前記のとおり、教会担任教師の解任には、教会総会の議決と教区総会議長の承認を要件とする教規第１１２条第１項に違反する事態を生来させ、このことは、教団における教会のあり方を根本から崩壊させるものとなる。
　　②　また乱訴の弊害を生ずること必定であり、ひいては、教師委員会がその強大な権限をもって随時、特定の教師を戒規に付することも可能となり、その権限の濫用による教師の人権への侵害、教会自治への侵害については計り知れない危険がある。
　　③　ちなみに、被告教団信仰職制委員会は、教憲および教規の解釈に関する事項をつかさどるとされている（教規第４４条２号）が、同委員会においても、戒規申立権者に関する諮問に関し、「教会担任教師の戒規提訴者は教規第１０２条８号および第７１条５号により、教会役員会または教区常置委員会とする。ただし、役員会が提訴する場合は常置委員会を通じて行なう」との答申を行なっている。（甲第１５号証、先例集抜粋より先例９６）

　　　さらには、前述のように、被告教団の最高意思決定機関であり、かつ、教憲、教規の解釈をもつかさどっている総会においても、その第３６回総会において、この答申にお

　　　　　ける教規の解釈を追認していることを改めて強調しておく。
　　　㋬　以上により、教師委員会が一信徒の戒規申立を却下又は所属教会もしくは教区に移送することなく受理した行為は違法である。
　　③　不利益処分にあたって、弁明の機会の供与がなされなかったこと
　　　㋑　免職処分は、教師としての身分を剥奪する重大な不利益処分である。
　　　㋺　原告はこれまで、戒規申立を受理した教師委員会に対し、反論を準備すべく、書面により種々の質疑を行ってきた。（甲第5、7、11号証）
　　　　特に、戒規申立理由については、反論準備のため必要不可欠であるため、戒規申立書の開示を求めてきたが、教師委員会により、開示を拒絶された。（甲第16号証「教師委員会回答書」）
　　　㋩　さらに、教師委員会は、戒規申立理由不開示のまま、教師委員会内に設置された調査員会との面談を原告に対して強く求めたが、原告において、現在、紅葉坂教会の役員会から信仰職制委員会に対して、戒規申立権の解釈等について諮問しており（甲第17号証「信仰職制委員会答申に関する諮問」）その回答待ちであるから面談については暫く猶予されたい、と申し入れた。（甲第13号証）
　　　　それにもかかわらず、被告は一方的に免職処分を決定したのである。
　　　　原告が調査員会との面談に応じなかった理由は、教師委員会に対する質疑に対して、殆んど回答が得られなかったことや戒規申立書が開示されなかったことから、十分な反論準備ができず、調査員会との面談は一方的な尋問に終始する恐れがあったためである。少なくとも、教師委員会の内規改正をもって一信徒からの戒規申立を受理することが許されるかという前述した主要な争点につき、信仰職制委員会の諮問回答があるまで暫時面談を猶予願いたいという原告の申し出には、正当な理由があったといわなければならない。
　　　　この点、特筆すべきは、被告は、原告に対し、申立書そのものを開示しなかったのみならず、そこに記載されている「申立理由」すらも被告に一切通知していなかった点である。さらには、調査員会が調査するにあたっても、原告本人に何をどのように調査するのか、その具体的な内容や理由を告げていない。
　　　　要するに、教師委員会が最終的に免職処分を決定、通告するまでの間に、どういう事実がどういう理由で処分の対象になっているのか、処分対象者である当の原告本人にも通知していなかったのである。前記のとおり処分通知においてすら、具体的な事実の摘示はない。
　　　　この点、被告は、代理人弁護士が選任された後も含め一貫して、申立書は「開示不要」という態度を取っている。
　　　　従って、本件にあっては、事実上、原告に弁明の機会を与えないまま、一方的に不利益処分を行なったものといわなければならない。
（3）免職処分に対する不服申立の審判手続（上告手続）においても、適正手続を欠いていること
　　①　原告は、教師委員会の免職処分を不服として、戒規施行細則第6条に基づき、2010年（平成22年）2月12日、上告手続をとった。（甲第18号証「上告書」、甲第19号証「上告理由書」）
　　　しかし、同年9月21日、被告総会議長より、審判委員会による審判の結果をうけ、原告の上告理由は、教憲、教規にてらして上告理由に該らないとして上告を斥ける旨の決定がな

された。（甲第２０号証「上告に対する審判結果について」）

② しかしながら上告は、いわば免職という不利益処分に対する不服申立であるから、その審判委員は厳正中立の立場にある第三者であることが求められるし、また、不服申立者である原告が当事者となって、手続に参加し、そこで自己の主張を十分に展開できる機会が対等に保障されなければならない。

しかるに、本上告審判手続においては、以下に述べるように、そのいずれの点においても瑕疵が認められる。

イ 上告審判委員の選出について

審判委員の選出については、戒規施行細則第６条（甲第１号証９６頁）によれば「常議員会の議を経て」とされているが、この議決においては、戒規申立に関わった者（戒規申立者およびその賛同者）は利害関係人として、議決に加わることはできないと解することは当然の理である。

しからざれば、事案について予断をもっている者が、多数の力をもってその予断に同調する審判委員を選出することが可能となり、審判委員の公正中立性を損ない、ひいては上告審判手続が処分に対する「審査請求」機能としての意味を喪失させることになるからである。

しかるに本件にあっては、戒規申立人およびその賛同者計７名が常議員として審判委員選出の採決に加わっていると推測される。（なお、これら７名については、２００９年（平成２１年）１１月４日付教師委員会の書面（甲第１６号証）によれば、全員が戒規申立人とされている。）

現時点で、それらの者のうち訴外Ａ氏を除いて特定し得ないのは、被告において、原告の再三の要求にも拘わらず戒規申立書を開示しないためであり、今後の訴訟の過程において開示を求めることにより、賛同者の氏名を確認し、利害関係の有無を明らかにしていく予定である。

いずれにしても、戒規申立人およびその賛同者が採決に加わっているとすれば、その採決によって選出された審判委員に公正な審判を期待することは到底できず、公正であることの保障は全くない。

ロ 利害関係人の参加が現実に採決結果を左右したと窺えること

上告審判委員選出に際して、出席、議決に加わった常議員は３０名であり、そのうち、賛成した者は１６名であった（甲第２１号証「第４回常議員会議事録」）。

この点、常議員３０名中、議長は採決に加わらないため、議決に参加した者は２９名になる。そして、仮に、特別利害関係人として戒規申立人とその賛同者６名及び原告を除くとすると、議決に参加した者は２１名になる。他方、議決に賛成した者１６名から、仮に、戒規申立人とその賛同者６名を除くと、賛成者は９名にとどまる。

そうすると、適式に利害関係人の参加を除いたとすると、現実とは逆に、賛成者が過半数に満たず、否決された可能性が高いのである。

なお、上記上告審判委員選出を行った常議員会において、利害関係人を採決から外すべきとの意見も出されたが、にもかかわらず、その必要なしとの強行意見に押し切られた形となっている。

ハ 審判手続上の瑕疵

ます、手続を定めた規則自体が存在していない。当事者が手続に参加して攻撃防禦を行なうべきルールもないまま（いわば密室裁判の中での自由裁量の形で）審理がなされ、結論が下されている。

上告審判においては、原告に対して一切の陳述の機会も与えられず、代理人選任を要請したがそれも認められず、手続きの公開の要請も斥けられた。

また、原告は、訴外Ａ氏名の戒規申立書が教師委員会によって受理されて以降、上告審判に至るまでの間、再三にわたり、教師委員会、被告教団総会議長に対し、戒規申立書の公開を求めたがいずれも拒否されている。その後の審判委員会に対しても、審判委員会に提出された書類の閲覧・謄写を求めたが、これも拒否されている。（以上につき、甲第２２号証「通知書」、甲第２３号証「ご質問について」、甲第２４号証「要望書」）

このため、原告は、戒規申立の理由を正確に知ることができないまま、反論せざるを得なかったのである。

㈢　以上、上告審判においても、適正手続を欠いていることは明らかである。

③　処分に対する教会および教区の対応

㋑　戒規処分については、本来の申立権者である訴外紅葉坂教会および申立の経由機関である神奈川教区のいずれも、その無効であることを強く主張している。（甲第２５号証「議案第９号」、甲第２６号証「教団新報」）

特に神奈川教区にあっては、教団第３７回総会に「北村慈郎教師に対する教師委員会免職戒規適用の無効を確認する件」を議案として上程しようとしたが、被告教団によって、上程することすら拒絶されている。（甲第２７号証「議案第３１号」）

㋺　また、各地区の教会、教区からも免職処分を違法として抗議する声が多数上げられているが、被告教団によって全く無視されている。

㋩　なお、教区においては、原告の免職処分決定後開かれた２０１１年（平成２３年）の全国の教区総会においても、「北村慈郎牧師の免職処分への抗議ならびに処分撤回を求める件」が可決され、同種の議案が九州、西中国、東中国、兵庫、大阪、京都、神奈川教区が承認可決、同種の建議案が東北教区で常置委員会付託になるなど、教団１７教区（内沖縄教区は教団と距離を置いている）の内、ほぼ半分の教区が依然教団と異なる意思を確認している。（甲第２８号証「教団ジャーナル」）

（４）教師委員会による今回の免職処分が懲戒権の濫用であること

①　免職処分事由の該当性が不明確であること

免職処分の効果が、原告の正教師としての地位を奪い、後述のとおり、実質的に給与たる性質を有する正教師としての謝儀や満額の退職年金を請求する経済上の重要な権利を事実上剥奪するものである以上、その処分対象となる行為の具体的な内容や処分事由の該当性は通告上も明文規定上も、一見して明白であることが本来的に要請されるべきである。

然るに、前掲（１）で述べたとおり、本件免職処分通告に掲げられた原告の行為は、その具体的時期・場所・内容等が特定されていないばかりか、教憲・教規のどの条項に違反するのかも疑問であり、免職処分事由の該当性がおよそ不明確である。

よって、宗教上の教義や信仰の内容に立ち入らずとも、本件免職処分には重大な瑕疵があることは間違いない。

②　免職処分の一連の手続における重大な瑕疵ないし問題点

教師委員会等による免職処分に当っての一連の手続（不服申立審判手続を含む）に重大な瑕疵があることは前掲（2）、（3）で述べたとおりであり、適正手続に則っていないか、少なくとも手続上権利濫用を窺わせるに足る重大な問題点があるというべきである（㋑教団総会無効決議を潜脱し実質的にほぼ同一主体ないし関与者からの再度の戒規申立がなされた点、㋺答申や総会でも「許されない」との教規解釈が確認されてきた「一信徒による戒規申立」である点、㋩戒規申立書の開示や申立理由開示すらも一貫して拒絶され続けた点、㊁戒規申立人およびその賛同者計7名が上告審判委員選出の採決に加わっていると考えられ、これによって現実に採決結果に影響を与えている点など）。

③　内規改正の恣意性

前記のとおり、常議員会による戒規申立の無効が2008年（平成20年）10月の被告教団総会決議で確認された後、2009年（平成21年）7月13日に至り、被告教団教師委員会は、同委員会内規を改正し、何人でも戒規申立権者となりうるとし、これを承けて、常議員の一人である訴外Ａ氏が同年7月31日信徒個人の立場において、教師委員会に対し、原告の戒規申立を行ない、教師委員会はこれを受理し、内規に従い調査委員会を設けた。

教憲教規の解釈を司る信仰職制委員会が、戒規申立権については、教団の諸規則で定められるべきことおよび内規は教団の諸規則に該らない旨の答申をしている（甲第29号証「信仰職制委員会の答申に関する諮問」）にもかかわらず、これを無視して、内規の改正により、一信徒の戒規申立を受理しているのである。

なお、内規が教団の諸規則に該らないことは、答申を待つまでもなく、教規施行細則第11条第2項（甲第1号証61頁）の規定からも明らかである。内規は、委員会その他の機関の権限に属する事項について、当該機関を拘束するものに過ぎず、教団総会又は常議員会により制定又は変更された教団諸規則には該当しない。下位規範である内規が、上位規範である規則に反するものであってはならないこと自明の理である。

上記のとおり、2008年（平成20年）10月に戒規申立が常議員会という戒規申立権のない主体による申立であること等を理由に教団の最高意思決定機関である教団総会において無効であると決議されてから、約9ヶ月足らずの翌2009年（平成21年）7月13日に被告教団教師委員会が、わざわざ同委員会内規を改正して（制定以来、初めての改正）、何人でも戒規申立権者となりうるとし、これを承けて、常議員の一人が他の6名の常議員の賛同を得て、わずか18日後の同年7月31日に信徒個人の形式において、教師委員会に対し、原告の戒規申立を行ない、教師委員会はこれを受理したという経緯である。

これら一連の経緯に照らしても、上記「内規の改正」は、一部の常議員を中心に、戒規処分の決定権限を有する教師委員会をも巻き込んで、原告の戒規処分に向けた一貫した強固な意志に基づいて恣意的になされたことは明らかである（このタイミングで原告の戒規申立と無関係にこのような内規改正がなされたと言うのは余りにも不自然である）。

本来、内規の改正がそのような意思を背景に為されること自体、権利の濫用性を強く窺わせる事実といえよう。

そして、この内規改正は、原告にとって不利益な戒規処分の申立権者拡張という効果を事実上、内規改正前の行為に遡って適用させている点でも、濫用性が強いと言うべきである。

④　原告の処分歴や行為の一般的性質と選択した処分の不均衡性

原告は、40年以上に亘り、被告が教師として稼働し続けてきた中で、過去に被告から戒

規適用を受けた前歴は皆無である。

即ち、原告が一度も他の懲戒処分を受けたことがない状況で、被告は、教師にとって極刑である免職処分をいきなり選択したというものである。

戒規施行細則上（甲第1号証95頁以下）、「免職」よりも軽い戒規として、「戒告」「停職」が存在し、前述のとおり、「免職」の一つめの該当要件においては「停職の処分を受くること3回以上に及びなお改悛の情なきとき」とされ（同第4条（1）。なお、戒告と停職の関係にも同様の規定あり）、戒告、停職、免職の間の該当要件の重さにも相当な段階的差異が設けられているだけでなく、一般法社会において禁錮以上の刑に処せられた場合ですら「停職」の該当要件にとどまり（同第3条（3））、「免職」はそれより更に重い段階の戒規処分なのである。

そして、少なくとも未受洗者聖餐は、一般法社会における犯罪構成要件や不法行為性は全く帯びない性質の行為であることは明らかである。

なお、被告教団の永い過去の歴史においても、例えば牧師の若い女性信徒に対する悪質な破廉恥行為といった犯罪行為相当の事実以外に、「停職」ないし「免職」という戒規適用がなされたという例はほぼ皆無と言える。例えば、過去、教会勤務の女性信徒に対するいわゆるセクシャルハラスメント行為により民事上の損害賠償請求で被告として一審神戸地裁尼崎支部にて350万円の請求認容判決を受けた被告教団の牧師の事例（二審大阪高裁平成17年4月22日判決では被害者側のPTSDとの法的因果関係の問題から賠償額は170万円に変更されたものの、「牧師の同女性信徒に対する2年以上に亘る性的嫌がらせの継続」は一審・二審ともに認定され、上告無く同判決は確定）においても、被告教団の教区から度々の辞任勧告がなされたにもかかわらず、最終的な戒規適用としては、「戒告」処分にとどまっている。

このような戒規施行細則の定め方や被告教団における過去の戒規適用歴等に照らしても、戒規適用歴のない者の行為（一般法社会上は何ら不法行為性を帯びない行為）に対し、真っ先に「免職」処分を選択することは、戒規に関する権限の濫用と評価されるに足る大きな一要素と言える。

⑤ 小括

以上の諸事実を総合した場合、教師委員会による今回の免職決定は、その決定に至った経緯、内容、影響等の諸事情に照らすと、明らかに社会的相当性を欠く決定であると評価され、権利濫用（民法1条）にあたると言える。

よって、本件免職処分が無効であることはおよそ争いようがない。

5 損害賠償請求

（1）被告の不法行為

前記のとおり、被告の原告に対する免職処分の手続及び不服申立の審判手続には適正手続を欠く重大な瑕疵が存する上、懲戒権の濫用というべき態様である。

①処分事由の該当性が条文規定上、明らかでないにもかかわらず、②教団総会無効決議を潜脱し、答申や総会でも「許されない」との教規解釈が確認されてきた「一信徒による」再度の戒規申立を、恣意的な内規改正を行ってまで強行し、③その後も原告に対して、最も基本的な弁明機会付与のための前提である戒規申立書の開示や申立理由開示すらも一貫して拒絶し続け、④戒規適用歴のない原告の行為（一般法社会上は何ら不法行為性を帯びない行為）に対し、教

団の過去の戒規適用事例と全く均衡しない形で、真っ先に「免職」処分を選択し、⑤その処分対象行為の特定も欠いた形の通告をしたにとどまり、⑥上告審判委員選出の採決でも利害関係人が加わり現実に採決結果に影響を与えるという不適正な手続を強行したものである。

　これら一連の被告の行為は、是が非でも、原告を免職処分に付するという一貫した強固な意志に基づいていることは明らかである。

　したがって、本件免職処分（退職年金減額決定を含む一連の行為）は懲戒権を濫用してなされた不法行為である。

（２）原告の主な被侵害利益

　ア　原告の名誉権（人格権）

　　　原告は４０年余りにわたり、被告教団の教職として、３つの教会を直接担当したほか、他教会の代務を務めたり、教団常議員ほか神奈川教区でも多くの役職に任ぜられ、また、集会や研修での講師を務めたり、各種出版物で執筆するなど、その教師としての社会的地位や名声は、被告教団内においても有数のものがある。また、神奈川教区の寿地区センターに係る委員会の責任を担うなど、その社会的活動は、教団の枠を超えて高く評価されている。

　　　その基底には、教師としての地位や責任、また現代社会を生きる上で、他者との関係をどう形作るかを、信仰上の信条に置いた上での実践があったと言える。

　　　原告や紅葉坂教会の信徒たちなど、原告の実践を支持し、支援する者たちの声を全く聞かない、被告らによる一方的な教師退職勧告、戒規（免職）申立、免職処分などの一連の行為は、原告の名誉を侵害し、原告の名誉感情を深く傷つけた。

　　　前述のとおり、被告教団総会議長による常議員会への戒規申立の発議および常議員会による教師委員会への戒規申立はいったん被告教団の最高議決機関である教団総会による議決で否定されたにもかかわらず、その後、策を弄した上、訴外Ａ氏らによる戒規申立（申立内容不明）による問題を再燃させる執拗な行為は、被告教団内の地位を利用した見せしめや嫌がらせのための集団によるパワーハラスメントと言え、被告の行為を何ら正当化できるものではなく、これらの行為により、原告の名誉ないし人格は著しく侵害された。

　　　また、これらの行為の結果としての原告に対する教師免職処分は、戒規免職処分執行手続の一つとして被告教団発行の２００９年（平成２１年）２月１３日発行の「教団新報」に公告され、被告教団教師委員長名の原告あての免職処分通知が掲載され（甲第１４号証）、被告教団総会議長による議長談話が添えられた。

　　　さらに、上告申立てが斥けられたことについても、同じく平成２２年１０月９日発行の「教団新報」に公告された（甲第３０号証）。

　　　「教団新報」は被告教団に属する全国の教会、伝道所などの関係機関に配布されており、被告教団事務所、教会、伝道所において備え付けられ、教会、伝道所を訪れた者が誰でも閲覧できるほか、キリスト教専門書店などで購読することも可能である。被告による一方的な公告を見た読者は、原告に重大な非違行為があったと誤信することが容易に想像でき、原告の名誉権ないし人格権の侵害は重大なものである。

　イ　牧師として招へいを受ける権利（教師として謝儀を受け取る権利を含む）

　　　正教師は教会の招へいにより牧師（教規１０３条、１０６条等に基づき教会担任教師に就任した正教師）となることができるが、原告は、免職処分により、教会より牧師として招へいを受ける権利を失った。

いうまでもなく、牧師は聖職者であるが、教会から受ける謝儀をもって生活の資とする側面も有している。この点、教規１１５条等に基づき、教師は、原則として、教区において定める基準額以上の謝儀を受け取ることとなっている。
　従って免職処分は、将来に亘る経済面での影響は大きいといわなければならない。
　なお、本件訴訟の結果、原告の正教師としての地位が確認された場合でも、それまでの間、上記権利について現実に制約を受けたことによる侵害結果が直ちに補償されるとも限らない。
ウ　被告より教師退職年金を直ちに満額受けとる権利
　原告は、被告教団による教師退職年金制度に加入している。原告は、この制度に遅くとも１９７０年（昭和４５年）に加入し、２０１１年（平成２３年）まで所属教会とともに掛金を払い続けている（教団年金局からの回答によれば、１９７０年から２０１０年９月までの掛金支払済み総額は□□万□□円にも及ぶ。甲第３１号証「年金局回答書」）。
　原告は、教師を退職した際には、被告教団に対して退職年金を受給する権利を有するものであるが、現時点では、給付の請求を行っていないので、支給は受けていない。この点、原告は、在職年数４０年以上かつ既に６５歳以上（現在６９歳）であるため、少なくとも教師退職年金等規則１９条に基づく「終身退職年金」（死亡するまでの年金）を退職直後から受給する権利を有している（なお、在職年数３０年未満の者は、同規則２１条により、３～１０年の有期退職年金を受給し得るにとどまる）。
　また、同規則２０条に基づき、終身退職年金額の比例部分の算定方法においては在職年数（算定上は４０年が上限であるところ、原告の在職年数も４０余年）、平均報酬月額（算定上は３０万円が上限であるところ、原告の平均報酬月額は被告教団年金局の回答によれば上限を超える□□万□□円。甲第３２号証「年金局回答書」）及び給付開始時年齢（満７０歳未満の場合は順次給付額が減少する）が主な要素となる。
　そうすると、在籍年数、報酬額、年齢等に照らしても、原告が受け取るべき教師退職年金額は、被告教団が規定する教師退職年金の中でも相当高水準なもの（即ち、法律上の経済的利益として相応に重視されるべきもの）と言い得る。
　ところが、２０１０年（平成２２年）１０月２６日の第３６総会期第６回常議員会及び同日から行われた第３７回教団総会において、被告教団年金局理事会により、教師免職処分に伴い、教師退職年金等に基づき、原告への年金給付を２５パーセント減額し７５パーセントとすることを決定していることが報告された。（甲第３３号証「北村慈郎牧師にかかわる教師退職年金についての通知」）
　この決定により、被告教団に対して原告が有する退職年金の支給を受ける権利が侵害されるおそれがある。
　この点、被告教団の年金局の回答によれば、２５パーセント減額後の原告の教師退職年金額は□□万□□円（年額）とのことであり（甲第３３号証）、減額前の満額の年金額は□□万□□円となるため、２５パーセントの減額対象部分は年額□□万□□円に及ぶことになる。
　少なくとも、原告は、本件訴訟の結果、免職処分の無効等の確認を受け、年金減額決定の効果を無効ならしめるまでの間、本来有する年金給付権（自己の自由意思により任意の時期に退職した上で直ちに満額の年金給付を請求・受給する権利）を侵害されることになる。そして、たとえ減額決定が無効となった場合でも、それまでの間、上記権利について現実に制約を受けたことによる侵害結果が直ちに消失するとは限らない。

（3）損害額

前記のとおり、原告は、被告の正教師として４０余年稼働してその半生を捧げ、教団の教職として粉骨砕身して献身的な努力をした。

しかるに、被告は原告に対し十分な弁明の機会も与えないまま、他のより軽い代替的な戒規を先に適用することもなく、過去に戒規適用歴のない原告に対し、いきなり免職処分をするに至ったものである。

原告は、本件免職処分により名誉権（人格権）を侵害されるとともに、牧師として招へいを受ける権利（教師として謝儀を受け取る権利を含む）や退職年金を直ちに満額受け取る権利も侵害され、もはや第二の人生を構築して生活を立て直すことは至難である。

本件免職処分により、原告は、途方に暮れ、甚大な精神的、物質的打撃を被った。これを慰謝するためには少なくとも１０００万円の慰謝料が相当である。

6　結論

よって、原告は、被告に対し、

(1) 被告の原告に対する、２０１０年（平成２２年）１月２６日付けの正教師免職処分が無効であることの確認
(2) 原告が被告の正教師としての地位（教規１１５条等に基づく謝儀の支弁を受ける権利を含む）を有することの確認
(3) 不法行為に基づく慰謝料１０００万円及びこれに対する不法行為日である２０１０年（平成２２年）１月２６日から支払済みまで、民法所定の年５分の割合による遅延損害金の支払い

をそれぞれ求めるものである。

以　上

証　拠　方　法

下記証拠説明書記載の通り

原告証拠説明書　（1）

平成２３年１１月２５日

東京地方裁判所　民事部　御中

原告訴訟代理人弁護士　　（氏名　略）

号証	標目	原本写し	作成日	作成者	立証趣旨
甲1	日本基督教団教憲教規及び諸規則	原本	H23.4.1	被告教団	被告教団における教憲・教規および諸規則について
甲2	通告	原本	H22.1.26	被告教団教師委員会	原告が免職処分に付された事実

甲3	第36回教団総会議事録抜粋	写し	H20.10.23頃	被告教団	被告教団第36回総会で、常議員会が原告に対して戒規申立を行った件の決議が無効であることが確認されたこと
甲4の1	教師委員会内規（改正前）	写し	H18.1.27	被告教団教師委員会	従前の教師委員会内規（第1条で提訴権者が教区や教会その他に限定されている）
甲4の2	教師委員会内規（改正後）	写し	H21.7.13	被告教団教師委員会	改正後の教師委員会内規（提訴権者が特に限定されていない）
甲5	質問書	写し	H21.10.28	原告	被告教団教師委員会に対して、再度の申立を受理した経緯等を明らかにするよう求めた事実
甲6	教団教師委員会調査員会との面談について	写し	H21.10.28	被告教団教師委員会	被告教団教師委員会より原告に対して面談申し入れがあった事実
甲7	11月5日付回答書	写し	H21.11.5	原告	原告から教師委員会に対して、面談の申し入れの前に戒規申立を受理した旨の通知も来ておらず、また質問書への回答も来ていないので面談できないと回答した事実
甲8	召還猶予の申出書	写し	H21.11.11	原告	原告から被告教団側に、信仰職制委員会からの答申が出るまでは、調査委員会に伺えないと回答した事実
甲9	教師委員会通知	原本	H21.11.12	被告教団教師委員会	被告教団としては戒規申立を受理した場合でも申立対象者に受理の通知を出していないことなど
甲10	教団教師委員会調査員会との面談のお願い（第二信）	写し	H21.11.20	被告教団教師委員会	被告教団教師委員会から原告に、再度の面談要請があった事実
甲11	11月23日付回答書	写し	H21.11.23	原告	原告から被告教団側に対し、まだ信仰職制委員会の答申が出ておらず、教師委員会調査員会の面談には伺えないと回答した事実
甲12	教団教師委員会調査員	写し	H21.12.28	被告教団教師委員会	被告教団教師委員会から紅葉坂教会宛に、平成22年1月20日に面談した

					いとの要請があった事実
甲13	猶予の申出書	写し	H22.1.4	原告	原告から被告教団側に対し、信仰職制委員会の答申が出てその内容を吟味したうえでなければ教師委員会調査会との面談には応じられないと面談の猶予を申し出た事実
甲14	公告（教団新報）	写し	H22.1.26（公告日）H21.2.13（新報）	被告教団教師委員会	被告教団が原告を免職した事実及びそれを機関誌「教団新報」に掲載し、公告という形で広く知らしめた事実
甲15	教憲教規の解釈に関する先例集（抜粋）	原本	H14.9.30	被告教団信仰職制委員会	被告教団の信仰職制委員会でも、以前に戒規の提訴権者を限定するという判断を下していた先例があること
甲16	教師委員会回答書	原本	H21.11.4	被告教団教師委員会	被告教団側が原告に対し、戒規申立書の開示を拒否した事実等
甲17	信仰職制委員会答申に関する諮問	写し	H21.11.11	紅葉坂教会役員会	紅葉坂教会から被告教団信仰職制委員会に対して、いくつもの疑問点への回答を求めて諮問した事実
甲18	上告書	写し	H22.2.12	原告	免職決定を不服として、原告が被告教団に対して上告した事実
甲19	上告理由書	写し	H22.4.10	原告	原告が被告教団に対して主張した、上告の理由
甲20	上告に対する審判結果について	原本	H22.9.21	被告教団	被告教団から原告に対し、上告理由がないと判断し、それを通知した事実
甲21	第4回常議員会議事録	写し	H22.7.13頃	被告教団	上告審判委員の選出過程で利害関係人が採決に加わったまま、上告審判委員が選出されており、仮に加わっていなければ否決された可能性が高いこと
甲22の1	通知書	原本	H22.8.2	原告代理人	原告から被告教団に対し、上告手続きの規則等の確認、代理人の選任、陳述の機会の付与等を求めた事実
甲22の2	配達証明書	原本	H22.8.3	訴外郵便事業株式会社	上記通知書を被告教団が平成22年8月3日に受け取った事実
甲23	ご質問について	原本	H22.8.10	被告教団	上記通知書に対し、被告側から、審査手続を定める規則又は細則がない

					旨の回答などが寄せられた事実
甲24	要望書	写し	H22.8.27	原告代理人	原告から被告教団に対し、上告手続の規定を制定すること、戒規申立書の写しを交付することを強く要望した事実
甲25	議案第9号	写し	H22.6.26	訴外池迫直人(神奈川教区)	神奈川教区総会において、原告に対する免職処分は無効であることの確認を教団総会に議案として提出することを検討した事実
甲26	教団新報	原本	H22.7.17	被告教団発行	上記議案が神奈川教区総会において、可決された事実
甲27	議案第31号	写し	H22.10.26	神奈川教区	神奈川教区において、教団総会に、原告の免職処分の無効を確認する議案を提出しようとした事実
甲28の1	教団ジャーナル第31号（抜粋）	原本	H22.7.5	訴外教団ジャーナル	全国の多数の教区総会（平成22年度）において、原告に対する免職処分の撤回を求める決議が可決されたり、議論されたりしている事実
甲28の2	教団ジャーナル第36号（抜粋）	原本	H23.8.14	訴外教団ジャーナル	同じく平成23年度の全国の多数の教区総会において、原告に対する免職処分の撤回を求める決議が可決されたり、議論されたりしている事実
甲29	信仰職制委員会の答申に関する諮問	写し	H22.1.26	被告教団信仰職制委員会	戒規申立権については、教団の諸規則で定められるべきであること、また内規は教団の諸規則にあたらないことを被告教団の信仰職制委員会が答申している事実
甲30	公告（教団新報）	写し	H22.9.17（公告日）H22.10.9（新報）	被告教団	免職処分に対する原告の上告申立てが被告教団審判委員会により斥けられたこととそれを被告教団が機関誌「教団新報」に公告として掲載した事実
甲31	年金局回答書	写し	H23.9.20	被告教団年金局	原告側が被告教団に対して年金の掛金として支払った総額は□□□□万□□□□円に上る事実等
甲32	年金局回答書	原本	H23.10.11	被告教団年金局	原告に対して支払われるべき年金額の計算方法と、２５％減額された場合の金額等について
甲33	北村慈郎牧	原本	H22.10.8	被告教団	被告教団が原告への年金給付を２５

| | 師にかかわる教師退職年金についての通知 | | | | ％減額する決定をした事実とその理由など |

注）各書証に付したマーカーは、原告代理人において付したものである。

付 属 書 類

1　訴状副本　　　　　　　　　　１通
2　甲号各証の写し　　　　　　　各１通
3　訴訟委任状　　　　　　　　　１通
4　履歴事項全部証明書（被告）　１通

　なお、訴状提出後、地裁から以下の指示があった。
（1）請求の趣旨第１項及び第２項について、訴訟物が法律上のものであること（法律上の争訟に当たること）を具体的に主張してください。
（2）請求の趣旨第１項及び第２項について、両方を確認する利益があることを具体的に主張してください。
（3）請求の趣旨第３項について、原告が不法行為と主張する損害との関係で因果関係を有する行為を特定してください。
　これへの回答を「原告準備書面（1）」として地裁に提出したので、以下に併せて掲載する。

平成23年(ワ)第38119号　免職処分無効確認等請求事件
原告　北村慈郎
被告　日本基督教団

原告準備書面（1）

2012（平成24）年2月10日

東京地方裁判所　民事第31部合議B係　御中

原告訴訟代理人弁護士　　（氏名　略）

第1　本件の法律上の争訟該当性
1　審理の対象

本件は、被告教団が原告に対して行った免職処分の無効及び原告の正教師の地位という法律上の地位の確認を求めるものである。

原告は「訴状」6ページ「4　免職処分が無効であること」以下で述べているように、免職処分及びその不服申立（上告）における手続の違法性と妥当性（懲戒権の濫用）を主張している。本件は裁判所が宗教上の教義及び信仰の内容に立ち入って審理・判断しなければならない事案ではない。「地位の選任、剥奪に関する手続上の準則で宗教上の教義、信仰に関する事項に何らかかわりを有しないものに従ってその選任、剥奪がなされたかどうかのみを審理判断すれば足りるときには、裁判所は右の地位の存否の審理判断をすることができる」（最判平成元年9月8日・民集43巻8号889頁）。本件は正にこれに該当する。法律上の争訟にあたることは明らかであると言わねばならない（同旨、最判平成11年9月28日・判時1689号78頁）。

2　同種事案の判例との対比
（1）名古屋高裁判決について

この点、宗教法人の会員たる地位の確認を求める訴えが法律上の争訟にあたるとされた名古屋高裁昭和55年12月18日判決（判例タイムズ430号62頁）の判示内容は、本件における法律上の争訟性等（後記「確認の利益」も含む）を検討する上で、参考にすべき要素が多い。

同判決は、「カトリック教会における聖職者たる修道者の地位は、・（中略）・・宗教上の地位であるということが出来る。また、控訴人は被控訴人教会における構成員ではあっても、たんなる会員であり、被控訴人教会規則による宗教法人の管理機関としての役割を果たす者でもない。しかしながら、主たる任務が宗教的活動に従事することにあり、その限度においてそれが宗教上の地位であると言い得ても、そのことによって一切の法律的側面を否定し、また、宗教法人の機関たる地位にないことの故をもって、一切の法律関係を否定し去るべき論理的必然性はない。控訴人は、宗教法人たる被控訴人教会の構成員として、間接的にしろ教会の運営に参画し、またカノン法第118条により司祭として、教会禄と恩給を受給する権利をもつほか、被控訴人教会の建物に居住し、これを無償で使用することを許されており、毎月の生活経費等はすべて被控訴人教会において負担しているものであり、さらに、広く社会に進出して教育、社会福祉、慈善事業を教会の方針に則って分担実行しており、これを世俗的に、具体的な見地から見れば、これらを

通じて得られる社会的地位、経済的利益は、控訴人の職務に対する対価とは評価できないとしても、<u>控訴人にとって重大な社会生活上の利益であり、被控訴人教会と控訴人との間における法的保護に値する具体的権利義務関係と評価して差し支えない。</u>以上のような被控訴人教会と控訴人との間の世俗的、具体的な関わり合いを総合して考えると、被控訴人教会における控訴人の会員たる地位は、主要な面において宗教的側面を有することが明らかであるが、他面<u>法律的側面を持つことは否定できず、このような法律上の具体的権利義務関係が認められる以上法律上の地位があると解すべきである。</u>そうすると、控訴人の被控訴人教会における会員たる地位の存否に関する争いは、裁判所法三条において法律上の争訟にほかならず、その確認を求める利益と必要があるものといわねばならない。」と判示している（下線部は原告代理人による）。

　このように、同判決は、宗教法人の管理機関としての役割を果たすものではない単なる会員（修道者）の地位についても、①教会の構成員として間接的にしろ、教会の運営に参画していること、②宗教団体の自律規範（カノン法）により司祭として教会禄と恩給を受給する権利をもつほか、教会建物に居住し、無償使用することを許され、毎月の生活経費等もすべて教会において負担されていること等から、これらを通じて得られる社会的地位、経済的利益を、法的保護に値する具体的権利義務関係と認め、その地位の確認請求について、法律上の争訟性並びに確認の利益を認めているのである。

（２）本件における具体的権利義務関係

　この点、原告の被告教団における正教師としての地位は、①適式な資格の取得及び登録手続を経て、初めて職務を行う権限を付与される地位であり、教会並びに被告教団の管理機関として運営に直接的に参加する地位に直結ないし連動する地位である他、②被告教団の自律規範たる教規により、基準額以上の「謝儀」（実質的な給与であり、牧師館家賃、水道光熱費、電話代などを教会が負担する前提で計算される）及び、教師退職年金規則等に基づく退職年金等を受給する権利を有するものであり、かつ、③教師たる地位が被告教団及び被包括団体たる教会における財産活動・教務活動等の全ての根幹をなし、担任教師以外の職種に就くための基本資格でもあることから、これらを通じて得られる社会的地位、経済的利益が、法的保護に値する具体的権利義務関係と認められ、その地位の確認請求ないし免職処分の無効確認請求について、法律上の争訟性及び確認の利益が認められることは明らかである。

　殊に原告に関しては、④正教師たる地位に基づき、被告教団の「常議員」（法人の役員というべき役職）にも就任していたものであり、また、⑤同様に正教師たる地位に基づき、被告教団の被包括団体たる宗教法人紅葉坂教会における代表役員等としての地位にも就任していたのであり、⑥本件免職処分により正教師たる地位が失われれば、派生的にこれらの地位の他、総会議員の被選挙資格や教団・教区における教務を行う権限も全て失ってしまうことになるから、尚更のこと、上記名古屋高裁の事案以上に、明らかに具体的権利義務関係が強く認められるものと言わざるを得ない。

　よって、本件における正教師としての地位ないし免職処分の無効性に法的保護に値する具体的権利義務関係が認められることは明らかである。

第2　本件免職処分の無効及び正教師たる地位確認を求める法的利益の存在

1　免職処分の無効確認の利益

（１）過去の法律関係の確認について（最判の基準）

ある基本的な法律関係から生じた法律効果につき現在法律上の紛争が存在し、現在の権利または法律関係の個別的な確定が必ずしも紛争の抜本的解決をもたらさず、かえって、これらの権利または法律関係の基本となる法律関係を確定することが、紛争の直接かつ抜本的な解決のため最も適切かつ必要と認められる場合においては、上記基本的な法律関係の存否の確認を求める訴も、それが現在の法律関係であるか過去のそれであるかを問わず、確認の利益があるものと認めて、これを許容すべきものと解するのが相当である（最判昭和４７年１１月９日・判例時報６８７号５１頁参照）。

（２）法人の意思決定の無効確認に関する最判の判旨

　　　そして、上記最判において、「法人の理事会または評議員会の決議が、理事、理事長、監事の選任ないし互選、それらの者の辞任の承認等を内容とする場合に、右決議の効力に疑義が存するときは、右決議に基づくこれら役員の地位について争いを生じ、ひいては、その後の理事会等の成立、他の役員の資格、役員のした業務執行行為および代表行為の効力等派生する法律関係について連鎖的に種々の紛争が生じうるのであつて、このような場合には、基本となる決議自体の効力を確定することが、紛争の抜本的解決のため適切かつ必要な手段であるというべきである」とされているように、法人の意思決定の効力に基づく地位の争いが生じている場合に、その意思決定により派生する法律関係が種々存することも踏まえ、かかる意思決定自体の効力を確定する利益が認められ得ることは明らかである。

（３）本件免職処分から派生する法律関係

　　　この点、本件において、原告の正教師としての免職処分の効力に疑義が存するときは、①原告の被告教団における正教師としての地位や行為の可否について争いを生じるのみならず、②被告教団の「常議員」としての原告の地位の存否、かかる地位に基づく行為（常議員会決議における議決権等の行使等を含む）の効力、③教団総会を構成する総会議員に就く被選挙資格の有無、④被告教団又は教区の教務に従事する行為の可否・効力、⑤戒規適用の結果（免職処分）を受けた制裁措置（教師退職年金の満額受給権の制限等）の適否、⑥被告教団の被包括団体たる宗教法人紅葉坂教会における代表役員等としての地位、業務執行行為、代表行為の効力、⑦正教師たる地位から派生する原告の各種権利（正教師としての継続的な謝儀受給権等）の存否等、派生する諸々の法律関係について連鎖的に種々の紛争が生じうることは明らかであり、現にそのような各種紛争が被告教団において生じている。

　　　即ち、教規第１４３条は、「停職または免職の処分中にある者は、教団総会議員若しくは教区総会議員に選ばれ、または本教団若しくは教区の教務に従事することができない」と規定しているところ、免職処分に派生して、被告教団における全面的な権利制限が加えられることが明文化されている。また、教団及び教会における役員等の立場にある原告が免職処分を受けることにより派生する権利関係の紛争は実に広範囲に亘るのである。

　　　以上の本件の諸事情に鑑みれば、派生する現在の諸権利または法律関係の個別的な確定を区々に裁判上で求めていくことが必ずしも紛争の抜本的解決に適しているとは言えず、これらの根源である「本件免職処分」の無効を確認し、法律関係を確定することが、本件紛争の直接かつ抜本的な解決のため最も適切かつ必要と言える。

　　　よって、本件免職処分の無効確認の利益は明らかに認められる。

２　正教師たる地位の確認の利益

　　　既述のとおり、「正教師」は、適式な検定試験を経た上で、相応の手続を踏んだ末に付与される

資格であるばかりか、担任教師を含む複数種の職業に直結する資格であり、何より相当額の「謝儀」「謝恩金」「退職年金」といった経済的権利（これらは単なる宗教上の地位に基づく派生的権利というレベルにとどまらない法的保護に値する内容）を有しつつ、教団及び教会の財産的活動の根幹となるべき地位を有しているのである。従って、これが単なる宗教的活動の主宰者たる地位にとどまらず、独自に財産的活動をすることのできる権限を有する地位であるということは明らかである。

よって、正教師たる地位の確認の利益は優に認められる。

この点は、上記名古屋高裁の判示内容に照らしても、明らかというべきである。

なお、退職一時金等と異なり、長期継続的に発生する謝儀や年金（いずれも変動要因を内在するもの）について、その経済的権利そのものを端的に確認の訴えの対象とすることには、様々な法的障壁も存することも踏まえると、むしろ、正教師たる地位の確認をする必要性が現実に高いと言える。

3　「処分無効」と「正教師たる地位」の双方を確認請求する必要性

まず、本件では、現在の正教師たる地位が確認されれば、無効な免職処分から派生した紛争が全て解決されるという関係には必ずしもならない。

例えば、教師退職年金の満額受給権に対する２５％の制限や制度の強制脱退についても、被告の教師退職年金等規則等によれば、あくまで免職処分の結果に基づく措置と位置づけられている。この場合、正教師たる地位確認だけが認められても、仮に今後、戒規施行規則８条による復帰制度の適用等により、免職処分の無効を前提とせずに現在の正教師たる地位だけを認めるという立論を被告から展開されてしまえば、免職処分の無効は確認出来ず、結局、年金の受給制限や強制脱退による不利益を「遡及的に」全て回復させることは困難になる可能性がある。

そして、この点は、本件免職処分を受けた後、常議員や教会代表役員としてなした行為や議決権の効力、その他被告教団又は教区の教務に従事した行為の効力や謝儀（給与）の減少額等の不利益についても同様のことが言え、正教師たる地位確認だけでは、少なくとも免職処分に基づく紛争の一部が残存してしまう可能性が高い。

従って、確認の効力が及ぶ範囲が必ずしも一致しないため、各々確認の利益を有するというべきである。

また、仮に選択的にいずれか一方の請求しか確認の利益が認められないということになったとしても、それぞれの確認の利益を検討する上での問題となる観点が異なる以上（過去の法律関係の確認が許されるかという観点と正教師たる地位の確認が許されるかという観点）、いずれを認めるのが相応しいかという法的判断は、裁判所によって区々になる可能性があると言える。

よって、双方の確認請求を併存させる必要性がある。

3－2－2．被告「日本基督教団」からの答弁書

2012年（平成24年）4月19日、被告「日本基督教団」から訴状に対する答弁書が提出された。被告側答弁は憲法20条に定める「信教の自由」及び「政教分離論」を前面に出し、「原告の本訴請求は法律上の争訟に当たらない不適法なものであるから却下を免れない」というものであった。この主張は当初から予想されたものではあるが、争点は全くかみ合っていない。以下に被告側答弁書の目次を記載する。

平成23年（ワ）第38119号 免職処分無効確認等請求事件
原告　北　村　慈　郎
被告　日　本　基　督　教　団

答　弁　書

平成２４年　４月１９日

東 京 地 方 裁 判 所
　　　民事第３１部合議Ｂ係　　御中

被告訴訟代理人住所　（略）
被告訴訟代理人　弁護士　（氏名　略）

目　　次

第１　本案前の抗弁
　１　はじめに
　２　宗教団体の自律的決定権
　３　原告の本訴請求及び戒規処分の教義上の性格
　４　最高裁平成元年９月８日判決による確定判断
　５　小括

第２　本案についての答弁
　Ⅰ　本案の請求の趣旨に対する答弁
　Ⅱ　請求の原因に対する答弁
　１　（当事者）に対する認否
　２　（原告に対する正教師免職処分の発令）に対する認否
　３　（紛争の経緯）に対する被告教団の主張
　４　（免職処分が無効であること）に対する被告教団の主張
　　(1)　免職適用の不相当性
　　(2)　免職処分の手続に重大な瑕疵があること
　　　①　今回の免職処分はその手続きにおいて被告教団の最高意思決定機関である総会決議に抵触しているとの原告の主張について
　　　②　教師委員会が一信徒の戒規申立により教師を戒規処分に付すことは教規に反し、違法であるとの原告の主張について
　　　③　不利益処分にあたって弁明の機会が供与されなかったとの原告の主張について
　　(3)　免職処分に対する不服申立の審判手続（上告手続）においても適正手続を欠いているとの原告の主張について
　　(4)　教師委員会による今回の免職処分が懲戒権の濫用であるとの原告の主張について
　５　不法行為請求に対する被告教団の求釈明事項

原告は 2012 年（平成 24 年）2 月 10 日に準備書面（1）を提出したが、被告もこれに反論する準備書面（1）を提出した。

（本文略）

3－2－3．双方による求釈明
上記訴状および被告側答弁書が提出され、本格的審議に入った。その後、双方から求釈明が出された。これは訴状及び答弁書を補完するものなので、以下に引用しておく。

平成23年（ワ）第38119号　免職処分無効確認等請求事件
原告　北村慈郎
被告　日本基督教団

被告に対する求釈明

2012（平成24）年5月17日

東京地方裁判所　民事第31部合議B係　御中

原告訴訟代理人弁護士　（氏名　略）

　平成24年4月19日付、被告「答弁書」では、原告の訴状「第2　請求の原因」に対して、概括的な認否しかなされていないか、あるいは事実として認めるのか否かが不明な点が散見される。今後の議論を有益なものにするため、原告は特に以下の事実について具体的に認否されるよう、釈明を求める。なお、認否が不十分な点は以下の部分のみであるという趣旨ではないが、とりあえず重要と思われる部分のみ指摘する。

1　訴状7頁22行目以下　4（2）①ロ記載の事実
　　今回の免職処分の発端となった戒規申立を行った信徒が、前回（第36回）の総会で無効決議がなされた常議員会による戒規申立にかかわった常議員であること。

2　訴状8頁1行目以下　4（2）①ハ記載の事実
　　今回の戒規申立の申立人1名及び賛同者6名はいずれも常議員であるものと推測され、前回（第36回）の総会で無効決議がなされた常議員会による戒規申立にかかわった常議員に含まれること。

3　訴状11頁15行目以下　4（2）③ハ記載の事実
　　被告は、原告に対し、戒規申立書そのものを開示しなかったのみならず、そこに記載されている「申立理由」すらも、原告に一切通知していなかったこと。さらには、調査員会が調査するにあたっても、原告に、何をどのように調査するのか、その具体的な内容や理由を告げていないこと。

4　訴状12頁21行目以下　4（3）②㋐記載の事実
　　戒規申立人およびその賛同者計7名が常議員として審判委員選出の採決に加わっていると推測されること。

5　訴状13頁16行目以下　4（3）②ハ記載の事実
　　審判手続を定めた規則自体が存在していないこと。
　　上告審判においては、原告に対して一切の陳述の機会も与えられず、代理人選任を要請したがそれも認められず、手続の公開の要請も斥けられたこと。また、戒規申立書の公開も拒否され、審判委員会に提出された書類の閲覧・謄写を求めたがそれも拒否されたこと。

以　上

３－２－４．審理経過

前記書類提出後、書面による双方の主張が行われた。以下、その過程を時系列的に記す。

2011年11月25日	東京地方裁判所民事部に提訴（訴状提出）
2011年12月16日	東京地裁から追加書面の提出依頼
2012年 1月17日	原告から同上回答書を東京地裁に提出
2012年 2月10日	原告側準備書面（１）
2012年 4月19日	被告側答弁書
2012年 4月26日	東京地裁第１回口頭弁論
	原告陳述、原告側弁護士陳述、被告側弁護士陳述
2012年 4月26日	被告側準備書面（１）（原告側に対する求釈明を含む）

この間、裁判所から２項目の質問が出された。即ち請求の趣旨の内、①無効確認請求、②正教師の地位確認、は両方とも主張する必要があるか？

これについては準備書面（３）で回答し、①は取り下げ、代わりに「退職年金給付減額決定の無効確認」に変更した。

2012年5月17日	被告に対する求釈明
2012年6月15日	原告側準備書面（２）
2012年6月15日	被告側準備書面（２）
2012年8月 9日	原告側準備書面（３）
2012年10月1日	被告側準備書面（３）
2012年11月9日	原告側準備書面（４）
2012年11月29日	原告側陳述要旨
2012年12月3日	被告側意見陳述
2012年12月3日	第２回口頭弁論
2013年2月25日	判決

ここに提出された諸書面は以下のとおりである。

平成23年（ワ）第38119号　免職処分無効確認等請求事件
原告　北村慈郎
被告　日本基督教団

原告準備書面（2）

2012（平成24）年6月15日

東京地方裁判所　民事第31部合議B係　御中

原告訴訟代理人弁護士　（氏名　略）

1　本書面の目的
　　前回の裁判において、裁判所から、訴状「請求の趣旨」について、第3項（損害賠償請求）は金銭的請求であるが、これを分解して考察すると、第1項（免職処分の無効確認）、第2項（正教師の地位の確認）と重なる部分があるのではないか、という指摘があった。
　　これに対する原告の考え方を以下に述べる。

2　従前の原告の主張と今回整理した内容
　　原告は、訴状17頁以下の「5　損害賠償請求」において、原告に発生している「主な被侵害利益」として、
　　　　ア　原告の名誉権（人格権）
　　　　イ　牧師としての招へいを受ける権利（教師として謝儀を受け取る権利を含む）
　　　　ウ　教師退職年金を直ちに満額受け取る権利
の三点を挙げていた。
　　上記のうち、アは精神面に加えられた打撃そのものであるから慰謝料請求である。イとウは「請求の趣旨」第1項（免職処分無効確認）及び第2項（正教師の地位の確認）から当然発生する経済的請求である。
　　よって、損害賠償請求は、免職の邪な意図や手続の異常性及び被害の甚大性から発生する慰謝料請求のみに絞り、その余の経済的請求は、免職処分の無効によって自動的にもたらされる性格のものであって、請求の趣旨第1項及び第2項に含まれるもの、と整理する。

3　免職処分が原告にもたらす経済的不利益
（1）謝儀受給権について
　　　　原告が免職処分を受けると、それが取り消されない限り、教会の教師となることができない（教規103条、106条参照）。原告は、職業選択の自由を奪われているだけでなく、生活の糧を得る手段を奪われているのである。
　　　　教師は、所属の教会から、毎月、謝儀を受領する。これは一般の会社における「給与」にあたるもので、原告も宗教法人紅葉坂教会（以下「紅葉坂教会」または「教会」という。）に所属する間は、毎月同教会より謝儀を受けてきた。謝儀は、税務上の区分としては「給与」として支給され、

原告も給与所得控除を受けていた（甲34「源泉徴収票」（2007年度））。

　教師が謝儀を所属教会から受け取ることは、被告教団の教規等でも当然の前提とされており（教規第87条2項、115条。甲1、39及び46ページ参照）、しかも教師の謝儀の金額は、所属の教区ごとに「基準表」を設けたうえで、教師にはその基準表以上の額が支払われるべきことが定められている（教規115条、甲1、46ページ）。

　要するに、教師は、毎月受領する謝儀について最低額が原則として保障されているのである。

　原告の場合も、免職処分までは、毎月いわゆる「基本給」として□□万円の支給を教会から受けており、源泉所得税・各種社会保険料等を控除の後、約□□万円を受け取っていた（甲35「給与支払明細書」（2009年5月分））。これは、神奈川教区の謝儀基準に則ったもので、この基準は毎年教区の常置委員会で制定されている（甲36の1、2「神奈川教区教職謝儀基準及び謝儀互助基準」）。本件免職処分が下された2010年度の教職謝儀基準表（甲36の2）によれば、原告の年齢・在職年数はいずれもその上限（54歳・34年）を大きく上回るため、原告の謝儀基準月額は□□万□□□□円であった。また、同基準表末尾の注記によれば、①夏季・年末手当（いわゆる賞与に類するもの）として上記謝儀月額とは別に計3〜4ヶ月（最低2ヶ月）、②家族手当（配偶者15,000円など）が基準の内容に含まれている。そうすると、原告が本件免職処分以前に実際に受け取っていた謝儀・手当等の額（甲34「源泉徴収票」（2007年度）、甲35「給与支払明細書」（2009年5月分））は、正に教規の定める基準に則って、支給され続けてきた額であることが分かる。

　しかし、仮に免職処分が有効と認められて教師の地位を喪失するとすれば、この受給権を完全に失うことになる。従って、少なくとも毎月約□□万円及び諸手当相当額の損失が発生しているといえる。

（2）賃料相当額の保障を受ける権利

　さらに、被告教団の教師は、教規115条に基づき定められる謝儀基準の一内容ないし長年に亘る慣習として、各教会の敷地内の牧師館等に居住することが認められており、その家賃、水道光熱費、電話代など（以下「賃料等」という）は教会が負担する場合が多い。

　神奈川教区教職謝儀基準及び謝儀互助基準（甲36の1、2）でも、「この基準額は、牧師館家賃、水道光熱費、電話代などは教会が負担しているものとして作られています。」と記されており、無償で居住できることが原則となっている。

　原告も紅葉坂教会に所属していたときは、同教会の建物の一部に居住しており、その賃料等は教会が負担していた。

　ところがこの権利も免職処分により教師の地位を失ったことで喪失してしまったのである。これを金銭的に評価すれば、原告は、賃料相当額の保障を受ける権利を侵害されたといえる。

（3）年金受給権について

　甲32、33号証で明らかなとおり、免職処分を理由として、教師退職年金等規則第16条（甲1、117ページ）に基づき、原告が受けるべき受給額は25％減とされた。このことは2011年（平成23年）10月5日に被告教団内部で決定され、同月8日付で被告教団より原告に通知された。

　本来原告に支払われるべき年金額は、年額□□万□□□□円であり、それが25％減額されて年額□□万□□□□円となるのであるから（甲32）、年間□□万□□□□円の減額となる。これは終身年金であるため、支給開始から原告が死亡するまで、毎年□□万□□□□円の逸失利益が生じ

ることになるのである。仮に、現在７０歳の原告に、いま支給が開始されたとすると、平均余命は１５．０８年（厚生労働省平成２２年簡易生命表による）であるから、今後、単純計算で総額□□□万□□□円の損失（逸失利益）が生じることになる。

現時点では原告自身、まだ被告教団に年金の請求をしていないため年金を受領していないが、請求によってこの損失は直ちに発生するものであるから、免職処分が維持される限り、発生することが確実な不利益といえる。

（４）小括

以上のように、原告は、本件免職処分により上記のような具体的な経済的不利益を受ける。このことは、正教師としての地位が、単なる宗教上の地位にとどまらず、法律上の地位であることの証左である。

以 上

原告証拠説明書（２）

平成２４年６月１５日

東京地方裁判所　民事第３１部　合議Ｂ係　御中

原告訴訟代理人弁護士　　（氏名　略）

号証	標目	原本写し	作成日	作成者	立証趣旨
甲34	源泉徴収票	原本	H20.1	訴外紅葉坂教会	原告が、2007年（平成19年）において神奈川教区の基準表以上の額の謝儀を給与として毎月受け取っていた事実
甲35	給料支払明細書	原本	H21.5	訴外紅葉坂教会	原告が、2009年（平成21年）において給与として謝儀を毎月□□万円受け取っていた事実
甲36の1,2	神奈川教区教職謝儀基準および謝儀互助基準	原本	H21.1.14（甲36の1）H22.1.13（甲36の2）	被告教団神奈川教区	神奈川教区でも毎年常置委員会で謝儀基準表が決定され、原告は基準以上の金額を受領していたこと、および牧師館家賃や水道光熱費・電話代等は教会負担が原則であること（原本はＢ４版）

注）甲３６の１，２に付したマーカーは、原告代理人において付したものである。

以 上

平成23年（ワ）第38119号　免職処分無効確認等請求事件
原告　北　村　慈　郎
被告　日　本　基　督　教　団

準　備　書　面　（２）

2012年　6月　15日

東　京　地　方　裁　判　所
　　　民事第31部合議Ｂ係　　　御中

　　　　　　　　　　　　　　　　　　被告訴訟代理人　　弁護士　（氏名　略）

（本文略）

被告教団側から提出された証拠説明書

平成24年6月25日

被告教団側から提出された「証拠説明書」の項目のみを編集委員会でまとめ、番号、標目（原本・写）、作成年月日、作成者の順に記載した。

乙１　日本基督教団　教憲教規および諸規則（原本）　2010.6.15　日本基督教団事務局
乙２　第36総会期日本基督教団審判委員会審判結果（写）　2010.9.15　日本基督教団審判委員会
乙３　審判委員会第５回委員会の決定（写）　同上　日本基督教団審判委員会委員長　□□□□
乙４　教師委員会の「内規」について（写）　2010.1.26　日本基督教団信仰職制委員会委員長　□□□□
乙５　信仰職制委員会の答申に関する諮問（写）　2010.1.26
　　　　　　　　　　　　　　　　　　　日本基督教団信仰職制委員会委員長　□□□□
乙６　信仰職制委員会答申に関する諮問（写）　2009.11.11　日本基督教団紅葉坂教会役員会
乙７　「戒規申立人について」に対する答申に関して（写）　2009.7.7
　　　　　　　　　　　　　　　　　　　日本基督教団信仰職制委員会委員長　□□□□
乙８の１　戒規の申立人について（写）　2009.3.11　同上
乙８の２　未受洗者の陪餐について（写）　2006.6.27　同上
乙９　教団新報（写）　2010.12.4　日本基督教団（発行人）□□□□
乙１０　上告に対する審判結果について（免職決定の通知）（写）　2010.9.21
　　　　　　　　　　　　　　　　　　　日本基督教団総会議長　□□□□
乙１１　聖餐の正しい執行について（Q&A）（原本）　2010.3.1
　　　　　　　　　　　　　　　　　　　「聖餐の正しい執行を求める会」代表　□□□□
乙１２　日本基督教団第35総会期第３回常議員会における「北村慈郎教師退任勧告決議」に抗議し、

　　　　取り消しを要望する件（議案第41号）（写）　2008.10.21ごろ
　　　　　　　　　　　　　　　　　　　　　第62回／「合同」後第39回兵庫教区定期総会
乙１３　北村慈郎教師に対する常議員会決議教師退任勧告を撤回する件（議案第42号）（写）
　　　　　　　　　　　　　　　　　　　　　　　　同上　第120回神奈川教区総会
乙１４　第35総会期第3回常議員会は、山北宣久議長からの提案「北村慈郎教師に対し教師退任勧告を行う件」を可決したが、「教師退任勧告」を取り下げ、全教団的に聖餐理解を深めるために取り組むことを求める件（議案第43号）（写）　同上　第57回東中国教区定期総会
乙１５　教団第35総会期第5回常議員会における「北村慈郎教師に対する戒規申立を行う件」の決議の無効を確認する件（議案第44号）（写）　同上　柴田もゆる
乙１６　最高裁二小法廷平成元年9月8日付判決及びその評釈（判例時報1329号11頁）（写）
　　　　　　　　　　　　　　　　　　　　　　　　　　　平2.1.21　判例時報社
乙１７　教憲教規の解釈に関する先例集（改訂版）（原本）　1986.9.30　日本基督教団信仰職制委員会
乙１８　第36回総会期　第4回教師委員会議事録（抄）（写）　2009.9.16　日本基督教団
乙１９　第36総会期　第6回教師委員会議事録（抄）（写）　2010.1.26　同上
乙２０　宗教団体内部の紛争と司法権の及ぶ範囲（「宗教法入門」抜粋）（写）　昭51.6.22　谷口和平
乙２１の１　戒規の目的（「教会戒規」抜粋）（写）　1990　J.カール・レーニー　伊藤淑美訳
乙２１の２　教会戒規フローチャート（「教会戒規」抜粋）（写）　同上　同上
乙２２　北村慈郎教師への戒規適用申立に関する調査報告書（写）　2010.1.26　日本基督教団
乙２３　聖餐についての個人的体験と一教会の試み（「福音と世界」）（写）　2006.1　北村慈郎
乙２４　教団新報（2010.12.18号）（写）　2010.12.18　日本基督教団
乙２５　未受洗者への配餐問題関係規則等（写）　不詳　日本基督教団
乙２６　抗議（写）　2010.10.3　日本基督教団紅葉坂教会役員会
乙２７　意見書（写）　2009.10.20　佃真人　外11名
乙２８　北村慈郎教師への戒規適用申立書（写）　2009.7.31　□□□□外
乙２９　陳述書（写）　2011.1.31　前日本基督教団議長　□□□□
乙３０　通知書（写）　H22.11.24　東京地方裁判所民事第9部裁判所書記官　□□□□
乙３１　地位保全仮処分命令申立書（写）　H22.11.22　弁護士　□□□□　弁護士　□□□□
乙３２　準備書面(1)（写）　H22.12.16　同上
乙３３　準備書面(2)（写）　H23.1.1　同上
乙３４　準備書面(3)（写）　H23.1.24　弁護士　□□□□　弁護士　□□□□
乙３５の１　答弁書（写）　H22.12.2　弁護士　□□□□
乙３５の２　訴訟委任状（写）　H22.11.26　日本基督教団代表役員　□□□□
乙３６　準備書面（写）　H22.12.17　弁護士　□□□□
乙３７　準備書面(2)（写）　H23.1.11　同上
乙３８　準備書面(3)（写）　H23.1.26　同上
乙３９　準備書面(4)（写）　H23.2.1　同上
乙４０　最高裁第二小法廷判決（最高裁判例解説民事篇）（写）　H元.9.8　□□□□
乙４１　取下書（原本）　H23.2.1　弁護士　□□□□　弁護士　□□□□
乙４２　キリスト新聞（2011年12月25日号抜粋）（原本）　2011.12.25　キリスト新聞社
乙４３　朝日新聞（2012年4月3日号抜粋）（原本）　2012.4.3　朝日新聞社

乙４４　教憲教規の解釈に関する答申集（原本）　2010.12.1　日本基督教団信仰職制委員会
乙４５　教団が教区を「置く」とは（写）　2011.9.2　日本基督教団信仰職制委員会委員長　□□□
乙４６　札幌地方裁判所判決（写）　H24.4.25　裁判官　□□□□

　　　　　　　　　　　　　証拠説明書(2)
　　　　　　　　　　　　　　　　　　　　　平成２４年１２月３日

乙４７　欠
乙４８　欠
乙４９　違法聖餐と戒規及びその手続きについて（原本）　2012.11.29　深谷松男

　　　　　　　　　　　　　証拠説明書
　　　　　　　　　　　　　　　　　　　　　平成２５年６月３日

乙５０　陳述書（写）　2010.11.18　北村慈郎
乙５１　陳述書(2)（写）　2011.1.7　同上

　　　　　　　　　　　　証拠説明書訂正申立書
　　　　　　　　　　　　　　　　　　　　　平成２５年６月３日

　被控訴人は、平成25年6月3日付証拠説明書を下記のとおり訂正する。
　　　　　　　　　　　　　　　記
１、乙第48号証を乙第50号証に、乙第49号証を乙第51号証にそれぞれ訂正する。
　　　　　　　　　　　　　　　　　　　　　　　　　　　　　　　　　以　　上

平成23年（ワ）第38119号　免職処分無効確認等請求事件
原告　北村慈郎
被告　日本基督教団

被告求釈明の申立

2012年 6月25日

東京地方裁判所
　　　民事第31部合議B係　御中

　　　　　　　　　　　　　　　　　　　　被告訴訟代理人弁護士　（氏名　略）

被告教団は下記のとおり求釈明を申し立てる。

（本文略）

平成23年（ワ）第38119号　免職処分無効確認等請求事件
原告　北村慈郎
被告　日本基督教団

原告準備書面（3）

2012年（平成24年）8月2日

東京地方裁判所　民事第31部合議B係　御中

原告訴訟代理人弁護士　（氏名　略）

第1　請求の趣旨の変更
　　原告は、請求の趣旨を以下のように変更する。
（変更後の請求の趣旨）
1　原告が被告の正教師としての地位を有することを確認する。
2　被告が原告に対して2010年9月30日付で行った教師退職年金給付額減額決定が無効であることを確認する。
3　被告は、原告に対し、金1000万円及びこれに対する2010年（平成22年）1月26日から支払済みに至るまで年5分の割合による金員を支払え。
4　訴訟費用は被告の負担とするとの判決並びに第3項につき仮執行の宣言を求める。

（請求の趣旨の変更の理由）
　　前回の裁判において、裁判所から、訴状「請求の趣旨」のうち第1項（免職処分の無効確認請求）と第2項（正教師の地位の確認）は両方とも主張する必要があるのかという指摘があった。
　　たしかにこの2つの請求は、内容的に重複している部分が多く、特に正教師の地位の確認が認められれば、その前提問題である免職処分の無効確認請求も論理的に認められたことになる。従って、免職処分の無効確認請求は独立して請求の趣旨として立てる必要はないと原告も考えるに至った。
　　しかし、正教師の地位の確認を求めるだけではまかなうことができない原告の経済的利益の侵害がある。それが年金受給権の侵害である。すなわち、被告教団が原告の年金受給権を25％削減した処分は、免職処分を受けたことに基づく処分であるとともに（甲1、117頁、教師退職年金等規則第18条）、免職処分とは別個独立の処分であって、しかも、正教師の地位の確認が認められれば論理必然的に年金受給権も満額認められるという関係には必ずしもない。
　　よって、この侵害の回復を明確に求めるべく、別途請求の趣旨とした。他の請求の趣旨には変更はない。
　　以上より、前記のとおり請求の趣旨を変更する。

第2　正教師の地位は法律上の地位にあたること
1　変更後の請求の趣旨のうち、年金給付額減額決定の無効確認請求と不法行為に基づく損害賠償請求は、いずれも経済的損害を主張するもので、訴訟物としては法律上の争訟にあたることは問題が

ない。よって、正教師の地位の確認を求めることが法律上の争訟にあたるか否かについて以下論じる。

（1）まず、正教師の地位が法律上の地位といえるかが問題となるがこの点は原告準備書面（1）（2）で詳述したとおりである。

　要するに正教師の地位が認められるからこそ、その地位にある者は謝儀を受けとることができ、また教会の牧師館等に住むことが慣習として認められ（従って賃料相当額の保障を受ける権利を有する）、また、正教師の地位を有することによって教師退職年金への加入が認められるとともにその地位が存続することによって年金を満額受給する権利が認められる。正教師の地位は、これらの経済的利益を受ける権利の根拠となるものである。

（2）そして、正教師の地位は、このような「経済的利益」を受ける権利の根拠となるだけでなく、被告教団の法人の役員ともいうべき役職である常議員に就任したり（被告教団の宗教法人としての実質的活動は、議決機関である教団総会及び常議員等の役職に在る者が意思決定することによって行われている）、被告教団の被包括団体である宗教法人紅葉坂教会の代表役員等の地位に就任したり、また被告教団の総会議員の被選挙資格や教団・教区における教務を行う権限の根拠となっている。

　これらはいわば「社会的地位」にほかならず、具体的権利義務関係が認められる以上、正教師の地位には法律上の地位が認められることは明らかである。

　「社会的地位」が認められる場合に法律上の地位が認められると判示した判例は、準備書面（1）でも指摘した名古屋高裁昭和５５年１２月１８日判決（判例タイムズ４３０号６２頁）のほか、下記の判決もある。

　　最高裁判所平成７年７月１８日判決（判例タイムズ８８８号１３０頁、判例時報１５４２号６４頁、高野山真言宗事件。）
　　「被上告人においては、檀信徒名簿が備え付けられていて、檀徒であることが被上告人の代表役員を補佐する機関である総代に選任されるための要件とされており、予算編成、不動産の処分等の被上告人の維持経営に係る諸般の事項の決定につき、総代による意見の表明を通じて檀徒の意見が反映される体制となっており、檀徒による被上告人の維持経営の妨害行為が除名処分事由とされているのであるから、被上告人における檀徒の地位は、具体的な権利義務ないし法律関係を含む法律上の地位ということができる。」

　要するに、檀徒であることが、総代（代表役員を補佐する機関）に選任されるための要件であって、檀徒の意見が総代による意見を通じて反映される体制になっている場合に、檀徒の地位を法律上の地位と認めたわけであるが、まさに本件の正教師の地位も、被告教団の常議員や総会議員に就任したり、教会の代表役員等の地位に就任したりするうえでの要件になっているから（教規1条、30条、114条参照（甲1））、正教師の地位が法律上の地位にあたることは争う余地がない。

2　なお、上記の経済的利益のうち、謝儀を受け取る権利や賃料相当額の保障を受ける権利は、その請求の相手方は被告教団ではなく、所属する教会である。また、社会的地位のうち、紅葉坂教会の代表役員等の地位に就任することも、その対象は紅葉坂教会であって、被告教団ではない。

　しかし、これは請求の相手方あるいは対象が誰かという問題にすぎず、法律上の地位にあたるか否かという法的性質の判断においては問題とはならない。

　この点は、慈照寺事件の原審も下記のように判断しているところである。

「住職がこの宗教上の行為をするについては当該寺院との間に準委任類似の法律関係が存するものというべく、従ってこの準委任類似の関係にもとづく住職の特定の権利ないしは法律関係〔たとえば住職の報酬請求権（宗制１１２条参照）、寺院における儀式の執行、教義の宣布等の権限、慣行上認められる居住のための寺院建物使用権等〕について争いがあれば、<u>それが当該寺院との間でなく、被控訴人（臨済宗相国寺派）の如き包括団体たる宗派、右宗派より新たに派遣された住職の如き第三者との間に生じたものであっても、確認の利益があれば、これらを相手方として、右特定の権利ないしは法律関係の確認を求めうることはいうまでもない。</u>従って、住職の地位確認の請求が受任者たる地位にもとづき右の如き請求をなす趣旨であれば、もとよりこれを許容すべきである。」

（大阪高判昭和４１年４月８日、判例時報４５２号２４頁、
判例タイムズ１９３号１０３頁。下線は引用者が付す。）

第３ 正教師の地位の確認及び年金給付額の減額決定が無効であることの確認請求は、請求原因事実においても法律上の争訟性が認められること

1　仮に正教師の地位に法律上の地位が認められるとしても、なお宗教団体の問題においては、①宗教団体内部における懲戒処分の効力が請求の当否を決する前提問題となっており、②その効力の有無が当事者間の紛争の本質的な争点をなすとともに、③それが宗教上の教義、信仰の内容に深くかかわっているため、教義、信仰の内容に立ち入ることなくしてその効力の有無を判断することができず、④しかも、その判断が訴訟の帰趨を左右する不可欠なものである場合には、なお法律上の争訟にあたらないとするのが最高裁判例の立場である（蓮華寺事件最高裁判決平成元年９月８日、判例タイムズ７１１号９５頁、判例時報１３２９号１１頁）。

　そこで、以上の点を、正教師の地位の確認及び年金給付額減額決定の無効確認について、請求原因事実を分析して検討する。

2　請求原因事実は、以下のとおりである（訴状６頁以下参照）。

　正教師の地位の確認請求の請求原因事実が下記（１）乃至（４）であり、年金給付額減額決定の無効確認はさらに（５）も請求原因事実となる。

（１）２０１０年（平成２２年）１月２６日付で被告は原告に対して免職処分を下した。しかし、免職処分事由に該当せず有効な処分ではない。

　① 処分対象行為が特定されていないこと
　② 免職処分の根拠規定が不明確であること

（２）しかも、免職処分に至る手続に重大な瑕疵があり、免職処分自体が無効である。

　① 本件免職処分は、被告教団の最高意思決定機関である教団総会の決議に抵触している。すなわち、常議員会が原告を対象として戒規申立をしたことは無効であるという決議が第３６回総会でなされた。その後、常議員会による戒規申立に加わった一信徒が、原告に対して改めて戒規申し立てをし、それを被告教団教師委員会（以下「教師委員会」という。）が受理した。これは、総会決議を事実上潜脱する申し立てにほかならない。

　② この申し立ては、教師委員会の内規を、何人でも戒規申立権者となりうると改正し（制定以来はじめての改正）、そのわずか１８日後に一信徒からの申し立てを受理したもので、恣意的に制度を改正したうえで受理したものにほかならない。

　③ 教師委員会が一信徒の戒規申立てによる教師を戒規処分に付することは教規に違反する。

教規上、戒規の申立権者は、教会担任教師を招聘している教会あるいは教師の人事を掌る教区に属すると解すべきであり、(教会あるいは教区に属すると解すべきであり、)被告教団信仰職制委員会の先例９６も、戒規申立権者は教会役員会または教区常置委員会とする、と回答している。

④　免職処分までの間に原告は弁明の機会を与えられていない。原告は、そもそも戒規申立書も開示されておらず、自分がどのような理由で戒規を申立てられたのかも正確に把握できておらず、適切な反論準備もできない状態にあった。

(３)原告は免職処分に対する不服申立（上告）を行ったが、これも斥けられた。しかし、この上告手続も適正手続を欠いており、有効な判断ではない。

①　上告審判委員の選出にあたって、戒規申立人や賛同者らが常議員会の採決に加わっており、委員が公正に選出されていない。

②　上告審判は、審判手続を定めた規定類が全くなく恣意的に運用することが可能であり、原告は一切の陳述の機会も与えられず、代理人選任も認められず、手続公開の要請も斥けられ、原告の実質的な不服申立権は保障されなかった。この時点でも被告は、戒規申立書の公開を頑なに拒否しており、原告には戒規申立の理由がまったくわからなかった。

(４)免職処分は懲戒権の濫用にあたり無効である。

①　上記(１)(２)(３)の事実より、免職処分は懲戒権の濫用にあたり無効である。

②　原告が過去に被告から戒規適用を受けた前歴もまったくないにもかかわらず、いきなり「免職」処分を受けている。これまでの被告教団における戒規適用の事例との比較からしても、明らかに均衡を失している。

(５)被告教団（年金局理事会）は、２０１０年（平成２２年）９月３０日、免職処分を受けた原告の年金受給権を２５％減額する旨を決定した。これは、前提となる免職処分が上記(１)乃至(４)のとおり無効である以上、根拠を欠く無効な決定である。

3　以上の請求原因事実は、明らかに手続上の問題や瑕疵、違法性を指摘しているものであり、およそ宗教上の教義、信仰の内容にはまったく触れていない。

すなわち、教義、信仰の内容に立ち入ることなくして裁判所が審理・判断をすることが可能であるから、正教師の地位の確認及び教師退職年金の給付額を減額する決定が無効であることの確認請求が法律上の争訟にあることは明らかである。

第４　不法行為に基づく損害賠償について

前記第３と重複する部分があるが、不法行為に基づく損害賠償請求に関して、責任発生原因事実を特定して明らかにするため、以下に詳述する。なお、下線は特に重要な点について付したものである。

1　請求原因事実

一旦付随的な事情を省いた形で請求原因事実の骨格を整理する。

(１)教師委員会による戒規申立の受理に至る一連の行為

ア　加害行為

平成２０年１０月に被告教団総会で常議員会が原告に対して戒規申立を行った件の決議が、常議員会（戒規上告審判委員選出機関）として提訴者になり得ないこと等を理由に無効であると確認したにもかかわらず、平成２１年７月１３日に<u>教師委員会が教師の戒規適用に関する内</u>

規（戒規申立権について定めるべき「教団諸規則」に該当しない内規）を改正して、提訴権者が特に限定されない形にし、その18日後の平成21年7月31日に、当時いずれも被告の常議員であったA氏他6名（乙28の戒規適用申立書名義人。実質的には前記無効確認決議がなされた際にもいずれも常議員として戒規申立に積極的に関与し、常議員会における戒規申立決議に賛成した者ら）が提出した戒規申立（前記無効確認決議がなされた申立と実質的にほぼ同一とも言える申立主体による同一内容の申立）について、被告の一機関である教師委員会が、被告教団内の答申（甲15。「教師の戒規提訴者は役員会又は常置委員会とする」）に反して、受理した。

　イ　故意・過失

　　　上記のとおり、教団総会が原告に対する戒規申立を無効にするという決議があったことを確知しながら、実質的に同一主体が同無効決議を回避するために形式を変えてしただけの同一申立を被告の一機関が教団内の答申に反して受理した（その間に同機関が同申立受理を助長する内規改正を行った上で）。

　　　この点、上記各戒規申立が、上記無効決議を実質的に潜脱するという不正な目的で、実質的に同一の申立主体により形式だけ変えてなされた同一内容の申立であること（前記無効決議が常議員会による戒規申立を無効と決議した趣旨は、実質的に上記常議員7名による再度の戒規申立の場合にも及ぶと解されること）を被告の一機関である教師委員会が認識していた又は認識し得たにもかかわらず、被告の一機関が教団内の答申に反して、これを受理するまでの一連の行為を為した点等に被告の不法行為上の故意・過失が認められる。

（2）教師委員会等が具体的な対象行為の特定を伴う弁明の機会を供与せず原告に不利益処分を為した一連の行為

　ア　加害行為

　　　原告は、戒規申立理由について、反論準備のため必要不可欠であるため、度々、戒規申立書の開示を求め続けてきたが、教師委員会又は被告教団自体が、その申立書及びその記載内容の開示を不利益処分時迄、更には本件裁判手続に至るまで一貫して拒否し続けた。

　　　教師委員会又は被告は、具体的な処分対象行為の時期・場所・内容等の特定を伴う弁明の機会を供与しないまま、原告を免職処分にした。その調査の通知においても、処分対象行為は全く告げられず、処分通知においても、具体的な処分対象行為の時期・場所・内容等の特定はなされていなかった。

　イ　故意・過失

　　　たとえ原則として裁判所の審判権が及ばないとされるような団体内部の処分行為であっても、当該団体内部の自治規範において、免職すべき者（処分対象者）を処分手続きにおける主体としての地位を承認して参加させ、処分対象者に対し、処分要件に該当する具体的事由を予め告知したうえ、その事由につき処分対象者から意見を聴取し又は処分対象者に反論もしくは反対証拠を提出する機会を与える等民主的かつ公正な適正手続が定められておらず、かつ、当該処分が、上記のような民主的かつ公正な適正手続に従わないでされた場合には、当該処分は公序良俗に反し無効なものと解される（東京高判平成6年11月29日等、判例タイムズ871号84頁、判例時報1513号60頁）。

　　　従って、処分要件に該当する具体的事由を予め告知しない等、適正手続に従わずに公序良俗に反する態様で免職処分等を敢えて為した場合には、不法行為に該当し得るところである。

この点、本件では、原告が度々戒規申立書ないし申立理由の開示を求め続けたにもかかわらず、教師委員会又は被告が、それを一貫して拒否し続けたまま、免職処分及び異議申立手続である上告手続も確定させるに至った。そして、その調査の通知においても、処分対象行為は全く告げられず、具体的な処分対象行為の時期・場所・内容等の特定を伴う弁明の機会を供与せず、具体的な処分対象行為の時期・場所・内容等の特定をしないまま、処分通告をするに至った。
　　従って、この点に不法行為上の故意・過失が存することは明らかである。

（3）常議員会による瑕疵ある上告審判委員選出手続行為等

ア　加害行為

　　被告の一機関である常議員会は、本件上告審判委員選出手続において、本件戒規申立に関わった特別な利害関係人であるＡ氏他6名（乙28の戒規適用申立書名義人）全員を採決に加えた上で（加えなければ採決の結果が異なるものとなっていた蓋然性がある中で）、不公正な上告審判委員選出手続を為した。
　　これを受け、当該不公正な上告審判委員選出手続に基づく審判委員による審判を経て、被告の一機関である審判委員会は、手続を定めた規則も攻撃防御に関するルールもないまま、原告の陳述の機会も原告が要請した代理人選任も手続の公開もなされずに、また、原告の求めた同審判委員会提出書類等の閲覧謄写も拒否した上で、原告の上告を斥ける決定を出した。

イ　故意・過失

　　上告手続は、戒規適用を受けた者がこれに不服なるときに、上告を出来、当初の戒規適用を審理した教師委員会とは別に常議員会の議を経て審判委員が別途選任され、戒規の適否を審理・決定し、最終決定をするという手続である（戒規施行細則第6条）。
　　そうすると、かかる審判委員選任決議が、法人の機関における一般的な適正手続に則ってなされるべきことは当然である。
　　もとより、常議員会とは、教憲5条により教団の最高の政治機関と定められている教団総会（甲1、18頁、教規16条により定期総会は2年ごとに1回開催）の閉会中、総会の権限に属する常例の事項や、教憲・教規及び諸規則の変更、その他教団総会に提出すべき議案に関する事項等（甲1、23頁、教規35条等）を処理する権能を付与された被告の枢要な機関である。
　　従って、常議員として公正な議決権行使を期待できない特別な利害関係人が上記常議員会の審判委員選出手続において議決権を行使することにより不公正な選出手続がなされることは適正手続に照らして厳に避けられなければならない。
　　本件では、上記のとおり、被告の一機関である常議員会が、本件上告審判委員選出手続において、本件戒規申立に関わった特別な利害関係人であるＡ氏他6名全員を採決に加えた上で（加えなければ採決の結果が異なるものとなっていた蓋然性がある中で）、不公正な上告審判委員選出手続を為したものであり、常議員会としての一連の不法行為上の故意・過失が認められる。
　　そして、本件上告審判においては、処分に対する異議申立権が被適用者に付与されているものと解されるところ、通常、免職処分等に対する異議申立は、処分理由に対する具体的な反論という形式を取ると考えられることからすると、異議申立に際しては、少なくともその処分理由の具体的告知を受けることが要求されていると解するのが相当である。

然るに、被告側（被告の各機関を含む）は、原告の求めた同審判委員会提出書類等の閲覧謄写も拒否した上で、更には、手続を定めた規則も攻撃防御に関するルールもないまま、原告の陳述の機会も原告が要請した代理人選任も手続の公開もなされず、原告の上告を斥ける決定を出したものであり、この点にも、一連の不法行為上の故意・過失が認められる。
（４）審判及び上告結果を教団新報に公告した行為
　　　審判及び上告結果自体が違法行為に基づくものである以上、そのことを認識ないし認識し得た被告が被告教団新報に当該結果を公告した行為も違法行為を構成する。
（５）各行為の関係
　　　上記（１）～（４）は、個々に違法行為とみなされ得るものではあるが、原告としては、これらの違法行為が全体として被告の一連の不法行為となると主張している。
（６）損害及び因果関係
　　　訴状及び準備書面等で既述のとおり、上記一連の不法行為に因って原告に名誉権の侵害等の損害が発生した。
２　不法行為該当性の審理に宗教上の教義の解釈が入り込まないこと
　　①教師委員会による戒規申立の受理に至る一連の行為、②教師委員会が具体的な行為の特定を伴う弁明の機会を供与せずに不利益処分を為した一連の行為、③常議員会による瑕疵ある上告審判委員選出手続行為等（審判委員会による瑕疵ある審判行為も含む）は、いずれも、あくまでも免職処分等に関する手続上の問題や瑕疵、違法性を指摘しているものであり、宗教上の教義の解釈を経ることなく、裁判所が審理・判断をすることが可能であることは明らかである。
３　被告（答弁書２７頁）の求釈明に対して
　ア　不法行為の根拠法条は民法７０９条、７１０条である。
　イ　①乃至⑥の各行為も個別に不法行為となり得ると考えるが、原告としては、請求原因事実としては、一連の不法行為として主張している。責任発生要件たる具体的事実の主たる行為の骨格は、上記１「請求原因事実」記載のとおりである。
　ウ　①は、これのみで必ずしも直ちに侵害行為にならないとしても、一連の不法行為の前提としての一事情を明らかにしたものである。そして、その一連の不法行為の加害主体は被告である。一連の不法行為全体としての責任要件は上記１「請求原因事実」記載のとおりである。主たる損害は訴状等で記載したとおり、処分に基づく原告の名誉権等の侵害である。
　エ　②の潜脱とは、上記１（１）に記載した一連の行為態様を指している。教団総会が原告に対する戒規申立を無効にするという決議があったことを確知しながら、実質的に同一主体が同無効決議を回避するために形式を変えてしただけの同一申立を被告の一機関が教団内の答申に反して受理した（その間に同機関が同申立受理を助長する内規改正を行った上で）。この点、被告（教団の機関）として、このような戒規申立を受理するに至る一連の行為が不法行為を構成することを認識又は認識し得たにもかかわらず、受理するまでの一連の行為を為した点等に責任発生要件が認められる。
　オ　原告としては、一信徒による再度の戒規申立が不法行為を構成しないとは述べていないが、現時点では、②との関係では、専ら戒規申立を受理した被告（教師委員会）側の一連の行為を、一連の不法行為の一部に位置付けて主張している。
　カ　内規の改正も、それのみで直ちに不法行為を構成するものではないとしても、本件においては、上記１（１）の一連の不法行為における行為の一部を構成すると考える。その加害主体は被告（一

機関としての教師委員会）である。

キ　原告が戒規申立書（原告は、申立「者」ではなく申立「書」と主張している）及びその理由を求めたのは、戒規手続において、公序良俗に反しないような民主的かつ公正な適正手続を求めたからである。

　　不開示が一連の不法行為を構成するのは、公序良俗に反する行為をそのことを認識ないし認識し得たにもかかわらず敢えて行うからである。

　　即ち、団体内部の自治規範において、除名ないし免職すべき者（処分対象者）を処分手続きにおける主体としての地位を承認して参加させ、処分対象者に対し、処分要件に該当する具体的事由を予め告知したうえ、その事由につき処分対象者から意見を聴取し又は処分対象者に反論もしくは反対証拠を提出する機会を与える等民主的かつ公正な適正手続が定められておらず、かつ、当該処分が、上記のような民主的かつ公正な適正手続に従わないでされた場合には、当該処分は公序良俗に反し無効なものと解される。

　　よって、免職処分に係る戒規申立書や申立理由の不開示が処分対象者の反論や反証を故意に妨げる行為として一連の不法行為を構成し得ることは明らかである。

ク　被告教団内部の歴史上の事実については、原告以上に誰より被告自身が知悉するところであるため、被告が原告に釈明を求めるべき事項ではない。被告自身において調査確認の上、主張されたい。

ケ　「処分対象行為の特定を欠いた通告」とは、被告が、原告に対する免職処分通告等において、具体的な処分対象行為の時期・場所・内容等の特定をしなかったことを指している。

　　「処分事由の該当性が条文規定上明らかでないこと」とは、専ら条文規定との関係の問題である。

コ　この点も、被告の一機関である常議員会における採決の状況であり、被告自身が確認の上で主張すれば良い事項であるため、原告に敢えて釈明を求める必要性がない。

　　審判委員選出の採決に際して、賛成者１６名（そもそもの常議員総数３０名の過半数なので、採決上の総数にかかわらず過半数となる）をもって可決とされているが、賛成をしていない原告が採決に加えられた形に被告側で取り扱われていたのか、厳密には原告には分からないところである（常議員会における同席自体は事実上許されたものの、被告における採決等の取り扱いはなお被告側で恣意的に決められてしまう余地がある流動的な立場であった）。例え上告審判委員選出の採決に原告本人が加えられていたということであったとしても、それは常議員会の議長が決めたことであり、この時点で原告は誰が戒規申立書名義人７名であるかも知らされていなかったため、誰が特別な利害関係人であるかを指摘することすら出来ない状況であった。

　　加害主体は被告の一機関としての常議員会である。

以　上

平成23年（ワ）第38119号　免職処分無効確認等請求事件
原告　北　村　慈　郎
被告　日　本　基　督　教　団

被　告　準　備　書　面　（３）

２０１２年１０月　１日

東京地方裁判所
　　　民事第３１部合議Ｂ係　　　御中

被告訴訟代理人　　弁護士　　（氏名　略）

（本文略）

平成23年（ワ）第38119号　免職処分無効確認等請求事件
原告　北村慈郎
被告　日本基督教団

原告準備書面（4）

2012年（平成24年）11月9日

東京地方裁判所　民事第31部合議B係　御中

原告訴訟代理人弁護士　　（氏名　略）

被告準備書面（3）に対する反論及び原告の主張

　被告準備書面（3）につき、特に法律上の争訟性が問題となっている点を中心として、現時点で必要と思われる範囲でのみ反論を加えておく。
　下記に言及した点以外について認める趣旨ではない。なお下線部は強調のために適宜代理人において付した部分である。また第1乃至第4の項立ては被告準備書面（3）に基づく。

第1　「請求の趣旨の変更について」に関する原告の反論

　　　被告は、変更後の請求の趣旨第2項に関する変更の理由につき、原告に対する年金額の減額処分は、教師退職年金等規則第16条「教師が停職以上の戒規に触れたときはこの規則による給付を取消しまたは減額する」（乙1、117頁）にもとづく年金局独自の裁量行為である、と主張する。
　　　しかし、被告が引用する上記規則第16条は「取消しまたは減額する」と定めているとおり、減額処分自体は羈束行為であって、年金局としては処分の具体的内容を決める裁量があるに過ぎない。
　　　従って、原告に対して処分を下す主体は被告教団にほかならないのであって、現に処分内容を記した通知も、教団総会議長名義で原告に発せられている（甲33）。

第2　「正教師の地位は法律上の地位にあたること」に対する被告教団の反論について

1　被告は、正教師たる地位があくまで教団内部の宗教上の地位（資格）にとどまっていると主張する。
　　　しかし、これまで原告が再三論じてきたとおり、原告は免職処分を受けることによって、それが取り消されない限り教会の教師となることができないというのは厳然たる事実であるから（教規103条、106条）、現実に莫大な経済的不利益を受けている。謝儀受給権（教規87条2項、115条参照）、賃料相当額の保障を受ける権利（教規115条参照）、年金受給権（教師年金等規則参照）といった生活に直結する諸権利が侵害される具体的不利益があることは、紛れもなく正教師としての地位が、単なる宗教上の地位にとどまらず、法律上の地位にあることの証左である。
2　さらに被告は、原告が主張するその他の社会的地位、すなわち「被告教団の法人の役員というべき役職である常議員」「被告教団の被包括団体である宗教法人紅葉坂教会の代表役員等の地位」「被告教団の総会議員の被選挙資格や教団・教区における教務を行う権限」などは正教師の地位に付帯

するものではない、と主張する。

しかし、現に原告は、正教師であるがゆえに常議員に選出されており（教師のうち１４名が選出される中の１人。教規３０条３項）、紅葉坂教会の代表役員に就任しており（教規１１４条）、総会議員の被選挙資格を有し（教規１条１号）、また教団・教区における教務に従事する権限を有していたのであるが、これが免職によってすべて失われてしまったのである（教規１４３条「停職または免職の処分中にある者は、教団総会議員若しくは教区総会議員に選ばれ、または本教団若しくは教区の教務に従事することができない。」）

これも正教師の免職処分に基づく具体的、現実的な不利益以外の何ものでもない。すなわち、免職によってかかる不利益を生じさせる正教師の地位は、単なる宗教上の地位にとどまらず、法律上の地位にあることは争う余地がない。

3　さらに被告は、名古屋高裁昭和５５年１２月１８日判決を是認するとしても、宗教上の地位に多少でも経済的利益あるいは社会的地位を認めさえすれば、法律上の争訟として裁判所の審査になじむとすれば、政教分離の大原則に反するなどと主張する。

しかし、上記名古屋高裁判決も、司祭としての経済的利益や社会的地位は原告にとって<u>「重大な社会生活上の利益」</u>であるからこそ、法的保護に値する具体的権利義務関係が認められ、司祭の地位は法律上の地位であると判示しているのである。（同旨として、平成元年３月２０日京都地裁判決。被処分者の生活の基盤が覆されるなど一般社会生活上の<u>重大な利益</u>が侵害される場合にはもはや宗教団体内部規律の問題にとどまらず、司法審査の対象となると判示している（判例時報１３２７号９６頁）。

同じく昭和５８年１月２４日京都地裁判決・真宗大谷派重懲戒処分事件も、対外的宗教活動を全て制限され生活基盤を失った懲戒処分について司法判断可能と判示している。

なお、昭和４４年７月１０日最高裁判決・慈照寺事件も、「代表役員および責任役員としての法律上の地位ならびに<u>その他の権利義務（たとえば報酬請求権や寺院建物の使用権など）</u>のすべてを包含する意味において、権利関係の確認を訴求する趣旨であれば格別」として、かかる場合には住職たる地位に法律上の地位性を認めている（乙４７、８８頁参照））。

本件原告の場合も、原告準備書面（１）２頁以下で比較検討したように、上記名古屋高裁判決で問題となった経済的利益及び社会的地位と同種かあるいはそれ以上の内容を含むものである。よって、重大な社会生活上の利益が認められるから、正教師としての地位が法律上の地位であることは論をまたない。実際、免職処分によって原告が被っている不利益は、これまで教師として受けてきた権利を悉く剥奪され、生活に直結する諸権利も教師としての社会的活動も、その基盤をすべて失っている。「多少」どころか「極めて甚大」な不利益にほかならないのである。

第３　「正教師の地位の確認及び年金給付決定が無効であることの確認請求は請求原因事実においても法律上の争訟性が認められること」に対する被告教団の主張について

被告は、戒規処分は、世俗法的な不利益処分や懲戒処分ではなく悔い改めを求める優れて信仰的な処分であること、手続を含めた教師の戒規をつかさどる教師委員会がキリストに由来する権能（すなわち信仰的秩序）の中に位置づけられていることなどから、処分手続は信仰と不可分一体であり、切り離しては論じられないと主張するようである（７頁以下、第３　２）。

しかし、これらの主張によっても、被告教団の手続準則のどの部分が、教義・信仰のどの内容に立ち入らなければ解釈できないのか、まったく不明である。

原告準備書面（１）２頁以下でも指摘したが、蓮華寺事件最高裁判決（平成元年９月８日・民集４３巻８号８８９頁、乙４０、２９２頁参照）は、「宗教上の教義、信仰の内容に立ち入ることなくしてその処分の効力の有無を判断すること」ができないような一定の場合については、法律上の争訟に該当しないと判断している。しかし、原告が主張している戒規処分における手続準則の解釈運用については、被告教団の教義や信仰の内容に立ち入らなければ判断できないという事情はまったくない。むしろ本件は、上記判決が述べるように「地位の選任、剥奪に関する手続上の準則で宗教上の教義、信仰に関する事項に何らかかわりを有しないものに従ってその選任、剥奪がなされたかどうかのみを審理判断すれば足りるときには、裁判所は右の地位の存否の審理判断をすることができる」場合に該当する事案である。蓮華寺事件以前の判決であるが、昭和５５年４月１０日最高裁判決・本門寺事件も、結論として住職たる地位の判断の有無は司法判断可能と示し（判例タイムズ４１９号８０頁）。
　いずれにしろ、被告の主張は理由がなく、本件請求には法律上の争訟性が認められる。

第４　「不法行為に基づく損害賠償について」に対する被告教団の主張について

　被告準備書面（３）１７頁「２　不法行為該当性の審理に宗教上の教義の解釈が入り込まないこと」において、被告は、要するに教憲・教規より戒規処分の手続の規定のみを独自に抽出することはできないと主張する。しかし、これもまったく抽象的な主張にとどまっており、戒規処分の規定がどのように教憲・教規の内容に深く関わっているのか、そして、戒規処分の規定の解釈や適用について教憲・教規の内容に立ち入らないと解釈できない部分はどこか等がまったく示されていない。不法行為該当性の審理に、宗教上の教義の解釈が入り込まざるを得ないことは何ら立証されていないのである。
　不法行為に基づく損害賠償においても法律上の争訟性は当然に認められる。なお、法律上の争訟性を有するか否かの議論以外の部分については、今後必要に応じて原告においてさらに主張立証する。

第５　まとめ

　以上より、原告が確認を求めている正教師の地位は単なる宗教団体内部の地位にとどまらず法律上の地位であり、他の請求も含めてその請求原因事実においても法律上の争訟性がいずれも認められることは明らかである。
　このことを明確にご確認いただいたうえで、原告の被害回復のためにも早期に実体審理に入っていただくよう強く希望する。

以　上

　一審審議の最後に原告、被告双方が意見陳述を行い、判決を待つこととなった。

平成23年（ワ）第38119号　免職処分無効確認等請求事件
原告　北村慈郎
被告　日本基督教団

陳 述 要 旨

2012（平成24）年11月29日

東京地方裁判所民事第31部合議B係　御中

原告訴訟代理人弁護士　（氏名　略）

1　被告教団は、本件訴訟について、裁判所法第3条にいう「法律上の争訟にあたらない不適法なものである」からとして、却下を求めています。
　　しかし、これまで原告が訴状や準備書面で述べてきましたように、本件請求が同法にいう「法律上の争訟にあたる」ことは明白であります。

2　法律上の争訟にあたるか否かについては、2つの場面で検討することを要します。1つは、請求の趣旨即ち「原告が結論として何を求めているか」という法律的にいえば訴訟物の場面であり、2つは、請求の原因即ちそれを「根拠付ける理由」の場面であります。
　　原告は、これらについて、裁判所の訴訟指揮に対応し主張を整理してまいりました。
　　請求の趣旨については、現段階で、①正教師としての地位の確認、②教師退職金給付額即ち減額決定の無効確認、③慰謝料請求の3つとしております。訴訟物自体から、②と③は具体的金銭請求でありますから、これが「法律上の争訟にあたる」ことは議論するまでもなく自明であります。①の正教師たる地位について、被告教団は「正教師は、教団内部の純然たる宗教上の地位（資格）であり、法律上の地位ではない」と反論しています。
　　しかし、正教師の地位があるからこそ教会から謝儀を受けとることができ、また教会の牧師館等に住むこと即ち賃料相当額の保障を受ける権利を有しているのです。また、正教師の地位にあることによって教師退職年金への加入が認められ、年金を満額受給する権利が認められているのです。正教師の地位は、これらの経済的利益を受ける権利の基盤、根拠となるものであります。
　　これに対して、被告教団は「各個教会によって支払われる謝儀あるいは牧師館の提供などは当該各個教会との契約内容にもとづき定められており、被告教団は同契約関係には何ら関与しない」と反論しています。なるほどそうでしょう。
　　原告は、それを前提として「その権利の根拠になるのが正教師たる地位」と主張しているのです。正教師の地位がなければ、そのような経済的利益は受けられないでしょう。被告教団の論理は、なんの反論にもなっていません。
　　そして、正教師の地位は、このような「経済的利益」を受ける権利の根拠となるだけでなく、被告教団の法人の役員ともいうべき役職である常議員に就任したり、被告教団の被包括団体である宗教法人紅葉坂教会の代表役員等の地位に就任したり、また被告教団の総会議員の被選挙資格や教団・教区における教務を行う権限の根拠となっています。

これらはいわば「社会的地位」にほかならず、具体的権利義務関係が認められる以上、正教師の地位は正に「法律上の地位」と言わねばなりません。

　これに対し、被告教団は、「これらの社会的地位は正教師たる地位との間に直接的かつ必然的な関係は認められない」と反論しています。しかし、仮にこれらが「正教師の地位から直接的かつ必然的に導かれるものではない」としても、正教師たる地位がない人にこのような「社会的地位」は認められないものであることは明らかです。これも「正教師たる地位があるからこそ」もたらされる効果なのです。

3　次に、請求の原因の場面における「法律上の争訟性」について、被告教団は、仮に原告主張のように「正教師の地位」に「法律上の地位」が認められるにしても、「①宗教団体内部における懲戒処分の効力が請求の当否を決する前提問題となっており、②その効力の有無が当事者間の紛争の本質的な争点をなすとともに、③それが宗教上の教義、信仰の内容に深くかかわっているため、教義、信仰の内容に立ち入ることなくしてその効力の有無を判断することができず、④しかも、その判断が訴訟の帰趨を左右する不可欠なものである場合には、なお法律上の争訟にあたらない」と主張しています。

　しかし、原告は、正教師の免職処分の無効にしろ、年金給付金額決定の無効にしろ、不法行為による損害賠償にしろ、本件訴訟において「被告教団の教義や信仰の内容と全く無関係」に「その手続の違法」を請求の原因としているのです。「開かれた聖餐が正しいのか、閉じられた聖餐が正しいのか」を問うているのではありません。そこに立ち入ることなく、裁判所が判断を下せる事案だと主張しているのです。

　被告教団は、「戒規処分は、世俗法的な不利益処分や懲戒処分ではなく悔い改めを求める優れて信仰的な処分であること、手続を含めた教師の戒規をつかさどる教師委員会がキリストに由来する権能（すなわち信仰的秩序）の中に位置づけられている」と主張しています。

　しかし、これらの主張によっても、原告が主張する被告教団の手続準則のどの部分が、教義・信仰のどの内容に立ち入らなければ解釈できないのか、まったく不明です。蓮華寺事件最高裁判決は、こう述べています。「地位の選任、剥奪に関する手続上の準則で宗教上の教義、信仰に関する事項に何らかかわりを有しないものに従ってその選任、剥奪がなされたかどうかのみを審理判断すれば足りるときには、裁判所は右の地位の存否の審理判断をすることができる」。本件は、正にこの場合に該当する事案であることは明らかです。本件のような手続でなされた免職処分を「宗教上の争い」として、裁判権が及ばないとすれば、ときの教団という組織のイニシアチブあるいは権力を有する人たちの恣意的運営に対し、その被害を受けた人に救済の途が閉ざされることになってしまいます。憲法が定めた「裁判を受ける権利の保障」がなくなってしまいます。こんな理不尽なことはありません。

　本件が「法律上の争訟にあたる」ことは疑問の余地ありません。

以　上

3-3. 東京地方裁判所一審判決

3-3-1. 判決

2013年（平成25年）2月25日東京地裁は「平成23年（ワ）第38119号免職処分無効確認等請求事件」の判決を下した。

【主文】
1. 本件訴えをいずれも却下する。
2. 訴訟費用は原告の負担とする

3-3-2. 請求及び事案の概要

判決文には請求の内容、事案の概要、紛争の経緯等について記載しているが、これは前記訴状及び回答と重複するので、ここでは省略する。（詳細は参考資料参照）

3-3-3. 争点

東京地裁は双方の主張から以下のように争点を整理した。

（1）原告が被告の正教師としての地位を有することの確認を求める訴えの適法性

（原告の主張）

ア 訴訟物である正教師の地位は、①所属する教会から謝儀を受給する権利、②所属する教会の牧師館等に居住し、賃料相当額の保障を受ける権利及び③教師退職年金への加入及び年金を満額受給する権利という経済的利益を受ける根拠となるものであり、また、④被告における法人の役員ともいうべき役職である常議員（被告の宗教法人としての実質的活動は、議決機関である教団総会及び常議員等の役職にある者が意思決定をすることによって行われている。）に就任する権限、⑤被告の被包括宗教法人である紅葉坂教会の代表役員等の地位に就任する権限及び⑥被告の総会議員の被選挙資格や教団・教区における教務を行う権限の根拠となるものであって、具体的権利義務関係が認められる法律上の地位である。したがって、正教師の地位を有することの確認を求める訴えは法律上の争訟に当たる。

イ また、原告が被告の正教師の地位を有することの前提となる本件免職処分の無効事由は、次のとおりであり、本質的な争点につき、教義、信仰の内容に立ち入ることを要せず、法律上の争訟に当たる。

（ア）本件免職処分は、処分の対象となった行為が特定されていない上、免職処分の根拠規定が不明確である。

（イ）本件免職処分に至る手続に重大な瑕疵がある。

　a 先行戒規申立てに加わった一信徒による本件戒規申立てを受理したことは、先行戒規申立てが無効であるとする被告の最高意思決定機関で教団総会の決議である先行無効決定を事実上潜脱するものである。

　b 本件戒規申立ては、教師委員会の内規を改正したわずか18日後に受理されたものである。

　c 教規上、戒規の申立権者は、教会担任教師を招へいしている教会又は教師の人事を掌る教区に属すると解すべきところ、本件戒規申立ては一信徒によるものであり、教規に反している。

　d 原告は、本件戒規申立てにおける戒規申立書の開示も受けておらず、申立理由も把握できないままであり、また本件免職処分までの間に弁明の機会を与えられていない。

（ウ）本件上告における手続は適正手続を欠いている。

a　審判委員が選出された常議員会の採決に、本件戒規申立を行った者やその賛同者らが加わっており、委員が公正に選出されていない。
　　　b　本件上告において、原告は一切の陳述の機会も与えられず、代理人の選任も認められず、手続の公開の要請も斥けられ、実質的な不服申立権は保障されなかった。
　（エ）原告には、過去に戒規の適用を受けた前歴がないにも拘らず、いきなり免職処分とすることは、従前の戒規の適用事例との比較において、明らかに均衡を失しており、懲戒権の濫用に当たる。
（被告の主張）
ア　正教師の地位は法律上の地位ではなく、原告が被告の正教師の地位にあることの確認を求める訴えは法律上の争訟ではない。
　　教師は、「神に召され正規の手続を経て献身した者」（教憲9条）であり、正教師は、「按手礼を受領したもの（教規124条）」で正教師たる教会担任教師の教務は、「礼拝、伝道および信徒の信仰指導」、「聖礼典の執行」、「結婚式、葬式その他の儀式」（教規104条）であって、正教師の地位は、純然たる宗教上の地位に留まっており、正教師の地位によって、原告が主張するような経済的利益を享受するわけではない。
　　①謝儀受給権、②牧師館への居住は、紅葉坂教会との間の一種の準委任契約関係に基づいて支払われるものであり、被告はこれに何ら関与しない。③年金の運用は、被告内部の年金局という独立機関で行われ、任意加入であり、正教師の地位とは直接の関係になく、④常議員就任、⑤紅葉坂教会の代表役員等の地位に就任及び⑥被告の総会議員の被選挙資格や教団・教区における義務を行う権限は、正教師の地位に付随するものではない。
イ　また、戒規とは、キリスト者の自己理解である「キリストの弟子」としての在り方、生き方への「訓練」「規律」であり、その本旨及び目的は、キリスト者がキリストの弟子としての道に悔い改めて立ち帰ること、すなわち復帰にある。戒規は単に処分の結果のみを指すのではなく、戒規の申立てから、処分さらには復帰に至るまでの手続過程全てであり、いずれの段階も教憲、教規に基づく解釈と運用が行われる。世俗における懲罰とは異質なものであり、手続規定のみを取り上げて、これに世俗法における市民原理を適用して考えることはできない。したがって、宗教上の教義、信仰の内容に関わる教憲、教規の解釈が問題となる以上、本件は、本質的な争点につき、教義、信仰の内容に立ち入ることを要し、法律上の争訟に当たらない。
（2）　本件年金減額決定が無効であることの確認を求める訴えの適法性
　（原告の主張）
　　本件年金減額決定の無効確認請求は、経済的損害を主張するものであり、訴訟物として法律上の争訟に当たる。
　　また、原告は、前提となる本件免職処分が争点（1）における原告の主張イのとおり無効である以上、本件年金減額決定は根拠を欠く無効な決定であると主張するものであり、本質的な争点につき、教義、信仰の内容に立ち入ることを要せず、法律上の争訟に当たる。
　（被告の主張）
　　争点（1）における被告の主張イのとおり、本質的な争点につき、教義、信仰の内容に立ち入ることを要し、法律上の争訟に当たらない。
（3）不法行為に基づく損害賠償請求の訴えの適法性
　（原告の主張）
　　原告が不法行為として主張する各行為及びそれが不法行為を構成する根拠は次のとおりであり、い

ア　教師委員会による本件戒規申立の受理に至る一連の行為

　　常議員会による先行戒規申立は申立人となり得ない者による申立てであり無効であるとする先行無効決定があったにもかかわらず、何人でも申立人になれるよう教師委員会の内規を改正した上で、改正の１８日後に、先行戒規申立に積極的に関与した常議員らを申立人とする本件戒規申立を、被告の一機関である教師委員会が、被告の答申に反して受理したものであり、一連の行為は不法行為に当たる。

イ　本件免職処分に至る一連の行為

　　本件免職処分に至るまでの間、原告は、反論の準備のために必要不可欠である本件戒規申立ての申立書の開示を求めてきたが、被告は一貫してこれを拒否し続け、処分の根拠となった具体的な行為の時期、場所、内容等の特定を伴う弁明の機会を与えないまま、本件免職処分を行ったものであり、適正手続に従わずに公序良俗に反する態様で行われた一連の行為は不法行為に当たる。

ウ　本件上告における一連の手続

　　本件上告における審判委員を選出する常議員会の採決には、本件戒規申立てに関わった特別な利害関係人が加わっており、不公正な選出がなされ、このように選出された審判委員による審判を経て、原告に陳述の機会を与えることなく、原告が要請した代理人の選出も認めず、手続の公開もせず、提出書類等の閲覧謄写も認めず、本件上告を斥ける決定をしたものであり、適正手続に反して行われた一連の行為は不法行為に当たる。

エ　本件上告の審判及び結果を教団新報に公表した行為

　　本件上告における一連の手続が違法である以上、これを公表する行為もまた不法行為に当たる。

　（被告の主張）

　争点（１）における被告の主張イのとおり、本質的な争点につき、教義、信仰の内容に立ち入ることを要し、法律上の争訟に当たらない。

3-3-4．争点に対する判断

　以上、双方の主張に対し、東京地裁は争点に対する判断を以下のように示した。
　以下、判決文を引用する。

1　争点（１）（原告が被告の正教師としての地位を有することの確認を求める訴えの適法性）について

（１）前提事実のとおり、被告の定める規則等において、教師は、「神に召され正規の手続きを経て献身した者」とされ、正教師は、「正教師検定試験に合格し、教区総会の議決を経て、按手礼を領したもの」とされ（教憲９条、教規１２４条）、「教会または伝道所に在職する」教師は教会担任教師と呼ばれ（教規１２８条）、正教師である教会担任教師は牧師と呼ばれ（教規１０３条）、「礼拝、伝道および信徒の信仰指導」、「聖礼典の執行」、「結婚式、葬式その他の儀式」の各「教務を執行する」（教規１０４条）とされているところ、正教師の地位それ自体としては、宗教上の地位であり、法律上の地位ではない。

　原告は、正教師の地位が、①所属する教会から謝儀を受給する権利、②所属する教会の牧師館等に居住し、賃料相当額の保障を受ける権利及び③教師退職年金への加入及び年金を満額受給する権利という経済的利益を受ける根拠となるものであり、また、④被告における法人の役員ともいうべき役職である

常議員に就任する権限、⑤被告の被包括宗教法人である紅葉坂教会の代表役員等の地位に就任する権限及び⑥被告の総会議員の被選挙資格や教団・教区における教務を行う権限の根拠となるものである旨主張し、これら全てを包含する意味において、正教師の地位は、具体的な権利義務ないし法律関係であり、原告が被告の正教師としての地位を有することの確認を求める訴えは法律上の争訟である旨主張する。

（2）しかし、上記のうち、①謝儀受給権、②牧師館等に居住し、賃料相当額の保障を受ける権利及び⑤紅葉坂教会の代表役員等の地位に就任する権限については、いずれも、被告とは別個の法主体である紅葉坂教会との関係における地位であり、被告との関係において、正教師の地位が法律上の地位であることを基礎付けるものとはならない。

また、④常議員（教規30条）は宗教法人法（昭和26年第126号）における責任役員ではなく、常議員の就任資格であることは、正教師の地位が法律上の地位であることを基礎付けるものとはならない。

さらに、⑥総会議員は、教規1条の規定からも明らかなとおり、正教師であれば必ず被選挙資格を有するものではなく、逆に必ずしも正教師の地位を要件とするものでもなく、原告の主張は前提を欠く（宗教法人である被告は、宗教法人としての意思決定に意見を反映させる主体であるかどうかの区別を、正教師の地位の有無に係らしめているわけではない。）。また、原告が主張するところの教務が何であるかは必ずしも明らかではないが、前記のとおり、教規104条に定める教務は宗教上の行為であって、これを行う権限は正教師の地位が法律上の地位であることを根拠付けるものと解することはできない。

他方、③教師退職年金への加入及び年金を満額受給する権利については、本件年金減額決定が無効であることを確認する訴えである請求の趣旨2項の訴えと重複し、これを確認すれば足りるのであるから、紛争の抜本的解決として正教師の地位を確認する必要はない。

（3）したがって、原告が被告の正教師としての地位を有することの確認を求める本件訴えは不適法であり、却下を免れない。

2　争点（2）(本件年金減額決定が無効であることの確認を求める訴えの適法性)について

（1）本件年金減額決定は、原告が被告から受給することができる退職年金を減額するものであり（教師退職年金等規則16条）、その無効確認請求は、原告の被告に対する将来にわたる退職年金請求権の減額分に関する請求を包括する趣旨において、当事者間の具体的な権利義務ないし法律関係に関する訴訟であるということができる。

（2）もっとも、当事者間の具体的な権利義務ないし法律関係に関する訴訟であっても、宗教団体内部においてなされた処分の効力が請求の当否を決する前提問題となっており、その効力の有無が当事者間の紛争の本質的争点をなすとともに、それが宗教上の教義、信仰の内容に深くかかわっているため、同教義、信仰の内容に立ち入ることなくしてその効力の有無を判断することができず、しかも、その判断が訴訟の帰趨を左右する必要不可欠のものである場合には、同訴訟は、その実質において法令の適用による終局的解決に適しないものとして、裁判所法3条にいう「法律上の争訟」に当たらないというべきである（最高裁判所昭和61年(オ)第943号平成元年9月8日第二小法廷判決・民集43巻8号889頁）ため、以下、検討する。

（3）本件において、原告が本件年金減額決定の無効事由として主張する事由は、本件免職処分が無効であることであり、本件免職処分が無効であると主張する根拠は、本件免職処分に関する手続の瑕疵（(ア)処分対象行為の不特定及び処分根拠規定の不明確、(イ)戒規申立者たり得ない者による申立て、弁明の機会の不付与等）、(ウ)不服申立手続における審理者選定の不公正、弁明の機会の不付与等）及び前例との不均衡（(エ)）である。

すなわち、原告は、本件免職処分が無効であること以外に本件年金減額決定固有の無効事由を主張するものではなく、本件免職処分の効力の有無が、本件年金減額決定が無効であることの確認を求める請求の前提となっているのであるから、本件免職処分の効力の有無は、まさに本件紛争の本質的争点となるものであって、その効力についての判断は、本件訴訟の帰趨を左右する必要不可欠のものである。そして、その判断に当たっては、戒規が、原告が主張する手続の瑕疵や前例との不均衡によって無効となるかどうかを判断することが必要不可欠であり、さらにその前提として、戒規に係る手続準則が何であるかを認定、解釈し、違反がある場合の効果を解釈することが必要不可欠である。

この点について、被告は、戒規の本旨及び目的は、キリスト者がキリストの弟子としての道に悔い改めて立ち帰ること、すなわち復帰にあり、戒規は単に処分の結果のみを指すのではなく、戒規の申立てから、処分さらには復帰に至るまでの手続過程全てであり、いずれの段階も教憲、教規に基づく解釈と運用が行われるのであり、手続規定のみを取り上げて、これに世俗法における市民法原理を適用して考えることはできない旨主張するところ、前提事実に加えて証拠（甲２０、乙２１の１，２）及び弁論の全趣旨によれば、「戒規は、教団および教会の清潔と秩序を保ち、その徳を建てる目的をもって行うものとする」（教規１４１条、戒規施行細則１条）と規定されており、解除、復帰についても「処分をうけたるもの悔改の情顕著なりと認めたるときは、教師委員会において構成員の３分の２以上の同意を得て、之を解除することを得」などと規定され（戒規施行細則７条、８条）、また戒規の目的について、「多くの人は懲罰と戒規の間の区別がはっきりしていません。両者の考え方には、非常に意義のある相違があります。懲罰はなされた悪に報復することが目的です。一方、戒規は、罪に関係した人の回復を図ることを意図しています。懲罰は、第一義的には、悪に復讐し、正義を主張するのがねらいなのです。戒規は、教会または社会の基準に従って生きることに失敗した人を正すことを意図しています。」「教会のとった確固たる戒規は、罪人を迷い出た道からもどし、キリストと牧師と教会との交わりの中に彼を回復することを意図していたのです。」「戒規の本質的な面としてその目的は常にさ迷い出た聖徒を助け、いやし、回復することにあるのです。」と解説する文献もあり（乙２１の１，２）、さらに、本件上告の結果を通知する文書（甲２０）には「この決定を受けて、貴方が悔い改めをもって復帰への道（戒規施行細則８条）に進まれることを願うものです。」と記載されていることが認められ、これらは、被告の上記主張を裏付けるものということができる。

そうすると、戒規に係る手続準則が何であるかを認定、解釈し、違反がある場合の効果を解釈するに当たっては、戒規の性質に従って審理、判断することが必要不可欠であるといわざるを得ないところ、戒規の性質は、単なる経済的又は市民的社会事象とは全く異質のものであり、被告の教義、信仰と極めて深くかかわっているため、結局のところ、被告の教義、信仰の内容に立ち入って審理、判断することが避けられないというほかはない。したがって、本件訴訟の本質的争点である本件免職処分の効力の有無については、裁判所の審理判断が許されないものというべきである。

（４）以上によれば、本件年金減額決定が無効であるとの確認を求める本件訴えは不適法であり、却下をまぬがれない。

３ 争点（３）(不法行為に基づく損害賠償請求の訴えの適法性)について

原告が、不法行為として主張する各行為が不法行為を構成する根拠は、要するに、本件免職処分に関する手続の瑕疵、((ア)処分対象行為の不特定及び処分根拠規定の不明確、(イ)戒規申立権者たり得ない者による申立て、弁明の機会の不付与等、(ウ)不服申立手続における審理者選定の不公正、弁明の機会の不付与等)であるところ、本件免職処分に関する手続の瑕疵の有無、前記２と同様の理由から、戒規の性質に関する被告の教義、信仰の内容に立ち入ることなくして判断することのできない性質のもので

あり、裁判所の審理判断が許されないものというべきである。
　したがって、不法行為に基づく損害賠償請求に係る本件訴えは不適法であり、却下を免れない。
4　結論
　以上のとおりであって、本件訴えは不適法なものとしていずれも却下を免れない。
　よって、主文のとおり判決する。

3-3-5．一審判決に対する評価

一審判決が下された後、弁護団の岡田尚、北村宗一弁護士による支援会での発言要旨を紹介しておきたい。

［岡田尚弁護士］

判決の中身の判断になる部分は、5～6頁しかありません。裁判所はこういう争点に対してこういう判断しましたよということで、その部分はそう長くはないのです。

順番に申し上げますと、最初の争点は「正教師としての地位があります」という確認を求めるものです。これが法律上の争訟として成り立つかどうかという問題です。これについて裁判所は、「被告の定める規則等において、教師は、『神に召され正規の手続きを経て献身した者』」とされているとして、「正教師の地位それ自体としては、宗教上の地位であり、法律上の地位ではない」と判断しました。私たちの方は、宗教上の地位であるが、一方正教師の地位は、「所属する教会から謝儀を受ける権利や、牧師館等に居住し、賃料相当額の保障を受ける権利の前提条件あるいはその基盤となっているし、また教師退職年金への加入及び年金を満額受給する権利という経済的利益を受ける根拠となるものである。･･･」と主張しました。つまり、正教師の地位は、「宗教的な地位であると同時に、現実的に正教師の地位によって権利を持ち義務を持つ場面もあり、これは併存しているのだ」と主張したわけです。判決は、それについて「そういう謝儀受給権や牧師館居住の権利は教会との間の権利義務である」と言うのです。これは我々も承知しておりますから「正教師の地位が失われれば、その前提が崩され、自動的に権利を喪失するではないか」と問うてきたわけです。そういう具体的な権利義務は当然教会との関係であります。でも、そこで発生している具体的な権利というのは、正教師の地位があるからこそ享受できるのであり、それがなければなくなってしまうものではないですか。親亀の上の子亀ですね。正教師の地位が無くなっても、なおかつ教会から謝儀を受け、牧師館に居住する権利はなくならないという構造にはなっていないわけです。けれども、裁判所は謝儀受給権や牧師館居住権は教会との関係であると言って、我々の主張を退けています。

もう一つ「法人の役員である常議員に就任する権利、教会の代表役員に就任する権利、総会議員の被選挙資格、教団教区の教務を行う権限は、正教師の地位が根拠になっているのではないか」というこちらの言い分に対しては、たとえば「教務というのは、宗教上の行為であって、これを行う権限は正教師の地位が法律的な地位であることを根拠付けるものと解することはできない」、こういう結論なのですね。この正教師たる地位の確認のところで言っていることが、次の年金の問題だとか損害賠償だとか具体的な金額請求のところにも影響してきます。

年金減額決定の無効という私たちの主張については、結論から申しますと、「これは正教師の地位確認の前提となっている免職無効と同じではないか。免職の有効、無効を離れて、年金減額決定が有効とか無効とかいう問題ではない。だから結局は、正教師たる地位、或は正教師免職無効と結論としては論点が同じではないか」、こういう風に考えているわけですね。ここで、判決は「宗教団体内部においてされた処分の効力が請求の当否を決する前提問題となっており、その効力の有無が当事者間の紛争の本質的争点をなすとともに、それが宗教上の教義、信仰の内容に深く関わっているため、同教義、信仰の内容に立ち入ることなくしてその効力の有無を判断することができず、しかも、その判断が訴訟の帰趨を左右する必要不可欠のものである場合には、……『法律上の争訟』に当たらない」という最高裁の判決があるではないかというのです。ここは最大の論点として我々も論じたところです。最高裁の判決は、結論では法律上の争訟に当たらないと言っていますが、他のところで「その判断が教義、信仰の中身に

立ち入らなくても出来る場合は別」と言っており、本件で我々はそのことを主張したのです。再三申し上げましたように「閉ざされた聖餐が正しいのか開かれた聖餐が正しいのか」ということを裁判所に問うているわけではないのです。それは裁判所が決めるものではありません。我々も「そんなことを裁判所に求めてはいませんよ」ということを再三言ってきたわけです。ですから、ここで教義や信仰の内容に立ち入らないで判断ができるかできないのかを改めて問わなければならないのです。「手続きも杜撰で、最初から北村排除を決めていて、その結論ありきで進められて、またこの手続きの流れのどこに、どのような形で、教義や信仰の内容に立ち入らなければ判断できないのか、立ち入らなくても判断できるのではないですか」、我々はここを一番強調したところです。実は一方でここが一番危険なところと認識していました。「免職の有効無効の判断においても、結局、矢張り教義、信仰の内容に立ち入らざるを得ないんじゃないのか」と裁判所は考えるかもしれない。そのほんのわずかの割合の予測通りの判決の内容でした。確かに裁判所は聖餐について「どっちが正しいか正しくないか」は言わないけれども、やっぱり「免職の有効無効を判断するには教義、信仰の内容に立ち入らざるを得ないのではないのか」と受け止めたのですね。私たちは「立ち入らなくても判断できますよ」と言ってきたのですが、結局裁判所は、処分の効力があるかないかを判断するときに、どうしても「教義信仰の内容に立ち入らざるを得ない」と判断したわけです。

　年金のところも結局最後は同じ理屈です。「免職処分が無効であること以外に本件年金減額決定固有の無効事由を主張するものではない」。それはそうなんですね。我々も別に「免職処分は有効であったけれども、年金減額決定だけが無効です」と主張したわけではありません。基本的には最初の論理がここでも適用されています。

　それから戒規についての判断、これが結論を分ける分岐点になっています。戒規によって処分された人が様々な権利を剥奪される、それは具体的に生活の問題、権利の問題になってくるわけだから、もし、これを裁判所が判断できないとなったら、救済の道がなくなるのではないかということを問うてきたのです。それには何も答えていません。基本的に「戒規というものが懲罰ではなく、悔い改めの問題である」という考え方がこの判決の判断の前提になっています。戒規について、戒規施行規則第7条、8条とかをそのまま引用しているんですね。戒規の目的について、「多くの人は、懲罰と戒規との間の区別がはっきりしていません。両者の考え方には、非常に意義のある相違があります。懲罰はなされた悪に報復することが目的です。一方、戒規は、罪に関係した人の回復を図ることを意図しています。懲罰は、第一義的には、悪に復讐し、正義を主張するのがねらいなのです。戒規は、教会または社会の基準に従って生きることに失敗した人を正すことを意図しています」。私はこの総論自体に必ずしも反対するものではありません。しかし、まず現実に「戒規を運用し決定するのは誰か」という問題があります。イエス・キリストが決定するならいいですよ。でも違う、人間が決めるんですよ。しかも時の権力を持っている人が決めるわけなんですよ。これを全部「悔い改めだから」ということですり抜けられるのかということを問うてきたのです。「戒規は教会または社会の基準に従って生きることに失敗した人を正すことを意図しています」よって「戒規というのは懲罰ではない」、これがこの判決の最大の判断です。私は「戒規が懲罰かどうかという問題に関しては両面があってもいい、しかし現実に処分を受けた人に具体的不利益が発生しているのだから、その側面では懲罰と捉えるべきだ」と言っているのです。「戒規によって不利益を受ける人が発生していることをどう考えますか」と問うたわけです。抽象的に「戒規が懲罰なのか、宗教的な戒めなのか」ということを問うたわけではありません。これに対して判決は、「懲罰と戒規は違うんだよと施行規則で言っているではないか」「『教会のとった確固たる戒規は、罪人を迷い出た道からもどし、キリストと牧師と教会との交わりの中に回復することを意図していたのです』

『戒規の本質的な面としてその目的は常にさ迷い出た聖徒を助け、いやし、回復することにあるのです』と解説する文献もあり」と、これを根拠にし、そういうことで「本件の上告の結果を通知する文書には『この決定を受けて、貴方が悔い改めをもって復帰への道に進まれることを願うものです』と書いてあるではないか」というわけです。「書いてあるからそれでいいのか」と問いたいわけであります。戒規というのは悔い改めのものなのであって、不利益を受けた人間に対して救済もせず、単に「悔い改め」と言っているわけです。これだったら、もう北村牧師は悔い改めるしかなくなってしまうじゃないですか、自分が正しいと思っているのに…そういうことで、結局「戒規に係る手続準則が何であるかを認定、解釈し、違反がある場合の効果を解釈するに当たっては、戒規の性質に従って審理、判断することが必要不可欠であるといわざるを得ないところ、戒規の性質は、単なる経済的又は市民的社会事象とは全く異質のものであり、被告の教義、信仰と深くかかわっているため、結局のところ、被告の教義、信仰の内容に立ち入って審理、判断することが避けられないというほかはない。したがって、本件訴訟の本質的争点である本件免職処分の効力の有無については、裁判所の審理判断が許されないものというべきである」と結論づけています。私は、これは非常に形式的であり、かつ論理が飛んでいると思っています。本当にイエス・キリストが決めるならそれでいいかもしれませんが、やはり人間が決めていくときに、しかも組織の少数派が決めることはないわけですから、権力を持っている側に判断権限があるのですから、そこが一方的に「君のやっていることは誤りである」と決めつけ、悔い改めを迫ることができるとしたら、「イエス・キリストの教えはどこに行くのか」問いたいです。しかし、裁判ではそんな観点からは主張していません。そんな言い方をすれば「やっぱり宗教上の争いで裁判になじまない」と言われてしまうことになります。裁判はあくまでも具体的に発生した現実の中で戒規をどう考えるのかということが問われているのです。一般的に「戒規は懲罰か戒めか」ということを我々は問うているわけではありません。「この処分について戒規というものをどういうように考えればいいのか」と言っているだけなのです。それも戒規の中にいろいろな処分があって、極めて一番厳しい免職処分に対して「こういう適用の仕方があるんですか」ということを言っているんです。

　判決の先に述べた論理からは、慰謝料というような請求の出所が無いわけなんですね。慰謝料請求の出所というのは、やはり「免職無効からはじまって、こういう不利益が発生していますよ、こういうことで本人に対して精神的損害が発生しています、それに対して慰謝してください」ということですから。前段がそうだから、そんな損害賠償など独立に判断することはできないと、三行くらいで終わっています。

　全く予想外の判決です。あの結論から見れば、中身もかなり強引で形式的な考え方、論理だろうと想像しましたけれども、想像通りでした。

　（後略）

（『「北村慈郎牧師を支援する会」通信』第6号 2013. 3. 29）

［北村宗一弁護士］

　今回の判決について一言でいえば、この判決をそのまま受け入れた場合には、執行部が好きなようにできるということになります。戒規について、ある気に入らない教師がいたとして、その人を免職にするか除名にするか、そういう厳しい処分をすることも自由ということになります。また、誰かからの申立てということでなくて、いきなり今の教師委員会が自分なりに勝手に取り上げて処分出来るという、執行部の自由自在という形にこの判決ではなっていくだろうと思います。極めてそういう面では恐ろしい判決という気がします。判決の内容で言いますと、今岡田先生が言われたように、まず一つは教師っ

て何なんだろうかという問題があります。教師、正教師の地位が宗教上の地位であるということは、我々もそれは否定できないと思います。問題は、それは正教師が宗教上の地位であるかもしれないが、そのほかに社会生活上の権利とか義務がそれと一緒にあるでしょうよというのが、私どもの主張です。それについては、正教師が宗教上の地位であったとしても、社会生活上の利益や権利が問題である場合には、判断できないことはないということが、これは藤田先生からお話があるかもしれませんが、最高裁の蓮華寺の判決の中にあったと思います。そのこととこの判決はバッティングしているのではないかと、この判決をざっと読んで感じました。それからもう一つは、更に大きな争点として今回の裁判で最初から問題になりました戒規という問題があります。この戒規は裁判所の判決では悔い改めなんだという一本で斥けてきています。本当に悔い改めだけだろうかと思われます。戒規規定と一般の民間会社の就業規則上の懲戒免職を比較した場合、戒告と譴責とか、停職と出勤停止とか、免職と解雇とか表現に違いはあるものの、その内容はほぼ同じといえるのではないでしょうか。

　いずれにしても、私は、戒規というものは悔い改めと懲罰の両面を含んでいると考えざるを得ません。従って、この点について、その内の一方だけの悔い改めだけを取り上げて撥ねるというのは、ちょっとおかしいのではないかと思います。元々懲罰という言葉自体も、懲らしめというだけではなくて、やはりそこには反省の上に立って、戒告の場合はそのまま仕事を続けるとか、或は停職にしても、会社を首にするんではなくて、これから勤めさせますよという面を含んでいる訳で、程度の差に過ぎないと思います。もし、裁判所がいうように悔い改めしかないということになりますと、ご本人、今回の場合は北村慈郎牧師が悔い改めて復帰を願い出ることしかなくなる訳です。そういうことで執行部というか、現在教団の実権を握っている人たちの思うがままに、これから教会や教区も同じかもしれませんが、皆さん唯々諾々と従っていかなければならない。そういうことになってしまうことが果たして教団のためにもいいことなのか、或は教会員にとっていいことなのか、私は非常に疑問に思います。(後略)

(『「北村慈郎牧師を支援する会」通信』第6号 2013. 3. 29)

第4章　東京高等裁判所へ控訴

4－1．東京高裁に控訴（控訴状提出）

　一審判決は前項で述べたように、被告側の論理に一方的に沿っており、原告側にとってとても納得のゆくものではない。これを認めれば、前章で岡田、北村両弁護士が指摘したような事態が想定される。これは断じて認めるわけにはゆかず、また教団内での北村牧師への人権侵害が容認されることになるため、東京高裁に控訴することとした。2013年（平成25年）3月8日、東京高等裁判所民事部に控訴状を提出した。控訴状は以下の3項から構成される。

第1　原判決の主文：本件訴えをいずれも却下する
　　　　　　　　　　訴訟費用は原告の負担とする
第2　控訴の趣旨：原判決を取り消す
　　　　　　　　　本件を東京地方裁判所に差し戻す
第3　控訴の理由：控訴人の本件訴えは法律上の争訟（裁判所法3条1項）にあたらず、不適法であるとして却下を認めた原判決は、完全に法令解釈等を誤っており、直ちに取り消されるべきである。
　　　　　　　　　一審での弁論は十分になされておらず、第一審判決を取り消したうえで、本件は東京地方裁判所に差し戻されるべきである。
　　　　　　　　　控訴の理由の詳細は、追って控訴理由書を提出して主張する。

4－2．控訴の理由

　控訴の理由については2013年（平成25年）4月30日に控訴理由書を東京高裁に提出した。この内容は、いわば一審判決のどこが問題なのかを整理したものともいえる。裁判というものはすべて法律論である。しかし、その内実は、北村慈郎という一人の牧師の人間の裁判なのである。そこで、弁護団は法律論に加えて、北村慈郎牧師とはどのような人であったのかを具体的に提示、補充して提出することにした。

　以下に引用する。

控　訴　状

２０１３年（平成２５年）３月８日

東京高等裁判所　民事部　御中

控訴人訴訟代理人弁護士　（氏名　略）

　　　　　　　　　控訴人住所　　　略
　　　　　　　　　控訴人（一審原告）　　　北　村　慈　郎
　　　　　　　　　控訴人訴訟代理人住所　　略
　　　　　　　　　上記訴訟代理人弁護士　　氏名　略

　　　　　　　　　被控訴人住所　　略
　　　　　　　　　被控訴人（一審被告）　　日　本　基　督　教　団
　　　　　　　　　代　表　者　代　表　役　員　　石　橋　秀　雄

免職処分無効確認等請求控訴事件
　　訴訟物の価格　　　１０００万００００円
　　ちょう用印紙額　　　　７万５０００円

　上記当事者間の、東京地方裁判所平成２３年（ワ）第３８１１９号免職処分等無効確認請求事件につき、同裁判所が平成２５年２月２５日に言い渡した判決は、全部不服であるから、次のとおり控訴を提起する。

第１　原判決の主文
　１　本件訴えをいずれも却下する。
　２　訴訟費用は原告の負担とする。

第２　控訴の趣旨
　１　原判決を取り消す。
　２　本件を東京地方裁判所に差し戻す。

第３　控訴の理由
　　控訴人の本件訴えは法律上の争訟（裁判所法３条１項）にあたらず、不適法であるとして却下を認めた原判決は、完全に法令解釈等を誤っており、直ちに取り消されるべきである。
　　一審での弁論は十分になされておらず、第一審判決を取り消したうえで、本件は東京地方裁判所に差し戻されるべきである。

控訴の理由の詳細は、追って控訴理由書を提出して主張する。

証 拠 方 法

追って提出する。

付 属 書 類

1　控訴状副本　　　　　　　　　1通
2　訴訟委任状　　　　　　　　　4通
3　履歴事項全部証明書（被控訴人）　1通

以　上

平成25年（ネ）第1891号　免職処分無効確認等請求控訴事件
控訴人　　北　村　慈　郎
被控訴人　日　本　基　督　教　団

控　訴　理　由　書

2013（平成25）年4月30日

東京高等裁判所　第1民事部　御中

控訴人訴訟代理人弁護士　　（氏名　略）

はじめに……………………………………………………………………………2頁
第1（争点1）正教師の地位確認請求の適法性について……………………………6頁
第2（争点2）本件年金減額決定の無効確認請求の適法性について………………39頁
第3（争点3）不法行為に基づく損害賠償請求の訴えの適法性について…………60頁
第4　まとめ………………………………………………………………………60頁

　控訴人の控訴の理由は、以下に述べる通りである。
　なお、原判決及び原審準備書面等で用いた略語を断りなく用いることがある。下線は、いずれも強調のために、控訴人代理人において付したものである。教規、教憲、戒規施行細則については、いずれも甲1号証に掲載されているものであり、個別に甲号証の引用を示さない。
　また、以下に述べる「教師」とは、被控訴人の教師制度において「補教師」「正教師」の両方を含むものであり、本件では控訴人が「正教師」を免職されたため「正教師」の地位の確認を求めているが、ここには「教師」の地位の確認という趣旨も含まれている。控訴人が回復を求める法律関係は、「教師」の職務に伴う社会経済的権利としての派生権利全ての基盤となる抜本的法律関係たる「教師」の地位の確認というべきものであり、特に断らない限り上記の趣旨に沿って「正教師」を「教師」と読み替えて頂いて差し支えない。

はじめに…原判決の特徴と控訴理由の基本

　原判決は、正教師の地位確認請求について、一審原告（控訴人）が「正教師の地位は単なる宗教上の地位に留まらず、具体的な権利義務を有する法律上の地位である」と主張した根拠事実を、以下のように整理した。
　「正教師の地位が、①所属する教会から謝儀を受給する権利、②所属する教会の牧師館等に居住し、賃料相当額の保障を受ける権利及び③教師退職年金への加入及び年金を満額受給する権利という経済的利益を受ける根拠となるものであり、また、④被告における法人の役員ともいうべき役職である常議員に就任する権限、⑤被告の被包括宗教法人である紅葉坂教会の代表役員等の地位に就任する権限及び⑥被告の総会議員の被選挙資格や教団・教区における教務を行う権限の根拠となるものである」

そのうえで、
　「①謝儀受給権、②牧師館等に居住し、賃料相当額の保障を受ける権利及び⑤紅葉坂教会の代表役員等の地位に就任する権限については、いずれも、被告とは別個の法主体である紅葉坂教会との関係における地位であり、被告との関係において、正教師の地位が法律上の地位であることを基礎付けるものとはならない。
　　また、④常議員(教規30条)は宗教法人法(昭和26年第126号)における責任役員ではなく、常議員の就任資格であることは、正教師の地位が法律上の地位であることを基礎付けるものとはならない。
　　さらに、⑥総会議員は、教規1条の規定からも明らかなとおり、正教師であれば必ず被選挙資格を有するものではなく、逆に必ずしも正教師の地位を要件とするものでもなく、原告の主張は前提を欠く(宗教法人である被告は、宗教法人としての意思決定に意見を反映させる主体であるかどうかの区別を、正教師の地位の有無に係らしめているわけではない。)。また、原告が主張するところの教務が何であるかは必ずしも明らかではないが、前記のとおり、教規104条に定める教務は宗教上の行為であって、これを行う権限は正教師の地位が法律上の地位であることを根拠付けるものと解することはできない。」
と判示して、一審原告の主張を退けた。
　また、年金減額決定の無効確認請求については、
　「原告の被告に対する将来にわたる退職年金請求権の減額分に関する請求を包括する趣旨において、当事者間の具体的な権利義務ないし法律関係に関する訴訟であるということができる。」
と認めながらも、
　「原告は、本件免職処分が無効であること以外に本件年金減額決定固有の無効事由を主張するものではなく、本件免職処分の効力の有無が、本件年金減額決定が無効であることの確認を求める請求の前提となっているのであるから、本件免職処分の効力の有無は、まさに本件紛争の本質的争点となるものであって、その効力についての判断は、本件訴訟の帰趨を左右する必要不可欠のものである。そして、その判断に当たっては、戒規が、原告が主張する手続の瑕疵や前例との不均衡によって無効となるかどうかを判断することが必要不可欠であり、さらにその前提として、戒規に係る手続準則が何であるかを認定、解釈し、違反がある場合の効果を解釈することが必要不可欠である。
　　（中略）
　　そうすると、戒規に係る手続準則が何であるかを認定、解釈し、違反がある場合の効果を解釈するに当たっては、戒規の性質に従って審理、判断することが必要不可欠であるといわざるを得ないところ、戒規の性質は、単なる経済的又は市民的社会事象とは全く異質のものであり、被告の教義、信仰と極めて深くかかわっているため、結局のところ、被告の教義、信仰の内容に立ち入って審理、判断することが避けられないというほかはない。したがって、本件訴訟の本質的争点である本件免職処分の効力の有無については、裁判所の審理判断が許されないものというべきである。」
とした。
　不法行為による損害賠償請求についても、結局は、免職手続の瑕疵の有無が問題となることから、
　「戒規の性質に関する被告の教義、信仰の内容に立ち入ることなくして判断することのできない性質のものであり、裁判所の審理判断が許されないものというべきである。」
として、すべての請求を退けた。

原判決の特徴は「形式のみをみて実態をみない」ところにある。

なるほど正教師の地位は、形式的には宗教上の地位である。そのこと自体を一審原告は否定したことはない。しかし「実態は、単なる宗教上の地位に留まらない側面を有しているではないか」と主張したのである。その具体的根拠が、原判決が指摘した前記①ないし⑥である。

これに対し原判決は、①②⑤は「教会との間の法律関係」であって、「教団との関係ではない」と一言で主張を退けた。

しかし、教団自身が、教団総会議長の名で控訴人に「上告に対する審判結果について（免職決定の通知）」（甲20）において、「貴方は日本基督教団教師の身分を失い、日本基督教団紅葉坂教会の牧師の職を解かれます」と通告している。

「教師」としての身分喪失は、即、「牧師」としての身分喪失であって、本件免職処分によって、控訴人は「教師」の地位だけでなく自動的に「牧師」としての地位も失うのである。ということは、控訴人が「牧師」としてそれまで有していた謝儀受給権や牧師館等に居住する権利等全てを、本件免職処分によって喪失するということである。本件免職処分と、控訴人が「牧師」として有するそれら権利とは全く関係ないかのごとき原判決の論理は、被控訴人教団ですら採っていないものである。実態をみない形式論だけの皮相な見方だと言わざるを得ない。

これは、年金減額決定無効確認請求や不法行為による損害賠償請求の点における判示についても同様の批判が成り立つ。

原判決は、戒規について、ほぼ一審被告（被控訴人）の主張を鵜呑みにして、「戒規の性質は、単なる経済的・市民的社会事象とは全く異質のものであり、被告の教義、信仰と極めて深くかかわっている」として「教義、信仰の内容に立ち入って審理、判断することが避けられない」と判示する。

しかし、手続の瑕疵を論じるときに、「どこの場面で何を審理、判断する際に教義、信仰の内容がどうかかわるのか」が具体的に全く示されていない。ここでも抽象的・一般的な指摘に留まっている。

本件は、教団内部で抽象的・一般的に「戒規の性質をどう考えるべきか」を論じているのではない。戒規の適用によって、40年にわたって教団と教会と信徒のために真面目に取り組んできた教師が一夜にしてその身分を剥ぎ取られたその不利益についての救済を裁判所に求めているのである。

憲法で保障された「信教の自由」は尊重されなければならない。国家権力が宗教に介入することは抑制的であらねばならない。

しかし、本件も、大きな組織と1人の個人の間に発生した一般民事の紛争である。本件のような場合ですらこれが「法律上の争訟にあたらない」との理由で窓口で司法救済が拒否されるとすると、憲法で保障された「裁判を受ける権利」はどこへいったのか、と問いたくなる。

第1（争点1）　正教師の地位確認請求の適法性について
1　教会との間の派生権利に対する考慮・判断について
（1）原審の判断の問題点

原判決は、前記のとおり、正教師の地位それ自体としては宗教上の地位であり、法律上の地位ではないとし、①謝儀受給権、②牧師館等に居住し、賃料相当額の保障を受ける権利及び⑤紅葉坂教会の代表役員等の地位に就任する権限（①、②、⑤等の番号は、原判決において整理された番号）については、いずれも被控訴人とは「別個の法主体」である紅葉坂教会との関係における地位であり、被控訴人との関係において、正教師の地位が法律上の地位であることを基礎付けるものではないではないと判示している。

しかし、正教師が被包括団体たる教会との関係で上記各権利を享受できるのは、全て、「包括団体である被控訴人との関係において、正教師の地位を有していること」が大前提となっているのであり、かつ、その大前提たる地位を真っ向から否定している紛争の相手方である被控訴人（控訴人に正教師の地位を付与した主体）との関係で正教師としての法律上の地位を確認することこそが抜本的な紛争解決に最も資するのである。そうすると、そこから派生する各権利の直接の請求相手が別個の法主体（被控訴人の被包括団体）であることのみをもって、「その大前提たる正教師の地位が被控訴人との関係で法律上の地位となること」を基礎付ける事実になり得ないと断じることは、教団・教会・教師の切り離せない関係全体を度外視して敢えて一面のみを捉えた余りに形式論理の判断と言わざるを得ず、許されないというべきである。

(2) 前記①教師謝儀受給権と教団

この点、被控訴人は、①謝儀受給権、②牧師館等への居住は、紅葉坂教会との間の一種の準委任契約関係に基づいて支払われるものであり、被控訴人はこれに何ら関与しないなどと主張する。

しかし、そもそも、①謝儀については、被控訴人の制定する教規87条2項において、「<u>教区の定めた教師謝儀の基準額</u>」と明記され、教規115条2項において「教師の謝儀は、教区において定める基準額以上を支弁する」などと規定されているとおり、「教区」が定めた教師謝儀の基準額に基づいて支払われるものであり、被控訴人自らがその基本的な支払根拠と基準を設定する形で主体的かつ密接に関与していることは明らかである。

なお、「教区」とは、教団を地域毎に区分した被控訴人（教団本体）の機関であり（教規3章第59条ほか）、法主体としては、「被控訴人」が自ら教師謝儀の基準額を定めていることは否定しようのない事実である。控訴人の場合は被控訴人神奈川教区が控訴人の教師謝儀基準額を毎年、各年度の「教職謝儀基準表」という形で決定し、各教会に通知している（甲36の1、2）。このように、最初に基準額を一度設定するだけではなく、毎年、教師謝儀の基準額を被控訴人が定めた上で、被包括団体である教会に通知していることに照らしても、実態として謝儀受給権について被控訴人が少なからぬ主体的関与をしていることは明らかである。事実、原審でも準備書面（2）2〜4頁「3（1）謝儀受給権」にて詳述したとおり、控訴人が教師謝儀として宗教法人日本基督教団紅葉坂教会から受領していた毎月の基本給□□万円及び夏季・年末手当等は、正に被控訴人が制定した謝儀基準表に基づいて、その定める基準に則って、支給されてきた金額なのである（少なくとも手元に源泉徴収票が残っている平成17年から平成21年までの間は一貫して毎年□□□万円の謝儀を受給してきた。甲34及び甲37の1〜4、38の1〜8）。

そして、言うまでもなく、被控訴人との関係で「正教師」であることを認められるからこそ、被控訴人が教規で定める「教師謝儀」を教会から受給することが出来るのであり、正教師であることが否定されれば、その受給資格を失うことになる。

従って、①謝儀受給権について、直接の請求相手が形式的には教会であったとしても、当該謝儀支給に関する上記のとおりの被控訴人の主体的かつ密接な関与に照らせば、<u>被控訴人の教憲・教規等に則った教務を執り行う教師に対する謝儀の支払が、被控訴人の示す支払根拠と基準に基づいて、毎年、被控訴人の被包括団体たる教会を通じてなされていると言っても過言ではない</u>。よって、被控訴人との関係において、正教師の地位が法律上の地位であることを基礎付ける派生権利の一つと評価されるに足るだけの実態を有していることは明らかである。

(3) 「被控訴人（教団）」と「教会」、「教師」との関係

ア　まず、「教団」と「教会」との関係について述べると、そもそも、「教会」は、「被控訴人（教

団）」によって、その「設立」が認められる（教規８８条「教会を設立しようとするときは、・・教区総会議長に申請しその承認を受けなければならない」。なお、教区総会とは、被控訴人の機関たる「教区」の意思決定機関である。教規６１条、６６条ほか）。

　そして、教会は、被控訴人によって「区分」され（教規８７条）、被控訴人より「経費の補助」を受ける（教規８９条。なお、被控訴人は、教区連帯金という形で、予算の足りない教会の多い教区に財政支援を行っている。また、第１種と第２種の教会数はおおむね同等である。甲４１「教勢一覧」）。また、「区分の変更や教会同士の合併、解散」にも「被控訴人」への申請と「承認」を必要とする（教規９０条、９１条、９３条）。更に、「天災その他のやむを得ない事由があって基本財産を処分」等するときですら、「被控訴人」の機関の「承認」を受ける必要がある（教規１１８条）。

　もとより、教会は、宗教法人法上の「被包括団体」であり、被控訴人の「傘下にある団体」であることが法律上も明らかとなっている。

　宗教法人法第１８条５項において「（被包括宗教法人の）代表役員及び責任役員は、常に法令、規則及び当該宗教法人を包括する宗教団体が当該宗教法人と協議して定めた規程がある場合にはその規程に従（わなければならない）」と定められているところ、教会は、被控訴人の信仰告白、教憲、教規および被控訴人の諸規則に則り「教会規則」を制定し、被控訴人の承認を受けることを義務付けられている（教規８５条）。要するに、<u>教会は、被控訴人の教憲・教規等に則り制定された規則（被控訴人の承認を要する教会規則）につき、法令等と同等の遵守義務が「法律上」課せられているのである。</u>このように、教会が被控訴人の強い統制下にあることは法律上も被控訴人の規則上も明らかなのである。

　なお、宗教法人法４３条２項６号の「宗教団体を包括する宗教法人にあっては、その包括する宗教団体の欠亡」が宗教法人の必要的解散事由に定められていること等に照らしても、包括宗教法人と被包括宗教法人との関係が一般の親会社・子会社の関係以上に密接かつ切り離しがたい関係にあることが窺えるところである。

　この点、教規３９条において「教団総会議長は、おおむね次の方法によって、<u>本教団の教会的機能および教務を総括するものとする。</u>」「（２）教区に報告を求め、必要あるときは、教区総会議長を招集し、協議すること」などと規定されている。言うまでもなく、「被控訴人」にとって「教会の機能」は本質的かつ必須のものである（教憲第１条「本教団はイエス・キリストを首(かしら)と仰ぐ公同教会であって、本教団の定める信仰告白を奉じ、教憲および教規の定めるところにしたがって、主の体たる公同教会の権能を行使し、その存立の使命を達成することをもって本旨とする。」に照らしても被控訴人の存在意義にも関わってくる機能といえる。）。しかし、その教会的機能に関しては、教規３９条に照らしても、教団本体としては報告を求める程度の役割を担うに過ぎず、専ら、全国各地の「教会」こそが、教会的機能（被控訴人の信仰告白・教憲・教規等を初めとする教団の使命を信徒等の社会一般に直接還元する機能）を有しているのである。この点だけを見ても、教団と教会とが、相互依存的な関係により、切り離せない関係にあることは明らかである。

イ　次に、「教師」と「教団」との関係について述べる。

　「教師」という地位は、法主体としては、「被控訴人により付与」されるものであり（教規５章。被控訴人の機関の議決を経て、被控訴人の機関から付与され、被控訴人の名簿に登録を要する）、「退任」しようとするときですら、その理由を具した上で、「被控訴人」（の機関であ

る教区総会議長を経て被控訴人の上位機関である教団総会議長）の「承認」を受けなければならないとされている（教規１２９条）。

更に、教会担任教師（控訴人の担当していた立場）は、「教会から招聘」されるといっても、その招聘は、「被控訴人」の機関である教区総会議長への申請・「承認」を要するものであり（教規１０６条）、教会担任教師が「教会を辞任」しようとするときや教会が教会担任教師を「解任」する必要が生じたときにも、「被控訴人」の機関である教区総会議長の「承認」を要するのである（教規１０８条、１１２条）。そして、教師の「戒規」を司るのも、「被控訴人」（の機関である教師委員会）である（教規４３条）。

このように、<u>正教師の終局的ないし重要な人事権は悉く被控訴人が掌握しているのである。</u>

ウ また、「教師」の地位は、「教団」の統制を受ける「教会役員」の地位と一体というべきである。

即ち、被控訴人教団は、傘下の被包括法人に対し、それぞれの宗教法人規則に次の条項を入れることを求めている（宗教法人「日本基督教団　　教会」規則（準則）第７条）（甲１、１６５～１６６頁）。

「第７条　代表役員は「主任担任教師」の任にある者をもってこれに充てる。
　　　２　主任担任教師は、日本基督教団の教規の定めるところに従って、日本基督教団の教師のうちから教会総会の議決を経て申請した者につき、教区総会議長の承認を経、教団総会議長の同意を得て選任する。」

この条項を定めなければ教団と包括関係を結ぶことができないため、被包括法人はそれぞれの法人規則にこの定めを盛り込んでいる（例：宗教法人「日本基督教団紅葉坂教会規則」７条、甲４９）。単位宗教法人の代表役員という法的地位は、被控訴人教団の認める「教師」の内から選任されなければならず、その選任は被控訴人教団の設置する「教区」において総会議長の「承認」を得、さらに被控訴人教団議長の同意なしには成立しないよう定められている。

このように、教師の地位は、被控訴人から上記の如き統制を受ける被包括法人（教会）の代表役員という法的地位と切り離せない一体の関係に置かれている。

エ そして、教団における「免職」の従来からの規定内容に照らしても、<u>「教団」は、教師の地位の得喪を介してではなく、「教会主管者の職」を直接免ずることを想定していたことが明らかであり、「教団」と「教師」（教会担任教師の職務等）の直接かつ密接な関係性は、歴史的にも否定しようのないところである。</u>

即ち、現在の「戒規施行細則」（甲１、９５頁。「１９５２年３月１２日　変更」と記載されている）に承継される元となった「日本基督教團諸規則」（甲４０、昭和１６年１１月２４日文部大臣認可）の「懲戒」の規定（２４４条以下）は、以下のように規定されている（適宜平仮名や平易な漢字で記載）。

「<u>教師に対する懲戒は之を分けて左の四種とす</u>
　　一　<u>剥奪　教師の分限を剥奪す</u>
　　二　<u>免職　教会主管者其の他の職を免ず</u>
　　三　停職　二年内の期間を限り教会主管者其の他の職務を停止す
　　四　譴責　戒告を与え１月内の期間を限り謹慎を命ず」

一般に、「分限」とは公務員等の「地位」のことを指し、「除名」とは「身分を剥奪」するこ

とを指すことや、4種の位置付け等に照らしても、現在の教規142条及び戒規施行細則の定める4種の戒規のうち、「除名」は上記の「剥奪」（教師の身分を剥奪すること）に、「免職」は上記の「免職」（教会主管者その他の職を免ずること）に相当することは文理上明らかである。

そうすると、少なくとも現在の「免職」という処分が、教団の歴史においても、「教会における教会担任教師等の職務を直接的に解く」効果を意図されていたことは明らかであり、もはや、教会と教師との準委任関係に、教団が無関係であるなどという理屈は到底成り立ちえないのである。

オ　よって、以上のような「教団」と「教会」、そして「教師」との密接不可分な関係（特に「教師」との関係で、「教会」が「教団」から完全に独立した法律関係を形成し難い側面）に照らしても、原審のように「教師」との関係で「教団」と「教会」との形式的な法主体の違いのみを理由にして、「法律上の地位性を基礎付ける派生権利としての考慮」自体を初めから回避する手法が極めて不当であることは明らかである。

（4）前記②牧師館等に居住し賃料相当額の保障を受ける権利と教団

「牧師」とは、教会等に在職する「教師」のことを指す用語であり（教規103条、128条）、当然のことながら、牧師館に居住出来るのは、牧師即ち教師（及びその家族）ということになる。

そして、牧師館等に居住し、賃料相当額の保障を受ける権利は、上記の教師謝儀と同様、被控訴人（教区）が毎年、教師謝儀基準額を決定する際に通知している各年度の「教職謝儀基準表」において、謝儀基準の一内容として毎年指示され続けている事項である（甲36の1、2「この基準額は、牧師館家賃、水道光熱費、電話代などは教会が負担しているものとして作られています。自己負担となっている場合には、これらの経費を加算してください」と同基準表に明記して被控訴人が教会に指示している。その他、2006年から2013年までの8年間の謝儀基準表として甲38の1～8）。

そうすると、牧師館等の居住（賃料相当額の保障を受ける権利）は、教師謝儀と同様に、被控訴人自ら主体的かつ密接に関与した上で、教会を通じて教師に付与している法律関係とも言い得るところであるから、教師の直接の請求相手が教会であったとしても、その請求根拠は被控訴人が承認した教師の地位及び教会担任教師の地位にあり、その実態に即して正教師の法律上の地位性を基礎付ける一要素として考慮されて然るべきである。

名古屋高裁昭和55年12月18日判決においても、「教会の建物に居住し、これを無償で使用することを許されており、毎月の生活経費等はすべて被控訴人教会において負担しているものであり」という点が、法的保護に値する法律関係の一要素と位置づけられているとおり、住居（費）に関する実質的な保障は、ときに謝儀と同等又はそれ以上に生活上重要な利益と位置付けられる場合もある。

よって、教師故に付与されている牧師館等に居住し、賃料相当額の保障を受ける権利についても、謝儀同様に、正教師の地位が法律上の地位であることを基礎付ける一要素と評価されて然るべきである。

（5）前記⑤教会の代表役員等に就任する権限と教団

控訴人は、正教師であることに基づいて、被控訴人の被包括団体たる宗教法人日本基督教団紅葉坂教会における代表役員等としての地位に就任している（教規114条に「宗教法人法による教会の代表役員の職務は、主任者たる教会担任教師が行う」と規定されているところ、教会担任

教師とは、教会に在職する「教師」、即ち、被控訴人教団の教師のうち教会に招聘された者を指す)。

なお、後述のとおり、被控訴人発行の教団年鑑の統計数値によっても、1教会当たりの教師数は1．05人程度であり、実態としては、ほとんどの教会において在職する教師は1名であり、教会担任教師≒教会代表役員（主任者たる教会担任教師）といっても過言ではない。

この点、前記のとおり、原判決は、⑤教会の代表役員等に就任する権限は、教会との関係における地位であり、被控訴人との関係において、正教師の地位が法律上の地位であることを基礎付けるものではないと判示している。

しかし、上記（3）で詳述したとおり、教会とは、宗教法人法上の「被包括団体」として被控訴人の「傘下にある団体」であることが法律上も明らかとなっている団体であり、「被控訴人」によって、「設立」「区分」「区分の変更、合併、解散」「基本財産の処分」等が承認され、被控訴人より「経費の補助」を受ける立場にあり、その包括する宗教団体の欠乏が包括宗教法人の解散事由となるほど一体性の強い依存関係にも立つ。

そして、教会の代表役員は、宗教法人法18条5項に基づき、「常に法令、規則及び当該宗教法人を包括する宗教団体が当該宗教法人と協議して定めた規程がある場合にはその規程に従（わなければならない）」と定められているところ、教会は、被控訴人の信仰告白、教憲、教規および被控訴人の諸規則に則り「教会規則」を制定し、被控訴人の承認を受けることを義務付けられており、要するに、教会の代表役員は、「被控訴人の教憲・教規等」に則り制定された規則（被控訴人の承認を要する教会規則）につき、法令等と同等の遵守義務が「法律上」課せられているのである（この点、必ずしも権利ではなく、義務という消極的方向であったとしても、法律上の地位性を基礎付ける法律関係として考慮され得るというべきである）。

このように、教会の代表役員が被控訴人の強い支配下にあることは法律上も被控訴人の規則上も明らかなのであり、逆に言えば、教会の代表役員は、実質的には、教会を通じて「被控訴人の教憲・教規等」を社会に直接還元するための業務執行行為等を為すことが出来る立場にあるとも言える。実際、社会一般に対して、被控訴人の教憲・教規等を直接還元する役割の大半を担っているのは、信徒が所属し（教規6章ほか）、礼拝等の執行を執り行う「教会」又は「伝道所」であり、「教団本体」にはそのような役割を担う機能は乏しく、総務的なことや、教会相互の地域的全国的連携協力、教師人事の承認等を専ら司り、両者が相互依存的に機能を補完しつつ、切り離し難い一体的な関係を築いているのである。

よって、謝儀等について既述した観点と同様に、権利関係の直接の相手方が別個の法主体（被控訴人の被包括団体）であることのみをもって、「正教師の地位が被控訴人との関係で法律上の地位となること」を基礎付ける事実になり得ないと断じることは、教会代表役員と教団との切り離し難い深い相互依存関係や教会代表役員が被控訴人のために果たしている役割等を完全に無視した形式論理であり、極めて不当という他ない。

（6）教会における教務活動権限と教団

正教師たる地位が、被控訴人との関係で法律上の地位であることを基礎付ける事実としては、「教会における教務活動権限」も挙げられる。

教会における教務の内容について教規104条は、「教会担任教師は、次の教務を執行する。・・（1）礼拝、伝道および信徒の信仰指導 （2）聖礼典の執行 （3）結婚式、葬式その他の儀式」と規定している。

この点、原判決は、「教規１０４条に定める教務は宗教上の行為であって、これを行う権限は正教師の地位が法律上の地位であることを根拠付けるものと解することは出来ない」などと判示している。

　しかし、原告の主張する教務等の内容には、教規１０５条１項に規定される事務等も含まれる（例えば「教団事務局及び教区事務所との連絡に関する事項」に関する事務を司る権利義務関係等は、被控訴人の教規に基づき控訴人が被控訴人との間で直接有する法律関係に属するというべきである）。なお、仮に、用語として教務に含まれないというのであれば、端的に、「教規１０５条１項の事務等を行う権限」という形で正教師の法律上の地位性を基礎付ける事実として主張する。

　また、１０４条規定の教務についても、これらは、教会の運営を行い、教会担任教師として教師謝儀を受給するための大前提となる経済的地位と表裏一体関係にある行為であることは明らかである。そして、同時に、これらの教務は、教師が広く社会に進出して教育、社会福祉、慈善事業を教会の方針に則って分担実行するための大前提として、一般社会から最も期待される教会の典型的機能を果たすための基本的教務と言える（例えば、結婚式すら行わない教会であれば、それだけで現実に社会との基本的な接点を大幅に喪失しかねない）。よって、これらは、少なくとも重大な社会生活上の利益を得るための教務権限というべきであり、単なる「宗教的行為」にとどまると解するのは、やはり、形式的かつ不当な判断である。

（７）法律上の地位性の判断に際し教会との派生権利を考慮すること

　派生権利（法律上の地位性を基礎付けるか否かの判断要素としての派生権利）の直接の請求相手と、当該派生権利の元となる法律上の地位の確認相手とは、常に同一であることが確認の訴えの必須要件ではないことは、「第三者の法律関係に関する確認の訴え」ですら認められる場合が存することとの均衡からしても、明らかというべきである（東京地判平成１５年１０月１６日においても「訴訟当事者以外の第三者の法律関係に関する確認の訴えについては，常に確認の利益が否定されるわけではなく，当該第三者の法律関係が原告の権利義務に直接影響を与える場合には，確認の利益が肯定されることもあり得るというべきである」などと判示されている）。

　このように、「争いがあり、確認の利益があれば、派生権利の請求相手と別の法主体との間でも法律関係の確認を求め得ること」（より本件に即して言えば、法律上の地位を基礎付ける要素として、確認の訴えの相手方と密接に関連する別の法主体との派生する法律関係を考慮することが許されること）は、慈照寺事件原審である大阪高判昭和４１年４月８日の判旨からも明らかである（「住職がこの宗教上の行為をするについては当該寺院との間に準委任類似の法律関係が存するものというべく、従ってこの準委任類似の関係にもとづく住職の特定の権利ないしは法律関係〔たとえば住職の報酬請求権（宗制１１２条参照）、寺院における儀式の執行、教義の宣布等の権限、慣行上認められる居住のための寺院建物使用権等〕について争いがあれば、それが当該寺院との間でなく、被控訴人（臨済宗相国寺派）の如き包括団体たる宗派、右宗派より新たに派遣された住職の如き第三者との間に生じたものであつても、確認の利益があれば、これらを相手方として、右特定の権利ないし法律関係の確認を求めうることはいうまでもない。従って、住職の地位確認の請求が受任者たる地位にもとづき右の如き請求をなす趣旨であれば、もとよりこれを許容すべきである。」と判示されている）。

　なお、同判例の上告審である最判昭和４４年７月１０日は、宗教法人の代表役員および責任役員の地位にあることの確認を求める訴は、当該宗教法人を相手方としないかぎり、確認の利益が

ない旨判示しているが、これは「確認の利益があれば許容される」と述べる上記大阪高判の判示部分を何ら否定するものではないし、同判例の事案は本件とは異なり、「被包括宗教団体の責任役員の地位の確認」を請求の趣旨にして「包括宗教団体」に対して訴え提起したために、組織法上の地位を巡る判決の対世的効力という観点から確認の利益が否定され、訴え却下とされたに過ぎない。

　この点、本件における正教師の地位確認の請求は、受任者たる地位（教会との間の準委任類似の法律関係）に基づき、①謝儀受給権、②牧師館等に居住し、賃料相当額の保障を受ける権利及び⑤紅葉坂教会の代表役員等の地位に就任する権限、⑦１（６）で述べた「教会における教務権限」など（上記のほか、被控訴人との直接の関係においては後述する③教師退職年金満額受給権、④常議員就任権、⑥被控訴人総会議員被選挙資格や教団における教務権限等も含む）といった権利ないし法律関係の確認を求める趣旨で為しているものである。即ち、控訴人は、単に正教師という組織上の地位一般の確認を求める趣旨で本件訴えを提起しているのではなく、正教師という地位から派生する上記①ないし⑦などといった数多くの権利や法律関係の確認を求めるために、本件訴えを提起しているのである。

　従って、被控訴人との間で正教師たる地位が法律上の地位であることを基礎付けるか否かの判断をするに際して、教会との間の各派生権利を積極要素として考慮することは許されるというべきであり、確認の利益があれば、そのような考慮の元に、被控訴人との間で正教師たる地位が法律上の地位であることを確認する訴えは認められて然るべきである。

（８）確認の利益

　上記①～⑦の権利や法律関係を全て個別に確認する請求を為すという場合には、各資格や個別の権限毎にそれぞれの派生後の直接の各請求相手（派生権利であるために、請求相手となる当事者も複数になってしまう）との関係で確認の利益があるか否かという判断を区々に行うことになるが、これは余りにも迂遠かつ煩雑というべきである。

　また、請求した全ての資格や権限の確認が各請求相手との間で無事なされたとしても、教会における洗礼等の執行や教義の宣布、宗教法人たる教会の事務として官庁との間の事務取扱、教団・教区との連絡調整、教会組織の運営、信徒指導、境内地・境内建物の維持管理その他正教師の地位から派生する事実上の権限や資格等が余りにも多岐に亘ることに照らせば、結局のところ、訴訟で一度に確認することが事実上困難なその他の派生的紛争が正教師の地位の存否を巡って度々発生し続けることは明らかである。

　例えば、仮に控訴人が教会を被告として教会との関係で謝儀受給権があることを訴訟で確認したとしても、真の紛争の相手方である被控訴人は、「教会との関係で謝儀がどうなろうとも、教団としては正教師の地位は認めない」と主張し続け、正教師の地位を巡る紛争の直接的かつ抜本的解決に必ずしもつながらないことは明らかである。逆に言えば、包括団体である被控訴人との間で正教師たる地位さえ確認されれば、上記①～⑦の各権利関係について被包括団体たる教会も含め、正教師という前提で従前通り控訴人を扱うことが問題無く出来るのであり、紛争の火種はその最大の火元を消し去った場合の如く概ね直ちに無くなると言える。

　もとより、正教師であることから派生する権利や法律関係は、主たるものとして列挙した上記①～⑦に必ずしも限定されるものではなく、控訴人は、正教師としての立場を通じて、広く社会に進出して教育、社会福祉、慈善事業を教会の方針に則って分担実行する権限をも有してきたものである（名古屋高判昭和５５年１２月１８日においても、「これらは重大な社会生活上の利益

であり、被控訴人教会と控訴人との間における法的保護に値する具体的権利義務関係と評価して差し支えない。」旨判示されている）。

　例えば、控訴人はこれまで４０年以上にわたり、３つの教会で、被控訴人教団の正教師として活動を続け、その間、正教師という立場を通じて、横浜寿町では日雇い労働者らの活動を支えるべく被控訴人神奈川教区・寿地区センターの活動として寿地区の活動委員会の委員長を務め、地域市民ボランティア団体等と協力して、地域のアルコール依存症患者、高齢者、野宿者等への支援活動や、精神障害者の作業所に人を派遣し、横浜市の推進する活動等にも寄与するなど、社会的立場の弱い者に寄り添うような地道な活動（社会福祉、慈善事業等）を長く続け、その結果、多くの方からの信望を集めている（甲４２～４８）。

　より具体的に述べると、控訴人は、教師（紅葉坂教会牧師）という立場を通じて、１９９６年以降、被控訴人神奈川教区寿地区活動委員会の委員となり、２００２年以降、同委員長となり、被控訴人の教師としての信仰を体現すべく、教師の職務の一環として、寿地区の社会的弱者（アルコール依存症者、路上生活者、高齢者・障害者、外国人・日雇労働者等）に対する支援活動（毎週の炊き出し、越冬支援活動、アルコール依存症自助グループのミーティング場所として、教会の施設を毎週提供すること、野宿者訪問、寿学童保育の支援等々）及びその活動を支える募金活動等を指揮・実践してきたものである（甲４２～４８）。もとより、これらのボランティア活動は教会関係者によって賄われてきた側面があり、控訴人は、教師（牧師）として、そのようなボランティア活動に自ら参加することはもちろん、教会に集う人々に、寿町のこと、日雇い労働者のこと、そして、家も食事も失った路上生活者たちのことを常に話し聞かせ、このような支援活動の裾野を広げ、沢山の支援者の広がりをつくり役割を担う等といった社会福祉・慈善・啓蒙活動等を行ってきた（甲４７）。

　このような社会福祉活動等を正教師として行う権限も含め、正教師の地位を通じて得られる法的保護に値する法律関係は余りにも多岐に亘っているのである。

　本件において、これらの多くの権利や法律関係を全て個々に確定させることは必ずしも抜本的解決をもたらさず、却ってそれらの権利関係の基礎にある最も基本的な法律関係（正教師の地位）を確定することが、紛争の直接的かつ抜本的な解決となることは明らかである。

　この点、一般に、「基本となる実体関係を前提としてそこから派生する給付請求権について給付訴訟が可能な場合でも、基本関係から派生する可能性のある他の紛争を予防するという確認訴訟の本来的機能が期待できる限り、基本関係に対する確認の利益は認められる」ことは言うまでもない（民事訴訟法講義案５７頁（注２））。よって、所有権に基づく返還請求が可能である場合に、所有権確認訴訟を提起することは許されるし（最一小判昭和２９年１２月１６日）、賃借権確認訴訟継続後に賃借権に基づく給付訴訟が係属しても、直ちには確認の利益は失われないのである（最三小判昭和３３年３月２５日）。

　そうすると、本件においても、正教師の地位から派生する権利の一部について給付訴訟ないし確認訴訟等が可能であったとしても、正教師の地位という基本関係から派生する可能性のある他の紛争を予防するという確認訴訟の本来的機能が期待出来る限り、当該確認の利益が認められることは明らかであり、かつ、派生する権利の一つと言い得る年金の満額受給権に関係する「年金減額決定無効確認」の訴えが追加された後といえども、なお、正教師の地位の確認の利益は失われない（年金減額決定無効を確認すれば足りるから正教師の地位確認は不要という論理には直ちにならない）というべきである。

従って、正教師という地位を付与するとともに免職等という形で剥奪する主体である被控訴人を相手として正教師の地位を確認する利益はあるという他ない。
（9）小括
　　　このように、牧師として教会において教務活動を行ない、謝儀を受ける地位を含む上記各権利は、正教師としての地位（又は資格）の剥奪と同時に喪失する点で、いわば相即不離の関係にあり、原判決が、教団と教師の関係、教会と牧師との関係をその一面のみ切り分けて論じているのは、教団・教会・教師の切り離せない三者の関係性を敢えて無視した形式論理に走ったものといわざるを得ない。少なくとも、このような三者の関係の全体像と実態を教規の各規定等から丁寧に検討していけば、教会との間の各派生権利を被控訴人との間の正教師の地位の法律上の地位性の判断において考慮することは許されるという結論に至って然るべきである。そして、正教師の地位から派生する各法律関係等が法的保護に値する重要な社会生活上の利益も含め、非常に広範囲に亘ることや本件紛争が実態として専ら被控訴人との間の正教師の地位を巡る紛争であることを前提にすれば、教会との間で各派生権利等を個別に確認するよりも、直接的かつ抜本的な解決方法として、正教師の地位を確認する利益があることは明らかである。
2　被控訴人との関係における各資格・権限について
（1）常議員就任資格について
　　　原判決は、常議員は、「宗教法人法の責任役員ではない」という一事をもって、常議員就任資格が正教師の地位の法律上の地位性を基礎付ける一要素になることはない旨判示する。
　　　しかし、この点は最判平成7年7月18日の判旨に照らしても、余りに乏しい理由付けという他なく、不当である。即ち、同最判は、「<u>檀徒等の信者の地位が具体的な権利義務ないし法律関係を含む法律上の地位ということができるかどうかは、当該宗教法人が宗教法人法一二条一項に基づく規則等において檀徒等の信者をどのようなものとして位置付けているかを検討して決すべきこととなる。</u>」などと述べ、「檀徒の地位に関しては、<u>宗教法人法一二条一項に基づく被上告人の規則（宗教法人「満徳寺」規則）等に</u>」における規定を引用し、検討した上で、「<u>檀信徒名簿が備え付けられていて、檀徒であることが被上告人の代表役員を補佐する機関である総代に選任されるための要件とされており</u>、予算編成、不動産の処分等の被上告人の維持経営に係る諸般の事項の決定につき、総代による意見の表明を通じて檀徒の意見が反映される体制となっており、檀徒による被上告人の維持経営の妨害行為が除名処分事由とされているのであるから」などと判示しており、法律に基づく宗教法人規則等における当該信者の位置づけを綿密に検討する姿勢を取り、結論としても、当該信者であることが代表役員を補佐する機関（この「総代」も、当該宗教法人における宗教法人法上の責任役員ではないが、代表役員を補佐する機関という点で、本件の「常議員」に類似性がある）に選任されるための要件とされていることを、法律上の地位性を認定する明示的根拠に掲げている。
　　　そうすると、本件においても、宗教法人法上の責任役員でないから、直ちにその就任資格であることが、正教師の法律上の地位性を基礎付けることはないという結論が導かれるのではなく、宗教法人法12条1項に基づく「被控訴人の規則等」における正教師の地位の位置付けを綿密に検討する必要があるというべきである。この点、被控訴人の規則上、常議員は教団総会を代議する常議員会の構成員であり、教師であることが常議員選出母体（互選による27名中14名）の要件となっている点だけを見ても、本件は、むしろ、単なる信者のケースである上記最判以上に、法律上の地位性が高い事案と言っても過言ではない。

もとより、常議員会は、宗教法人法の規定に基づき所轄庁の認証を受けた宗教法人「日本基督教団」規則で、総会に次ぐ議決・執行機関と定められており（教規３０条～３８条の２、宗教法人「日本基督教団」規則２５条～２７条の２。甲１、ｐ２２、２４、１５６）、その一員であることは、教団政治の中枢にいて、教団の重要な意思決定に参与する権利を持つことであり、同規則６条１項に規定されているとおり（甲１、ｐ１５０）、常議員であることは責任役員になるための必須要件になっている。

よって、本件において、正教師が④常議員就任資格であることは、積極的に、法律上の地位性を認定する根拠の一つとなり得ることは明らかである。

（２）教団総会議員の被選挙資格について

原判決は、教団総会議員の被選挙資格は、必ずしも正教師の地位を要件とするものではないなどとし、控訴人の主張が前提を欠くなどと判示している。

しかし、控訴人は、本件免職処分当時、現実に正教師という資格にあったのであり、正教師の地位という基盤に基づいて教団総会議員に選挙される資格を有していたことは明らかである。

そして、その場合に、正教師という資格が失われれば、少なくとも、一旦、当該教団総会議員としての資格を失うこともまた、明らかである。

このように、現実に、控訴人が正教師の資格を剥奪されることにより、教団総会議員となるための資格も失われることは明白である。（付言すると、教規１４３条により、少なくとも正教師として免職中は、正教師以外の資格によっても教団総会議員等に選任される資格を有しないこととされている）。この点については、被控訴人自身が、控訴人に対する免職決定通知（甲２０）において、自ら認めているところである（「<u>免職の決定により、貴方は日本基督教団教師の身分を失い、日本基督教団紅葉坂教会牧師の職を解かれます。また、教規１４３条により、教団総会議員若しくは教区総会議員に選ばれ、または本教団若しくは教区の教務に従事することができません</u>・・」）。

実際、控訴人は、約４０年にわたり被控訴人教団の正教師として、その属する教区において教区総会議員の実績を重ね、他の議員の信頼を得てリーダーシップを発揮するようになり、その結果として教団総会議員に選ばれ、さらに常議員に選出されるに至ったものである。これらすべては、正教師の地位を要件として重ねられてきたものである。

よって、正教師でなくても、将来、再度選任される論理的可能性が規定上存在することをもって、正教師の地位の法律上の地位性がないなどという判断は不合理かつ非現実的な机上の論理と言わざるを得ない。

即ち、教師の地位が法律上の地位となることを基礎付ける一つの事実として教団総会議員となる要件となっていることを考慮出来るかどうかという判断をする際に、教師であることが教団総会議員となるための「唯一の要件」である必要性は無いと言わざるを得ず、原判決はこの点で論理が飛躍していると言える。

（３）被控訴人における教務活動権限、その他権限等について

正教師の地位には、被控訴人との関係において、教団・教区の役職に就く組織法上の地位、さらに、教規１２８条１項の教務教師、神学教師の地位に就く権限（神学教師の地位は直接的には神学校との関係）も含まれる。

これらの派生権利等も、やはり控訴人のように在職歴が非常に長い正教師にとっては、重要な社会的利益を伴う権限であることは明らかである。

控訴人は、これらについても、正教師の法律上の地位性を基礎付ける事実として主張する。

3　教師退職年金の満額受給権について

　原判決は、教師退職年金の満額受給権については、請求の趣旨第2項の訴えと重複し、これを確認すれば足りるから紛争の抜本的解決として正教師の地位を確認する必要はないなどと判示する。

　しかし、既述のとおり、正教師の地位から派生する権利の一部について給付訴訟ないし確認訴訟等が可能であったとしても、正教師の地位という基本関係から派生する可能性のある他の紛争を予防するという確認訴訟の本来的機能が期待出来る限り、当該確認の利益が認められることは明らかであり、かつ、派生する権利の一つと言い得る年金の満額受給権に関係する「年金減額決定無効確認」の訴えが追加された後といえども、なお、正教師の地位の確認の利益は失われないというべきである。

　そして、教師退職年金の満額受給権は、正に被控訴人との関係において、正教師の地位に基づく経済的かつ重大な法律関係であることは多言を要しないのであり、正教師の地位が法律上の地位であることを基礎付ける重大な一要素と言えることは明らかである。

4　最判平成7年7月18日について

　上記のとおり、最判平成7年7月18日の判旨（専ら、「檀徒」が規則上の「総代」の選任要件であることと、「檀徒」の行為が当該宗教法人の除名処分事由になるという点などから、「檀徒」の法律上の地位性を認めている）に照らせば、本件は、単なる「一信者」ではなく、被控訴人の維持運営により大きな影響力を有すべき地位である「正教師」の事案であり、規則上の「常議員」の就任資格であり、「正教師」の行為が被控訴人の除名処分その他の戒規事由になっている点だけを見ても、むしろ、同判例以上に、法律上の地位性が高く、「法律上の地位」の点で却下されるべき事実関係では全く無いというべきである。

5　「教師の職務」が、「職業」としての側面を有すること

（1）「教師の職務」が社会経済的地位と表裏一体であること

　「教師」は、被控訴人の教規上も、その「従事すべき職務」「在職場所」等が規則に具体的に明記・区分されるなど「職業」としての位置付けが確立されており、実態としてもこれらの規則に基づく任所を有する教師はいずれも教規等の基準に則り有給であり、その地位によって生計を営み、社会における職務を全うすることが出来る社会的経済的地位そのものである。

　よって、「教師」が単なる宗教上の地位ではなく、法律上の地位であることを基礎付けるもう一つの重要な要素（見方）として、⑧被控訴人の教規等によって付与され、その従事内容・場所等が明確に区分等される「教師の職務」が社会的な職業としての側面を有することについて以下、詳述する。

（2）教規上の教師職務の明確な分類、実態及び職業的側面

　教規128条1項によれば、教師はその「職務」により次のように分類される（なお、前述のとおり、ここに言う「教師」とは、日本基督教団の教師制度において「補教師」「正教師」の両方を含む。本件では控訴人が「正教師」を免職されたので「正教師」の地位を争っているが、制度上は特に断らない限り「教師」と読み替えることができる）。

　　(1)教会担任教師　教会または伝道所に在職する者
　　(2)巡回教師　　　教区からの派遣により巡回伝道及び問安に従事する者
　　(3)神学教師　　　教団立神学校及び教団認可神学校に在職するものであって、当該神学校の教授会構成員である者

(4) 教務教師　次の（イ）または（ロ）の何れかに該当する者
　　(イ) 教団事務局、教区事務所、教団関係学校または関係団体に在職する者
　　(ロ) 特に教団からの派遣または推薦により前記以外の場所に在職する者
(5) 在外教師　教団からの派遣または推薦によって海外において宣教に従事する者

　このほかに、長期療養、留学、またはこれに準ずる理由により「被控訴人の機関（教区総会議長）」の「承認」を得て「休職教師」となることが出来（教規１２８条２項）、また満１０年以上在職し６０歳以上に達して退職し届け出た者は「隠退教師」となる（同１３２条）。以上のいずれにも該当しない教師は、「無任所教師」として扱い、無任所の状態が３年以上続いた者は別帳に移し、なお３年経過しても関係を回復しない者は除籍することができると定められている（教規１２８条４項及び５項）。この内、隠退教師は前記(1)ないし(5)の職務のいずれかを務め終えた者であり、休職教師も休職事由がやんだときは、前記(1)ないし(5)のいずれかに復職することができるとされている。
　このように教師の規定上、少なくとも現任の教師は、前記(1)ないし(5)の何れかの教師職務に帰属するのであり、いずれにも帰属しない者は無任所教師とされ、その状態が長引けば、被控訴人の機関の決定により教師の地位を剥奪され得る。即ち、ここでは、無任所教師は望ましくない例外として扱われていると言わなければならない。
　また、正教師の場合には、正教師検定試験の受験資格規定に「本教団所属の補教師であって、教団議長の任命または承認をうけ、２年以上もっぱら伝道に従事した者でなくてはならない」とされており（教師検定規則８条１項、甲１、８７頁）、事実上前記(1)ないし(5)のいずれかの職務に２年以上在職することが条件となっている。このような規定に照らしても、正教師の地位は「教師の職務」にあることを前提にしたものであることは明らかである。
　このように、教師の地位は前記(1)ないし(5)に挙げられた「教師」の具体的な「職務」と一体かつ不可分の関係にある。そして、前記(1)ないし(5)の各教師職務は、具体的に職務内容及び任地が区分され、長期療養等により「休職」するにも、「被控訴人の承認」を要するのであるから、被控訴人の監督下におかれた「職業」という側面を強く有していることは明らかである。
　このことは、統計上の数値からも明らかである。日本基督教団年鑑（２０１３年版）（甲４１）によれば、日本基督教団の教師数は次のとおりとなっている。

```
教師総数        ３，３７３人
教会担任教師    １，８１８人
巡回教師              ８人
神学教師             ３１人
教務教師            ２３５人
在外教師             １５人
休職教師              ５人
無任所教師          ５９３人
隠退教師            ６６８人
```

　教師の地位にある者の圧倒的多数は前記(1)ないし(5)の職務に就いている者または就いた後隠退した者である。
　また、前記(1)ないし(5)の職務は有給であって、巡回教師を別にすれば、教師は、給与支出母体の経済力の不足等によって副業等に従事する場合があっても、専ら教師としての職務から受け

る報酬によって生計を立てるのが原則である（後記6（1）で詳述するとおり、1教会担任教師あたりの教師謝儀は338万余円と推算できる）。即ち、教師の職務は、教師の地位にある者の生活権の主要な基盤を形成していると言える。

例えば、「神学教師」には、教団が認可した神学校である同志社大学や関西学院大学の神学部を任所とする者が大部分であり（甲41、389頁、397頁）、「教務教師」には、教団事務局、教区事務所等の被控訴人の機関の他、青山学院大学、横浜共立学園などの教団関係学校を任地とする者が大部分であり（甲41、389頁、397頁）、任地における職務に基づいて生計の糧たる収入を得ている（教師の地位を剥奪されれば、教会担任教師のみならず、上記の神学教師、教務教師にも就くことができなくなる）。

なお、巡回教師の場合は、その職務自体が生計を立てるに足る報酬を生むとは限らないが、長年現職経験を積んだ者が選任される職務であって、他の職務によって生計を立てて来た教師であることが前提とされている。

要するに「教師の地位」は「教師の職務」と表裏一体をなしており、教師の職務は教師の地位にある者がそれによって生計を立てることを可能にする社会的経済的地位でもあって、正に法的に守られるべき権利の基盤となるものである。従って、教師の地位を剥奪されることは、これら職業的側面を強く有する職務に就く権利を剥奪されることを意味する。

以上のとおり、教師の職務が、被控訴人の教規等により明確に区分され、「職」として従事することが前提にされている中で、職業的側面を強く有するこれらの職務に就く権利の元となる「教師の地位」が被控訴人との関係で「法律上の地位」となることは、ごく自然な合理的帰結というべきである。

6　本件における教師の地位の「確認の利益」が現実的に高いこと
（1）教師謝儀水準が民間企業の賃金水準に匹敵すること

被控訴人が発行する日本基督教団年鑑の「教勢一覧」（甲41）によれば、2011年度の被控訴人（日本基督教団）の教区全体の経常収入合計117億2917万円のうち、専ら各「教会」を通じてなされた献金等から成り立つ各献金の合計額が113億8789万円であり、経常支出合計89億1052万円のうち、実に、58億4452万余円が「教師謝儀」として、支出されている。

この点、1教会当たりの教師謝儀支出額は平均355万9000円（報告書提出がなされた教会・伝道所合計1642で上記教師謝儀支出額を除した額）であり、教会・伝道所数の総数（1716）と教会担任教師総数（1818）がさほど変わらず、1教会・伝道所当たりの教会担任教師数が約1.05人であることからすると、1教会担任教師あたりの教師謝儀は、338万9523円（355万9000円÷1.05）と推算することができる。

これが、牧師館居住費と水道光熱費を教会が負担する原則と考え合わせると、決して低くない所得水準の職業であることがわかる。

約1800人余もの教師が全国津々浦々で、一人当たり平均で338万余円もの年間収入を得て、牧師館等の提供により住居費を保障され、教師の職務を日々行っているという現実（教会数及び現任教師数もここ20年近く概ね横ばい状態。「統計に見る教勢推移」参照）を直視すれば、民間企業の賃金水準（大企業も含めた賃金センサスの男女計学歴計で年収約470万。甲39）にも決して引けを取らない収入を伴う「職業」という実態が広く確立していることは明らかである。

そして、教団自身が、これ程全国規模の多数の教会毎の教師謝儀の具体的支払額まで個々に掌握・管理し(教団組織の統計数値として取りまとめ)、その上で、毎年、謝儀基準表等による基準設定等を行っているのである。

更に、教師謝儀基準は、「人事院統計の民間平均給与を基準に」策定されており、「人事院の統計による民間総給与平均をベースにし全体の平均年齢給与と５０歳時の平均給与を上回るように調整」されていることが、２００６年度教師謝儀基準においても被控訴人によって明記されている（甲38の1）。

この点、控訴人自身も、平成１７年から平成２１年までの間、教師謝儀として年収□□□万円の給与・賞与収入を得ている（甲３４及び甲37の1～4）が、これは、まさに年齢と教師在職年数に基づいて昇給していく教団（教区）の「謝儀基準」（甲36及び甲38の1～8）に沿って約４０年の教師在職を経て辿り着いた極めて現実的な社会経済上の地位に基づいているのである。

（2）「教団」との関係で「教師の地位」を「確認する法的必要性」

上記のとおり、本件「免職」処分が、実態として、専ら控訴人の「教会担任教師」の社会経済的職務を解くことに向けられた処分であることからすれば、この免職処分の効果を争うことが、「教会担任教師」の職務の対価として支払われる謝儀その他の具体的法律関係を回復するための「法的紛争」として、裁判所の審査対象になって然るべきであることは明らかである。

この点、控訴人は、「免職処分の無効確認」が「過去」の法律関係の確認となるため、「現在」の法律関係を確認出来るのであればその方が確認対象として適切であり両方の請求を併存するのはどうかという趣旨の原審裁判所の一般的示唆等に基づき、「免職処分無効確認」と「正教師の地位の確認」の請求のうち、前者を取り下げ、後者に絞ったものである。従って、控訴人の求める「正教師」の地位確認が、単なる宗教上の地位のみの確認を求める趣旨などでは全くなく、専らその地位から派生する多数の法律関係（特に、免職処分によって否定された教会担任教師としての職務に伴う各法律関係）に着目して、これらの抜本的解決のために、「正教師の地位」の確認を求めていることは明らかである。

結局のところ、本件紛争の実態は、一貫して、控訴人の教会担任教師の職務及びそれらに伴う多くの法律関係を否定する根源となった「本件免職処分」が「無効」であるから、「正教師の地位」は現存している（ひいては、この地位から派生する控訴人の上記各法律関係が保護される）という控訴人の主張の当否なのである。この点は、住職の地位確認請求がどのような趣旨に基づいた請求であるかということを検討している上記の大阪高判昭和４１年４月８日（慈照寺事件原審）に照らしても重要な要素であり、本件で確認請求をしている「正教師の地位」が法律上の地位と言えるかどうかにも大いに影響してくる要素である。

そして、既述のとおり、本件訴訟において、上記のような趣旨の「正教師の地位」の確認の相手方が、教会ではなく、「被控訴人」となるべきであるのは、教会担任教師として謝儀受給権その他の経済的・社会的地位（法的保護に値する法律関係）を有していることを否定するに至った紛争の根源である「免職決定」を出した張本人が他ならぬ「被控訴人」である以上、その確認相手としても、最も紛争の抜本的解決につながる当事者だからである。

以上のとおり、①「本件免職処分」の本質的な効果が、単なる宗教上の地位（「資格」）の得喪に関するものでなく、教会担任教師としての「職務」（ひいてはこれと密接不可分な社会生活上の利益）を控訴人から失わしめるものであることや、②控訴人が求めている正教師の地位確認請

求の本質的な趣旨が専ら多くの具体的な法律関係の抜本的な回復であること、そして、③全国規模で多数の教会・教師との間で広く確立している教師謝儀水準の民間企業並みの高さ等に照らせば、「被控訴人」との間で、「正教師の地位」を確認する利益（必要性）並びに当該地位の法律上の地位性が現実的に極めて高いことは尚のこと明らかと言えるのである。

7 正教師の地位の確認請求の適法性（争点１）についての小括

以上のとおり、原判決の挙げる理由をいずれも、詳細に再検討すれば、過去の判例や本件の控訴人の請求内容、趣旨等に照らしても、正教師の地位が法律上の地位性を有することは明らかである。

改めて指摘するが、控訴人は、控訴人に対する免職決定通知（甲２０号証）において、「免職の決定により、貴方は日本基督教団教師の身分を失い、日本基督教団紅葉坂教会牧師の職を解かれます。」と自ら述べており、免職決定が、教師としての地位を失うと同時に、教会において何らの手続を別途要することなく自動的に、牧師（教会担任教師）としての職（即ち、上記において、「派生的権利」等として述べてきたもの全てを含む権利関係）を全て奪う性質の処分であることを自認しているのである。

従って、端的に言ってしまえば、教師としての地位に基づく「派生的権利」又は、（教会と教師の関係に対する教団の）「主体的関与」というような表現を用いるまでもなく、実態としては、被控訴人教団が、相即不離の教会、教師との関係を通じて、控訴人から牧師としての職務（社会経済的地位）を奪う処分を行ったことに他ならないのである。

よって、そのような職務と一体になった地位の確認を被控訴人に対して求めることが、「法律上の地位」の確認と評価されることは至って自然な帰結である。

第２ （争点２） 本件年金減額決定の無効確認請求の適法性について

１ 原判決には論理的な飛躍があり、説得的な理由なく司法判断を避けていること

（１）原判決は「当事者間の具体的な権利義務ないし法律関係に関する訴訟であっても、宗教団体内部においてされた処分の効力が請求の当否を決する前提問題となっており、その効力の有無が当事者間の紛争の本質的争点をなすとともに、それが宗教上の教義、信仰の内容に深くかかわっているため、同教義、信仰の内容に立ち入ることなくしてその効力の有無を判断することができず、しかも、その判断が訴訟の帰趨を左右する必要不可欠のものである場合には、同訴訟は、その実質において法令の適用による終局的解決に適しないものとして、裁判所法３条にいう「法律上の争訟」に当たらないというべきである。」と判示している（原判決ｐ１１）。これは、最高裁判所平成元年９月８日第二小法廷判決（いわゆる蓮華寺事件判決）をほぼそのまま引用したものである。

これは、現在では概ね確定した最高裁の判断基準と言って良く、この点は控訴人も争うものではない。

そのうえで原判決は、「本件免職処分の効力の有無は、まさに本件紛争の本質的争点となるものであって、その効力についての判断は、本件争訟の帰趨を左右する必要不可欠なものである。」と判示する。この点も、控訴人も特に争うものではない。

（２）そうすると、次は、本件紛争の本質的争点であると見極めた「本件免職処分の効力の有無」が「宗教上の教義、信仰の内容に深くかかわっているか否か」を検討すべきことになるはずだが、原判決はその判断をまったく回避しているのである。

むしろ原判決は、①「（本件免職処分の）効力の判断に当たっては、戒規が、原告が主張する手続の瑕疵や前例との不均衡によって無効となるかどうかを判断することが必要不可欠」である

とし、②「さらにその前提として、戒規に係る手続準則が何であるかを認定、解釈し、違反がある場合の効果を解釈することが必要不可欠である。」と判断した。そして、③「戒規に係る手続準則が何であるかを認定、解釈し、違反がある場合の効果を解釈するに当たっては、戒規の性質に従って審理、判断することが必要不可欠であるといわざるを得ない」とし、④「戒規の性質は、単なる経済的又は市民的社会事象とは全く異質のものであり、被告の教義、信仰と深くかかわっているため、結局のところ、被告の教義、信仰の内容に立ち入って審理、判断することが避けられない」、と結論づけているのである。（①②③④は控訴人側で便宜的に付した番号である）

この論理展開には以下に述べるように大きな飛躍があり、司法判断を避けるための説得的な理由付けにはまったくなっていない。

（3）まず上記①の免職処分の効力の判断に当たって、戒規が、原告が主張する手続の瑕疵や前例との不均衡によって無効となるかどうかを判断するということは、本件訴訟で控訴人が求めている判断でもあり、これはその通りである。

ただ、②「さらにその前提として、戒規に係る手続準則が何であるかを認定、解釈し、違反がある場合の効果を解釈することが必要不可欠である。」と原判決は判示する。しかし、「手続準則が何であるかを認定、解釈」するという意味が不明である。

本件免職処分においては、手続準則の何が控訴人に対して適用されたかはすでに決まっていることであり、その適用にあたって手続違背その他の問題がなかったかどうか、適切な適用・運用であったか等を判断すればよく、「手続準則そのものが何であるか」を改めて問う必要はない。

また、「違反がある場合の効果を解釈する」といっても、本件ではその効果は「免職」と決まっているのであって、あえて効果を「解釈する」必要はまったくない（戒規施行規則8条の解除の問題については後述）。

そして、③は論理的につながらない。

「戒規に係る手続準則が何であるかを認定、解釈し、違反がある場合の効果を解釈するに当たっては、戒規の性質に従って審理、判断することが必要不可欠」と原判決は述べるが、戒規に係る手続準則が何であるかは、それぞれの手続準則の文言等から明らかなはずである。手続準則が何であるかを、戒規の性質に立ち返っていちいち判断しなければならないというのでは、それこそ手続準則としての意味が無い。戒規の性質に従って審理、判断することが必要不可欠とは到底言えない。原判決も、戒規の認定解釈において、どの部分に戒規の性質に立ち返って審理、判断する必要があるのかを明らかにしていない。

さらに、④も論理が飛躍している。「戒規の性質は、単なる経済的又は市民的社会事象とは全く異質のものであり、被告の教義、信仰と深くかかわっているため、結局のところ、被告の教義、信仰の内容に立ち入って審理、判断することが避けられない」と原判決は述べている。しかし、戒規の性質が、被告の教義、信仰と深くかかわっているという抽象的な性質論から直ちに戒規に係る手続準則が何であるかが一切判断できない、と結論付けることはできないはずである（③④についてはさらに後述）。

要するに原判決は、①から④まで、戒規自体の性質論を必要もないのに論じ、戒規自体が宗教的な性質を帯びているという理由のみで、本件についても被告の教義、信仰の内容に立ち入って審理、判断することが避けられない、という飛躍した判断になってしまっているのである。

まったく説得的な理由もなく、司法判断を避けているのは極めて安易な判断に逃げてしまったという誹りを免れない。

　　　　これだけでも原判決は取り消されるべきである。
（４）なお、上記③④に関して、戒規の適用（特に一連の手続の違法性）の適否について、被告の教義、信仰の内容に立ち入らないと審理、判断できないわけではないことを明確にしておく。
ア）まず、原判決は、乙２１の１、２「教会戒規」Ｊ．カール・レーニー著を長々と引用して、戒規の性質は懲罰と異なることなどを説明しようとしているが、そもそもこの著書の戒規に関する見解が、被控訴人日本基督教団の戒規にも適用されるという立証はまったくない。むしろ、被控訴人教団の戒規の性質は、まずは、当該「教規（１４１条～１４６条）」「戒規施行細則」の規定自体から判断されるべきである。
イ）そして、被控訴人教団の戒規規定は、「教団及び教会の清潔と秩序を保ち、その徳を建つる目的を以てこれを行う」と規定され（教規１４１条、戒規施行細則１条）、特に「但し本戒規は、その適用を受けたるものと神との関係を規定するものにあらず」とされている（戒規施行細則１条但書）。
　　そのうえで、処分の種類として戒告・停職・免職・除名の４種類を定め（教規１４２条）、また停職・免職の効果として教団総会議員等の被選挙権がなくなることを定めるとともに（教規１４３条）、４種類の処分は具体的にどのような行為を行った場合に下されるのか（戒規施行細則３、４、５条）、そしてその処分はどのような手続に基づいてなされるのか（戒規施行細則２条以下）を細かく規定しているのである。
ウ）このような規定であるから、これは被控訴人教団内部において、ある一定の行為を行った者に対する不利益処分の内容とそれを課すための手続を定めたものにほかならず、懲罰規定そのものと言ってもよい。
　　そしてこれらの規定は、その規定自体から要件、効果が定まっており、被控訴人教団における宗教上の「教義」の解釈等は特に必要としていない。
エ）ところが、原判決は、「戒規の本質的な面としてその目的は常にさ迷い出た聖徒を助け、いやし、回復することにある」と解説する文献もあること（乙２１の１、２）また「この決定を受けて、貴方が悔い改めをもって復帰への道（戒規施行細則８条）に進まれることを願うものです。」（甲２０「上告結果通知」）とあることなどから、「戒規の性質は、単なる経済的又は市民的現象とは全く異質のもの」と断じている。
　　しかし、キリスト教における戒規にもともと上記のような性質があるとしても、そうであるからといって、戒規が懲罰規定としての性質を失うわけではない。特に本件では、免職処分によって今後牧師としての活動が一切できなくなり年金受給権も大幅に減額されるなど、前記第１で詳述した極めて重大かつ現実的な損害が生じているのである。かかる損害の発生はまさに「経済的又は市民的現象」そのものであると言ってよい。
　　むしろ、戒規の性質として、例えば神が、さ迷い出た聖徒を助け、いやし、回復するといった側面や悔い改めによる復帰の道という側面をことさらに強調するのは、戒規施行細則第１条但書にある「<u>本戒規は、その適用を受けたるものと神との関係を規定するものにあらず</u>」という本戒規の立場に反するとも言える。本戒規規定（教規１４１条～１４６条及び戒規施行細則）は、条項のどこにも、この規定が道を誤った者を助け、いやし、回復する目的であるとか、あるいは復帰の道を示すものであるといった文言は使っていない。本件戒規規定は宗教的理解がなければ解釈適用ができないものではなく、一般団体の懲罰規定とそれほど変わらないものであることはその文言からも明らかであろう。

それにもかかわらず、本件戒規の宗教的側面のみにことさらに拘泥して、「経済的市民的現象とは異なる」と判断することは、本件戒規の条項の解釈態度としても完全に誤っている。

オ）さらに付け加えれば、「悔改の情」という言葉は、一般にも理解されうるように、自らの行った行為を反省して改悛するという意味である。懲罰に値する行為を行ったとしてもその後に反省の態度が見られれば、課される懲罰の程度も緩やかなものになるというのは一般の懲罰規定にも見ることができる（刑法２８条・仮出獄規定「懲役又は禁固に処せられた者に改悛の状があるとき」）。

「悔改の情」という言葉にキリスト教的な意味があるとしても、この条項の適用にあたって、必ず教義上の解釈を経なければ適用できない、というわけではない。

カ）もっとも、この戒規施行細則７、８条の規定は、処分をすでに受けた者について、当該処分を解除するための要件とその手続の規定である。<u>本件ではそれ以前に、免職処分そのものの適否が問題になっているのであるから、かかる規定の要件等はそもそも問題にならない。</u>

すなわち、本件の控訴人に対しては、教規１４２条（戒規の種類）及び戒規施行細則４条（教師委員会の構成員の３分の２の同意における免職）に基づいて教師委員会が免職処分を下し、同６条（上告）の規定に基づいて審判委員会が控訴人の異議申立（上告）を斥けた。控訴人は以上の手続の違法性を訴えているものであるが、その違法性を論じるにあたって、上記の諸規定について、教義上の解釈を経なければ論じられないというわけではまったくないのである。

キ）以上のことは、すでに控訴人も原審で主張し、原告準備書面（４）ｐ５以下でも、被控訴人教団の手続準則のどの部分が、教義・信仰のどの内容に立ち入らなければ解釈できないのか、被控訴人の主張によってもまったく不明であることを指摘したが、これに対して被控訴人側からは特に具体的な指摘（反論）もなく、また原判決も具体的に適示していないのである。

ク）小括

以上より、本件では戒規の適用（特に一連の手続の違法性）の適否にあたって、被告の教義、信仰の内容に立ち入らないと審理、判断できないわけではまったくない。

２ 原判決の判断は、過去の最高裁判例からも逸脱した判断であること

（１）上記１で述べたとおり、原判決は極めて非論理的であるばかりか、その判断は、これまでの最高裁判決の枠組みからも大きく外れているものである。

原判決も引用した前述の蓮華寺事件の判決（最高裁平成元年９月８日判決）は、「紛争の本質的争点」をまず見極め、その点が「宗教上の教義、信仰の内容に深くかかわっているか否か」を検討し、深いかかわりが認められる場合には法律上の争訟には当たらない、と判示した。蓮華寺事件における「紛争の本質的争点」は、ある言説が「日蓮正宗の本尊観及び血脈相承に関する教義及び信仰を否定する異説に当たるかどうか」であった。これは明らかに、宗教上の教義、信仰の内容に深くかかわっていると言えるものである。

「これを本件についてみるに‥‥要するに、日蓮正宗の内部において創価学会を巡って教義、信仰ないし宗教活動に関する深刻な対立が生じ、その紛争の過程においてされた上告人の言説が<u>日蓮正宗の本尊観及び血脈相承に関する教義及び信仰を否定する異説</u>であるとして、日蓮正宗の管長阿部日顕が責任役員会の議決に基づいて上告人を訓戒したが、上告人が所説を改める意思のないことを明らかにしたことから、<u>宗規所定の手続を経たうえ</u>、昭和５６年２月９日付宣告書をもって、上告人を宗規２４９条４号所定の「本宗の法規に違反し、異説を唱え、訓戒

を受けても改めない者」に該当するものとして、本件擯斥処分に付した、というのである。」

「そして、本件においては、上告人が本件擯斥処分によって日蓮正宗の僧侶たる地位を喪失したかどうか、すなわち本件擯斥処分の効力の有無が被上告人の代表役員及び責任役員の地位にあることの確認を求める上告人の請求の前提をなし、その効力の有無が帰するところ本件紛争の本質的争点をなすとともに、その効力についての判断が本件訴訟の帰趨を左右する必要不可欠のものであるところ、その判断をするについては、上告人に対する<u>懲戒事由の存在</u>、すなわち<u>上告人の前記言説が日蓮正宗の本尊観及び血脈相承に関する教義及び信仰を否定する異説に当たるかどうかの判断</u>が不可欠であるが、右の点は、単なる経済的又は市民的社会事象とは全く異質のものであり、日蓮正宗の教義、信仰と深くかかわっているため、右教義、信仰の内容に立ち入ることなくして判断することのできない性質のものである‥‥‥」

「裁判所が、被上告人ないし日蓮正宗の主張、判断に従って上告人の言説を「異説」であるとして本件擯斥処分を有効なものと判断することも、宗教上の教義、信仰に関する事項について審判権を有せず、これらの事項にかかわる紛議について厳に中立を保つべき裁判所として、到底許されないところである。したがって、本件訴訟は、その実質において法令の適用により終局的に解決することができないものといわざるを得ず、裁判所法3条にいう「法律上の争訟」に該当しないというべきである。」（民集43巻8号889頁。なお、下線部は引用者が付したものである（以下同じ）。）

(2) また、「板まんだら事件」の最高裁昭和56年4月7日判決も、蓮華寺事件判決とほぼ同様の判断枠組を用いて、結論としては当該争訟が法律上の争訟にあたらないと判断したが、これは「本質的な争点」である錯誤主張における錯誤の内容において、宗教上の価値に関する判断（信仰の対象である板まんだらの価値）や宗教上の教義に関する判断（「戒壇の完結」「広宣流布の達成」の意味等）が不可欠であったためである。

「裁判所がその固有の権限に基づいて審判することのできる対象は、裁判所法3条にいう「法律上の争訟」、すなわち当事者間の具体的な権利義務ないし法律関係の存否に関する紛争であって、かつ、それが法令の適用により終局的に解決することができるものに限られる。」

「これを本件についてみるのに、錯誤による贈与の無効を原因とする本件不当利得返還請求訴訟において被上告人らが主張する錯誤の内容は、(1)上告人は、戒壇の本尊を安置するための正本堂建立の建設費用に充てると称して本件寄付金を募金したのであるが、上告人が正本堂に安置した本尊のいわゆる<u>「板まんだら」は、日蓮正宗において「日蓮が弘安2年10月12日に建立した本尊」</u>と定められた本尊ではないことが本件寄付の後に判明した、(2)上告人は、募金時には、正本堂完成時が広宣流布の時にあたり<u>正本堂は事の戒壇になる</u>と称していたが、正本堂が完成すると、正本堂はまだ三大秘法抄、一期弘法抄の<u>戒壇の完結ではなく広宣流布はまだ達成されていない</u>と言明した、というのである。

要素の錯誤があったか否かについての判断に際しては、右(1)の点については<u>信仰の対象についての宗教上の価値に関する判断</u>が、また、右(2)の点についても<u>「戒壇の完結」、「広宣流布の達成」等宗教上の教義に関する判断</u>が、それぞれ必要であり、いずれもことがらの性質上、法令を適用することによっては解決することのできない問題である。」

「信仰の対象の価値又は宗教上の教義に関する判断は請求の当否を決するについての前提問題であるにとどまるものとされてはいるが、本件訴訟の帰すうを左右する必要不可欠のものと

認められ、‥‥‥本件訴訟の争点及び当事者の主張立証も右の判断に関するものがその核心となっていると認められることからすれば、結局本件訴訟は、その実質において法令の適用による終局的な解決の不可能なものであつて、裁判所法３条にいう法律上の争訟にあたらないものといわなければならない。」（民集３５巻３号４４３頁）

（３）つまり、上記２つの最高裁判決で明らかなとおり、最高裁判所は、具体的な権利義務ないし法律関係に関する訴訟であっても、宗教団体内部における処分の効力が問題となっている場合には、その「本質的な争点」を検討したときに、宗教上の価値の有無や、異説か否かといった教義の内容に関する判断を裁判所が強いられるような場合、すなわち宗教上の教義や内容に立ち入らなければ判断できないような争点の場合に限って、司法が宗教に介入することを避けているのである。
　言い換えれば、そのような本質的な争点が問題となっている場合でないときには、具体的な権利義務ないし法律関係に関する訴訟である以上、司法の本来の役割として、裁判所は「法律上の争訟」にあたると判断しているのである。

① 最高裁昭和５５年１月１１日判決（種徳寺事件）は、住職たる地位の確認請求と不動産引渡請求がなされ、紛争の実質的な争点は曹洞宗管長による住職罷免の行為の適否にあるという事件であった。判決は、住職たる地位の確認請求自体は認めなかったが、不動産引渡請求という具体的な権利又は法律関係をめぐる紛争があり、その判断の内容が宗教上の教義の解釈にわたるものでない限りは裁判所が審判権を有すると判示した。

　「住職たる地位それ自体は宗教上の地位にすぎないからその存否自体の確認を求めることが許されないことは前記のとおりであるが、他に具体的な権利又は法律関係をめぐる紛争があり、その当否を判定する前提問題として特定人につき住職たる地位の存否を判断する必要がある場合には、その判断の内容が宗教上の教義の解釈にわたるものであるような場合は格別、そうでない限り、その地位の存否、すなわち選任ないし罷免の適否について、裁判所が審判権を有するものと解すべきであり、このように解することと住職たる地位の存否それ自体について確認の訴を許さないこととの間にはなんらの矛盾もないのである。」（民集３４巻１号１頁）

② 最高裁昭和５５年４月１０日判決（本門寺事件）は、宗教法人である寺の代表役員兼責任役員であることの確認を求めた事件である。
　裁判所は、宗教法人の団体としての自治権を尊重すべく、本来その自治によって決定すべき事項、殊に宗教上の教義にわたる事項のごときものについては、国の機関である裁判所が審理すべきではないが、それにわたらない限り、規則に定める宗教活動上の地位を有する者であるかどうかを審理することは許されるし、またそうしなければならない、と判示した。

　「本訴請求は、被上告人が宗教法人である上告人寺の代表役員兼責任役員であることの確認を求めるものであるところ、何人が宗教法人の機関である代表役員等の地位を有するかにつき争いがある場合においては、当該宗教法人を被告とする訴において特定人が右の地位を有し、又は有しないことの確認を求めることができ、かかる訴が法律上の争訟として審判の

対象となりうるものであることは、当裁判所の判例とするところである（最高裁昭和４１年（オ）第８０５号同４４年７月１０日第一小法廷判決・民集２３巻８号１４２３頁参照）。そして、このことは、本件におけるように、寺院の住職というような本来宗教団体内部における宗教活動上の地位にある者が当該宗教法人の規則上当然に代表役員兼責任役員となるとされている場合においても同様であり。この場合には、裁判所は、特定人が当該宗教法人の代表役員等であるかどうかを審理、判断する前提として、その者が右の規則に定める宗教活動上の地位を有する者であるかどうかを審理、判断することができるし、また、そうしなければならないというべきである。」

「もつとも、宗教法人は宗教活動を目的とする団体であり、宗教活動は憲法上国の干渉からの自由を保障されているものであるが、かかる団体の内部関係に関する事項については原則として当該団体の自治権を尊重すべく、本来その自治によって決定すべき事項、殊に宗教上の教義にわたる事項のごときものについては、国の機関である裁判所がこれに立ち入って実体的な審理、判断を施すべきものではないが、右のような宗教活動上の自由ないし自治に対する介入にわたらない限り、前記のような問題につき審理、判断することは、なんら差支えのないところというべきである。これを本件についてみるのに、本件においては被上告人が上告人寺の代表役員兼責任役員たる地位を有することの前提として適法、有効に上告人寺の住職に選任せられ、その地位を取得したかどうかが争われているものであるところ、その選任の効力に関する争点は、被上告人が上告人寺の住職として活動するにふさわしい適格を備えているかどうかというような、本来当該宗教団体内部においてのみ自治的に決定せられるべき宗教上の教義ないしは宗教活動に関する問題ではなく、専ら上告人寺における住職選任の手続上の準則に従って選任されたかどうか、また、右の手続上の準則が何であるかに関するものであり、このような問題については、それが前記のような代表役員兼責任役員たる地位の前提をなす住職の地位を有するかどうかの判断に必要不可欠のものである限り、裁判所においてこれを審理、判断することになんらの妨げはないといわなければならない。」

「そして、原審は、上告人寺のように寺院規則上住職選任に関する規定を欠く場合には、右の選任はこれに関する従来の慣習に従ってされるべきものであるとしたうえ、右慣習の存否につき審理し、証拠上、上告人寺においては、包括宗派である日蓮宗を離脱して単立寺院となった以降はもちろん、それ以前においても住職選任に関する確立された慣習が存在していたとは認められない旨を認定し、進んで、このように住職選任に関する規則がなく、確立された慣習の存在も認められない以上は、具体的にされた住職選任の手続、方法が寺院の本質及び上告人寺に固有の特殊性に照らして条理に適合したものということができるかどうかによってその効力を判断するほかはないとし、結局、本件においては、被上告人を上告人寺の住職に選任するにあたり、上告人寺の檀信徒において、同寺の教義を信仰する僧侶と目した者の中から、沿革的に同寺と密接な関係を有する各末寺の意向をも反映させつつ、その総意をもってこれを選任するという手続、方法がとられたことをもって、右条理に適合するものと認定、判断したものであり、右の事実関係に照らせば、原審の右認定、判断をもって宗教団体としての上告人寺の自治に対する不当な介入、侵犯であるとするにはあたらない。」
（判例時報９７３号８５頁）

③　東京高裁平成5年6月29日判決（判例時報1500号170頁）は、プロテスタント系のキリスト教教会から、離籍通知を受けた信徒が信徒たる地位の確認を求めた訴訟において、裁判所は、教会の信徒は単なる宗教上の地位に止まらず法律上の地位をも有するものと認められるとしたうえで、「本件における信徒たる地位の確認を求める訴についての<u>争点は、前記のような離籍処分の理由の有無であって、宗教上の教義に関する判断が必要不可欠のものでないことは明らかである。</u>」と判示して、教会の信徒の地位の確認を求める訴は、「法律上の争訟」にあたると判断した。

④　また、宗教団体内部の争いにおいて、本質的な争点について裁判所が判断可能か否かという点まで検討せず、具体的な権利義務関係が認められる以上、<u>直ちに裁判所法3条にいう法律上の争訟にあたると判示している判例も少なくない。</u>

　　最高裁平成7年7月18日判決（判例時報1542号64頁、高野山真言宗事件）は、宗教団体内部の維持経営を妨害したとして除名処分になった檀徒につき、檀徒の地位を法律上の地位と認め、具体的争訟性を認めた。

　　また、名古屋高裁昭和55年12月18日判決（判例時報1006号58頁）も、カトリック修道会の会員の地位が問題となった事件で、裁判所は、教会における会員たる地位は、主要な面において宗教的側面を有することは明らかであるが、他面法律的側面を持つことは否定できないことから、法律上の地位があると解し、その地位の存否に関する争いは法律上の争訟にほかならないと判示したのである。

（4）以上のように、最高裁をはじめとする過去の裁判例では、宗教団体内部における処分の効力が問題となっている場合に、<u>その「本質的な争点」</u>について、教義や信仰の内容に関する判断を裁判所が強いられる場合には司法判断を避けるが、そうでない場合には積極的に判断してきたのである。それが人権を救済する機関としての司法の役割と宗教の自由の調和点として、裁判例が集積してきた結果にほかならない。

　　ところが原判決は、「本質的な争点」が何かという判断をする以前に、<u>免職処分を適用した「戒規」そのものの性質を重視して、</u>戒規自体が「被告の教義、信仰と深くかかわっているため」という理由で「被告の教義、信仰の内容に立ち入って審理、判断することが避けられない」という結論を導いてしまっているのである。

　　上記の判例は概ね宗教団体において、免職や離籍といった、本件と類似した処分が問題となっている事案であるが、その本質的な争点に触れずに、処分を適用した規則に着目してその性質論を論じ、そこに宗教性を見出して、教義、信仰と深くかかわっているからという理由で司法判断を回避した例は控訴人の調べた限りでは見当たらない。

　　上記裁判例に登場する宗教団体は、いずれも宗教団体内部で規則を作成するなどしており、その内容は概ね民主的な手続規定を備えている（規則のないものについては条理等で判断している）。そして宗教団体である以上、その規則の一部には、宗教的な色彩を帯びていると思われるものはあるはずであるが、そうであるからといって、規則そのものが「本質的な争点」であるわけでもないのに、規則の宗教的な色彩に目を向けて、司法判断を回避するというのはこれまでの裁判所の判断を大きく逸脱している。

　　原判決の論理に従えば、<u>およそ被控訴人日本基督教団において戒規が適用されていかなる不合</u>

理な処分がなされようとも、戒規適用である以上はまったく司法判断はできなくなってしまう。

　これは、宗教の自由の名のもとに、力による宗教団体内部の圧政を認めるものであり、侵害された人権の回復が受けられないというばかりでなく、裁判を受ける権利をもないがしろにするものである。まさに司法権の自殺とも言うべき事態であり、かかる判決は絶対に見直されなければならない。

3　本件の本質的な争点について

（1）現在、控訴人を支援している者は全国に及び、6000名以上の方から、控訴人の戒規免職撤回を求める署名も集まっている。

　そして、このように大きな支持を受けているのは、控訴人のこれまでの実績や考え方に共感しているというだけではなく、被控訴人教団の行った処分の方法とその内容があまりにも違法性が高いからである。

　控訴人が本訴訟を通して問うている「本質的な争点」はまさにこの点である。

（2）原判決も述べるように、本件の「本質的な争点」は免職処分の効力であるが、さらにその中心として判断されるべき点は、以下の述べるとおり「免職処分を下すに至った手続（上告審判を含む）の適法性」である。訴状や原告準備書面で述べたところであるがいま一度、確認しておく。

ア）本件免職処分は、免職処分という、一人の人間の社会生活上の地位を根本から剥奪する極めて重大な処分であるにもかかわらず、対象行為の特定を欠き、免職処分の根拠規定も不明確なまま下されている。

イ）しかも一度は、当時の被控訴人教団議長（常議員会議長）が常議員会決議に基づいて当該処分の申立を行ったことが、被控訴人教団総会において無効である旨の決議が下されながら、同じ常議員会の構成員であった者が、「一信徒」という立場で再度戒規申立てを行って受理されている（乙28）。

　これは、一事不再理の原則を明らかに脱法するような形での申し立てを認めたものである。

ウ）しかも、その申立ての直前に、教師委員会の内規を改訂して戒規申立を容易なものにしていたことも判明している（甲4の1、2）。

エ）また、一信徒による戒規申立て自体も問題である。

　教師の退任については、教区総会議長を経て教団総会議長の承認を得るものとされ（教規129条）、特に教会担任教師の解任については教会総会の議決と教区総会議長の承認を得ることが手続上必要とされている（教規112条1項）。また、教師、伝道師の就任、退任その他教師の異動に関する事項は、教区総会において処理すべき事項であり（教規66条4項）、教会担任教師の招聘、就任、辞任、解任等については、当該教会担任教師の教会総会の議決及び教区総会議長の証人が必要とされている（教規106条〜108条、112条、113条）。従って、教師の退任・解任に関して、当該教会及び教区とは無関係な一信徒が恣に戒規申立をすることは、教区の人事権や被控訴人が主張する教会と教師との間の準委任契約関係を無関係な第三者が侵害することになり、被控訴人の教規に照らしてもできないと考えられる（甲15参照）。

オ）さらに、戒規申立にあたっての申立書（乙28）は、控訴人の再三の要求にもかかわらず、裁判に至るまで一度も開示されなかった。控訴人は、自らが指摘されている具体的な問題点もわからず、十分な対応の機会も与えられないままに手続だけ進んでいったのである。そして、免職処分自体にも、十分な理由が付されているわけではなかった（甲2）。

オ）さらに、上告審判という不服申立手続においても、明確な手続規定のないまま、告知聴聞の機会も与えられずに密室で手続が進んでいったのである。そして、上告審判委員の選出も利害関係人が多数加わるなど公平を欠き、その結果、控訴人の免職を認める者が多数を占める構成となった。

（3）このように、被控訴人教団の対応は、本来、公平であるべき教団自体が公平な立場を放棄し、一人の正教師をとにかく免職に追い込もうとしたと考えざるを得ないような異常な対応なのである。

このような被控訴人教団のやり方自体に強い疑問と批判が噴出するのは当然であって、だからこそ、全国17教区のうち約半数の教区で、控訴人の免職処分への抗議や処分撤回を求めることが教区総会で可決されている（甲28の1、2）。

本件は、この免職処分の「一連の手続の適法性」が問題であって、それこそが本件紛争の「本質的な争点」にほかならない。

控訴人としても、免職処分のそもそもの原因となった宗教上の意見対立について判断を求めているのではなく、免職処分を適用した戒規の性質が争点でもなく、ただ一連の処分手続自体が適法であるかどうかの判断を求めているだけなのである。

（4）そして、手続の適法性については、その手続が各種規定に基づいて適切になされていたか否か、また規定にない部分については条理や法の一般原則に照らして適切妥当な運用がなされたか、といった判断を行えばたりる。

そして、それは裁判所が十分に判断しうることである。何ら教義や信仰の内容に立ち入らなければ判断できない部分はないのである。

それにもかかわらず裁判所が、戒規自体に宗教性を認めて裁判上の争訟にあたらないと判断することは、被控訴人教団の戒規に関してはおよそ司法判断が下せないということになってしまう。

これは、被控訴人教団執行部の現在の活動にお墨付きを与える結果となるだけである。つまり、司法は、宗教団体に対する中立性を守るどころか、宗教団体内部の当事者の一方（現執行部）の判断を常に尊重するという結果になるのである。これは司法が宗教的な判断を行っていることにほかならない。

そして、その結果、一人の牧師の人権が著しく毀損されたまま放置されたとすれば、これはあるべき司法の姿からかけ離れたものであることは言うまでもない。司法がかかる行為を厳に慎むべきこと、特に司法救済が必要な場合には司法は積極的に判断すべきであることは、前述の最高裁昭和55年4月10日判決（本門寺事件）も、「宗教活動上の地位を有する者であるかどうかを審理、判断することができるし、また、そうしなければならないというべきである。」と明言しているとおりである。

本件は司法審査が可能であり、かつ司法審査を行うべき事案であるから、それを正当な理由なく避けた原判決は取消を免れないのである。

第3 （争点3）不法行為に基づく損害賠償請求の訴えの適法性について

この点については、原判決は争点（2）と同じ理由で司法審査を回避しているから、上記第2と同じ理由で、原判決の取消を求めるものである。

第4 まとめ

控訴人はこれまで４０年以上にわたり、３つの教会で、被控訴人教団の正教師として真面目に活動を続けてきたものである。横浜寿町では日雇い労働者らの活動を支えるべく地区の活動委員会の委員長を務めるなど、社会的立場の弱い者に寄り添うような地道な活動を長く続け、その結果、教会内外の多くの方からの信望を集めている。

　そのような控訴人が、これまでの処分例と比較しても明らかに厳しい「免職」という処分をいきなり下された。その結果、控訴人は、正教師の資格を剥奪されて生活の基盤を奪われるとともに、年金受給権も削減されるなど、経済的に大きな損害を被っているとともに、免職という事実が巷間にさらされて社会的にも大きな不名誉を受けている。回復しがたい損害が、現に生じ、日々拡大しているといって良い。

　これは、例えば教会勤務の女性信徒にセクシャルハラスメント行為をはたらいて１７０万円の慰謝料請求認容判決（大阪高裁平成１７年４月２２日）を受けた牧師も、「戒告」処分にとどまっていることと比較しても明らかに不均衡であろう。本件は、もともと懲戒権の濫用以外の何ものでもない事例である。

　しかし、そのことはとりあえず置いておくとしても、前述（３（２））のように、被控訴人教団は、極めて問題の多い手続を重ねて、異様とも思えるやり方で、一人の牧師の社会的・経済的地位をすべて奪ってしまって、そのことに教団としての自浄作用がないことが大きな問題なのである。

　<u>それでも原判決に従うとすると、司法はそのような被控訴人教団のやり方とその状態を、そのまま認めるということになる。</u>

　しかし、これは極めて悪しき前例を作ることにほかならない。控訴審裁判所におかれては、かかる前例を作ることなく、一日も早く控訴人の侵害された諸権利が回復するよう、司法本来の役割を発揮していただいて、原判決を見直されるよう強く要望する次第である。

以　上

なお、2013年（平成25年）3月8日付の控訴状において、「証拠方法」は追って提出することにしたので、同年5月15日にあらためて「原告証拠説明書（3）」を東京高裁に提出した。

平成25年(ネ)第1891号　免職処分無効確認等請求控訴事件

控訴人　　北　村　慈　郎
被控訴人　日　本　基　督　教　団

原告証拠説明書（３）

平成２５年５月１５日

東京高等裁判所　第１民事部　御中

控訴人訴訟代理人弁護士　　（氏名　略）

号証	標目	原本写し	作成日	作成者	立証趣旨（下線は特に重要な部分）
甲37の1〜4	源泉徴収票（平成１７年度、１８年度、２０年度、２１年度）	原本	H18.1頃（甲37の1） H19.1頃（甲37の2） H21.1頃（甲37の3） H22.1頃（甲37の4）	訴外紅葉坂教会	控訴人が、2005年（平成17年）から2009（平成21年）において神奈川教区の謝儀基準表に則り同基準以上の額の謝儀（年収□□□万円）を給与として毎年受け取っていた事実等（平成１７、１８、２１年分については、冒頭に年数が記載されていないが、「中途就・退職」欄に年「１７」「１８」「２１」などと記載されていることで、その年の源泉徴収票であることは明らかである。なお、平成１９年度源泉徴収票は甲３４にて提出済み。平成１６年度以前分は手元に残っていないが、謝儀基準表に則り同様の安定した教師謝儀を受け取り続けてきた）。
甲38の1〜8	神奈川教区教職謝儀基準および謝儀互助基準（２００６〜２０１３年度）（神奈川教区定期総会議案資料・付録）	甲38の3のみ原本（その余は写し）	H18.1頃（甲38の1） H18.12頃（甲38の2） H20.1頃（甲38の3） H21.1頃（甲38の4） H22.1頃（甲38の5） H23.1頃（甲	被告教団神奈川教区	神奈川教区でも毎年常置委員会で謝儀基準表が決定され、原告は基準以上の金額を受領していたこと、および牧師館家賃や水道光熱費・電話代等は教会負担が原則であること（資料が手元にある２００６〜２０１３年の間）、 　これらの謝儀基準に基づく謝儀や、牧師館等の家賃相当額の保障を牧師が享受できる状態が、被告教団の決定等によって、長年に亘る慣習となっていたこと、 　教師謝儀基準が、「人事院統計の民間平均給与を基準に」策定されており、「人

			38の6) H24.1頃（甲38の7) H25.1頃（甲38の8)	被告教団神奈川教区	事院の統計による<u>民間総給与平均をベースにし全体の平均年齢給与と５０歳時の平均給与を上回るように調整</u>」されていることが、２００６年度謝儀基準において被控訴人によって明記されていること
甲39	賃金センサス（H２１)	写し	H23頃	日弁連交通事故相談センター東京支部	大企業も含めた賃金センサスの男女計学歴計（全年齢）で年収約４７０万円であること等。
甲40	日本基督教団規則	写し	S16.12頃	被控訴人	被控訴人の旧規則上、現在の「除名」に相当する「剥奪」（教師の身分を剥奪すること）と、「免職」（<u>教会主管者その他の職を免ずること</u>）の定義が明記されており、少なくとも「<u>免職</u>」処分が、教団の歴史において、「教会における教会担任教師等の職務を直接的に解く」効果を意図されていたこと、即ち、教会と教師との準委任関係に、教団が直接関与することが想定されていること等。
甲41	日本基督教団年鑑２０１３	写し	H24.10.20	日本基督教団事務局	・日本基督教団の教師数及び職務内訳、 ・<u>約１８００人余もの教師が全国津々浦々で、１教会担任教師当たりの教師謝儀３３８万余円もの収入を得て</u>、日々教師の職務を行っていること、 ・教会数や現任教師数もここ２０年近く概ね横ばい状態であること、 ・教師のうち、有給の教会担任教師等が圧倒的多数であること ・神学教師や教務教師の具体的任所地（同志社大学、青山学院大学等の名だたる教団認可神学校等)
甲42の1～10	寿地区センターニュース	原本	H20.2（甲42の1) H20.6（同2) H20.10（同3) H20.12（同4) H21.2（同5) H21.6（同6) H21.9（同7) H21.12（同8)	被告教団神奈川教区寿地区活動委員会代表　北村慈郎	・控訴人が、<u>日本基督教団神奈川教区寿地区活動委員会代表</u>として、横浜寿町の日雇い労働者らの活動を支えるべく、地域市民ボランティア団体等と協力して、地域のアルコール依存症患者、高齢者、野宿者等への支援活動や、精神障害者の作業所に人を派遣し、横浜市の推進する活動等にも寄与するなど、社会的立場の弱い者に寄り添うような地道な活動（社

第4章　東京高等裁判所へ控訴

			H22.1（同9） H22.6（同10）		会福祉、慈善事業等）を長く続けていること等。 ・路上生活者、アルコール依存症患者らが、越冬できるように、炊き出し、配食のほか一緒に餅つき等のボランティア活動も行っている具体的な状況等
甲43の1〜4	募金のお願い	原本	H18.4（甲43の1） H20.3（同2） H20.11（同3） H22.6（同4）	被告教団神奈川教区寿地区活動委員会代表　北村慈郎	・控訴人が、<u>日本基督教団神奈川教区寿地区活動委員会代表</u>として、横浜寿町の日雇労働者らをはじめとする社会的弱者の生活を支えるべく、ボランティア活動等の募金を毎年呼びかけていたこと等。
甲44の1〜3	寿地区センター活動への協力のお願い	原本	H17頃（甲44の1） H18頃（同2） H22頃（同3）	被告教団神奈川教区寿地区活動委員会代表　北村慈郎	・控訴人が寿地区センター活動への募金を毎年呼びかけていた事実、 ・寿地区センターの働きとネットワーク（炊き出し、越冬活動、野宿者訪問、地域の高齢者・障害者支援）等の具体的な活動内容や関係性等。（原本をA3版に統一して拡大コピーしてある）
甲45	いのちの灯消さない－寿地区センター20年－（寿地区センター20周年記念誌）	原本	H18.6.20	被告教団神奈川教区寿地区センター（北村慈郎）	控訴人が、寿地区センター20周年に際して、<u>教師の地位を通じて就任していた同センター代表の立場から</u>、寿地区の歴史を紐解き、寿地区センターの過去のボランティア活動（日雇労働者、高齢者、障害者等への支援活動や献金）の総括や野宿生活者に関する教会アンケートの評価等を改めて行い、教会と地域社会とのつながりを形に残してきたこと等。
甲46	陳情書	原本	H25.4.15	佐藤眞理子（寿地区の民生委員）	・控訴人が、紅葉坂教会赴任後、被控訴人の<u>教師（牧師）として、被控訴人教団関係者らとの橋渡しをしながら、ホームレス支援の炊き出しや夜間パトロール、障害者のボランティア活動等、常に住民の声に耳を傾け支援活動を行ってきたこと</u>（そのような活動により、住民の生命までも救われた現実を地区の民生委員らが幾度も見てきたこと）。
甲47	陳述書	原本（手書書面の	H25.4.18	山地厚美（寿地区の日雇労働者等の生活困窮者等への	・寿地区の路上生活者らに対する炊き出し等のボランティア活動の多くが教会関係者によって賄われてきたこと、 ・<u>控訴人も、紅葉坂教会の牧師として、</u>

		原本及びワープロ打ち文書添付書類）		支援活動者）	そのようなボランティア活動に自ら参加することはもちろん、教会に集う人々に、寿町のこと、日雇い労働者のこと、そして、家も食事も失った路上生活者たちのことを常に話し聞かせ、このような支援活動の裾野を広げ、沢山の支援者の広がりをつくり役割を担う等といった社会福祉・慈善・啓蒙活動等を行ってきたこと。
甲48	陳述書	原本	H25.4.22	控訴人	控訴人が、教師（紅葉坂教会牧師）という立場を通じて、１９９６年以降、寿地区活動委員会の委員となり、２００２年以降、委員長となり、被控訴人の教師としての信仰を体現すべく、教師の職務の一環として、寿地区の社会的弱者（アルコール依存症者、路上生活者、高齢者・障害者、外国人・日雇労働者等）に対する支援活動（毎週の炊き出し、越冬支援活動、アルコール依存症自助グループのミーティング場所として、教会の施設を毎週提供すること、野宿者訪問、寿学童保育の支援、等）を指揮・実践してきたこと等。
甲49	宗教法人「日本基督教団紅葉坂教会」規則	原本	H12頃（最新の変更規則施行時）	宗教法人日本基督教団紅葉坂教会（同教会諸規則集より）	・教団が傘下の被包括法人に対し、各宗教法人規則に「代表役員は主任担任教師の任にある者をもってこれに充てる。」「主任担任教師は、日本基督教団の教規の定めるところに従って、日本基督教団の教師のうちから教会総会の議決を経て申請した者につき、教区総会議長の承認を経、教団総会議長の同意を得て選任する。」などという条項を入れることを求めていること、 ・この条項を定めなければ教団と包括関係を結ぶことができないため、被包括法人はそれぞれの法人規則にこの定めを盛り込んでいること、 ・教師の地位は、被控訴人から上記の如き統制を受ける被包括法人（教会）

					の代表役員という法的地位と切り離せない一体の関係に置かれていること等。

注）書証のマーカーは、重要な部分に、控訴人代理人が付したものである。

以　上

平成25年（ネ）第1891号　免職処分無効確認等請求控訴事件
控訴人　　　北　村　慈　郎
被控訴人　　日　本　基　督　教　団

原告証拠説明書（４）

平成25年5月15日

東京高等裁判所　第1民事部　御中

控訴人訴訟代理人弁護士　　（氏名　略）

号証	標目	原本写し	作成日	作成者	立証趣旨
甲50	意見書	原本	H25.5.15	福岡大学法学部教授 浅野直人	原判決は、最高裁平成元年9月8日判決（蓮華寺事件）その他の判例の理解を前提としても判断の誤りがあり、根本的に見直されるべきこと等

以　上

4−3．被控訴人からの準備書面（控訴人主張への反論）

　2013年（平成25）6月3日、控訴人に対する反論として被控訴人から準備書面が提出された。内容は原判決を支持することに終始し、まったく噛み合っていない。特に教会法は一般法と異なる法秩序にあり、手続も含めておよそ司法審査が及ばないと強調するようである。以下に目次を示す。

平成25年（ネ）第1891号　免職処分無効確認等請求控訴事件
控　訴　人　　北　村　慈　郎
被控訴人　　日　本　基　督　教　団

被　告　準　備　書　面

平成25年　6月　3日

東京高等裁判所　第1民事部　　御中

被控訴人　日本基督教団
代理人　弁護士　（氏名　略）

目　次

第1　控訴理由書「はじめに―原判決の特徴と控訴理由の基本」に対する被控訴人の主張･･････1頁
第2　（争点1）「正教師の地位確認請求の適法性について」に対する被控訴人の主張･･････････5頁
第3　（争点2）「本件年金減額決定の無効確認請求の適法性について」に対する被控訴人の
　　　主張･･19頁
第4　「不法行為にもとづく損害賠償請求の訴えの適法性について」に対する被控訴人の
　　　主張･･30頁
第5　「まとめ」に対する被控訴人の主張･･･････････････････････････31頁

（本文略）

平成25年(ネ)第1891号　免職処分無効確認等請求控訴事件
控訴人　　　北　村　慈　郎
被控訴人　　日　本　基　督　教　団

原　告　準　備　書　面

2013(平成25)年6月25日

東京高等裁判所　第1民事部　御中

　　　　　　　　　　　　　　　　　　　　　　控訴人訴訟代理人弁護士　　(氏名　略)

　判決にあたって以下の点をいま一度ご検討いただきたく、被控訴人準備書面(平成25年6月3日付)及び原判決に対する反論を以下に述べる。

第1　正教師の地位の確認請求の適法性に関して(正教師たる地位が純然たる宗教上の地位であるとの被控訴人の主張について)

1　被控訴人は、教憲9条と教規124条から、「教師は『神に召され正規の手続きを経て献身したもの』」とされ、正教師は『正教師検定試験に合格し、教区総会の議決を経て、按手礼を領したもの』とされ」、教規128条から「『教会または伝道所に在職する』教師は教会担任教師と呼ばれ」、同103条から「正教師である教会担任教師は牧師と呼ばれ」、同104条から「『礼拝、伝道および信徒の信仰指導』、『聖礼典の執行』、『結婚式、葬式その他の儀式』の各『教務を執行する』とされている」とし、これに基づいて教師の地位は純然たる「宗教上の地位」と規定されているという。

2　およそ、宗教団体において教師の地位が「宗教的地位」の側面を全く持たないことはあり得ないであろう。しかし、控訴理由書(29頁「5　『教師の職務』が『職業』としての側面を有すること」)で詳述したとおり、これらの宗教的地位の側面と並んで、被控訴人教団教規128条は、「教師は、その職務により次のとおり分類する」として、①教会担任教師、②巡回教師、③神学教師、④教務教師、⑤在外教師　の5種を挙げている。「分類する」とあるからには、「教師」は例外を除いてこれら5種のいずれかでなければならず、これらのいずれかに属することを前提にした地位として規定されていることは明らかである。
　そして、これら5種はいずれも、宗教的職務でありつつ、同時にそれによって生計を立てることが可能となる職業としての側面を、不可分かつ必然的に伴っている。すなわち、「教師の地位」はそれと表裏一体をなす「教師の職務」を介して、その地位にある者の職業を成り立たせる法的・経済的地位の側面を、それ自体に内包していると言わねばならない。

3　このことは、被控訴人教団も十分認識しているからこそ、控訴人に対する「免職決定の通知」(甲20号証)において、「免職の決定により、貴方は日本基督教団教師の身分を失い、日本基督教団紅葉坂教会牧師の職を解かれます」と言っているのである。被控訴人教団の立場によっても、「免職」という被控訴人教団のワン・アクションによって、控訴人の「正教師の地位」の喪失と「日本基督教団紅葉坂教会牧師」の解任が、同時的かつ一体の事柄として起こっていることが明示されているのである(この解釈が正しいか否かは後記4参照)。

これは、被控訴人教団の戒規が、その適用を受ける者の生活権を直接的に侵害し、憲法上の権利（１３条、３１条）を制約する場合もあることを示し、まさに「経済的又は市民的事象」であることを証明している。原判決がこれらの事実を無視して、「正教師の地位」を「宗教上の地位であり、法律上の地位ではない」と認定したことは、被控訴人の行為によって控訴人が失った市民的、法的、経済的損失を見失わせ、救済の道を閉ざしたことを意味するものと言わねばならない。

4　もっとも、法人格を別にする主体との準委任契約であれば、被控訴人教団の「免職の決定」が直接かつ即時的に「教会担任教師職」の解任につながるはずはない。

そもそも、教師は被控訴人教団も認めているように「身分」であるが、戒規施行細則第４条に定める免職処分によって「身分」を剥奪することができるかについて、解釈上、以下のような疑義が存する。

① 　一つは、免職をもって教師身分の剥奪と解した場合、除名処分との相違点がどこにあるのかという点である。

もともと、教師は、教師としての身分を得ることにより、教師名簿に登載され、それと同時に信徒名簿からは抹消される。

従って、教師が免職によりその身分を失った場合、教師名簿から抹消される。（本件にあっては既に削除されている。）

その結果、控訴人は、教師でもなく、信徒でもないという扱いとなり、除名と同様の結論に至ってしまう。

② 　また、免職（停職も同様であるが）という語義および処分の軽重の順序を定めた戒規施行細則第２条ないし５条の文理解釈からも免職によって教師身分を喪失するとの解釈は採りえない。

③ 　以上の点から考えると、除名ならばともかく、免職により教師身分を剥奪することはできないのではないかと解される。

この点については、控訴理由書１３頁でも既に述べたとおりであるが、再考を求めるため、改めて強調しておく次第である。

第２　本件年金減額決定の無効確認請求の適法性について（戒規の性質は単なる経済的又は市民社会的事象とは全く異質のものであるとの主張について）

1　被控訴人は、戒規が世俗の「懲罰規定」とは異なり、その性格がキリスト教の信仰理解と深く関わり合っていること、それゆえに戒規処分の実体のみならず、手続きそのものも教憲・教規と不可分一体の関係にある、と主張する。原判決も、「戒規の性質は、単なる経済的又は市民的社会事象とはまったく異質のものであり、被告の教義、信仰と極めて深く関わって」おり、「裁判所の審理判断が許されない」としている。

2　しかしながら、控訴理由書４４頁でも論じたように、そもそも、戒規の根拠となる「戒規施行細則」（以下「細則」）第１条但書では、明確に、「但し本戒規は、その適用を受けたるものと神との関係を規定するものにあらず」と規定している。つまり、その適用が教義・信仰の核心である「神との関係」に関わることをあらかじめ否定しているのである。「神との関係」に関わらないのであれば、その適用はもっぱら「人との関係」つまり人間集団としての教団の組織に関わるもの、あるいは人間相互の関係・利害に関わるものといえ、いわゆる経済的又は市民的事象と重なる部分が多く含まれる。

つまり、本件処分も当然、人間集団としての教団の組織に関わるものであっておよそ神との関係

に関わるものでない以上、これに対する裁判所の判断は、戒規の規定自身からも十分に可能というべきである。
3　また、被控訴人は、戒規の本旨及び目的は、「戒規の申立から処分、さらには復帰に至るまでの手続過程全てである。いずれの段階も教憲・教規に基づく解釈と運用が行われるものであり、手続規定のみを取りあげてこれに世俗法における市民法原理を適用して考えることはできない」と述べ、原判決も概ねこの論旨である。
（１）しかし、実際、戒規に関する被控訴人教団の規定は、極めて世俗法における市民法原理（特に民主主義原理、多数決原理）に近いと言って良い。わざわざ戒規の規定の解釈や適用にあたって、宗教的教義や信仰の内容に立ち入る必要はない。
（２）例えば、戒規の申し立てについては、教師委員会内規（甲４の１、４の２。その改正方法に問題があったことは原審で論じたとおりだが敢えてここでは再論しない）、提訴の方法、提訴後の処理、委員会の開催、調査員の選出方法、調査における留意事項、調査期間、事情の聴取手続、戒規適用の決定方法（委員の３分の２の多数決）、戒規適用の公表方法などが定められているが、どれも組織一般の懲戒処分の手続規定と何ら変わりはない。
（３）また、教師に対する戒規の種類は戒告、停職、免職、除名の４種類と定められ（教規１４２条）、いかなる事情が認められれば戒告になるか（戒規施行規則２条）、停職になるか（同３条）、免職になるか（同４条）がそれぞれ明定されており、特に情状が重い場合には教師委員会の３分の２の多数決で除名になることが定められている（同５条）。
（４）そして、戒規処分に対する不服申立手続として上告手続があるが、不服があれば教団総会議長に対して上告することができ、これを受けた議長は１４日以内に常議員会の議決を経て、審判委員若干名を選出して審判させることになっている（同６条）。
（５）以上が一連の手続の流れである。例えば上告手続などが不十分であることについては訴状や原告準備書面で多々論じてきたところであるが、少なくとも上記手続の中で、宗教的教義や信仰に立ち入らなければ解釈適用できない部分はまったくない。
　　　従って、宗教的教義や信仰に立ち入らなければ、手続のいずれの段階も教憲・教規に基づく解釈と運用が行われる必要があるという前提そのものが誤っており、手続規定のみを取りあげてこれに世俗法における市民法原理を適用して考えることはできないという結論は完全に誤っている。
4　もっとも、免職処分を受けた後、戒規８条では、「悔改の情」が顕著な場合には、教師委員会の構成員の３分の２以上の同意をもって、復帰することができると規定されている。
　　　被控訴人及び原判決は、この点を強調して、あたかも戒規の性質が教義、信仰に深くかかわっているとする。
　　　しかし、悔改という文言を使っている部分があるからといって、手続き準則すべての部分が宗教規範の領域に属しているわけではないことは、上記３で詳述したとおりである。
　　　浅野教授「意見書」（甲５０）３頁でも指摘しているように、戒規の性格が、世俗の刑罰規定等の社会規範を異なる性格をあわせもつことを全面的に否定する必要はないとしても、だからといって手続規定のすべてが宗教的規範に属し、その内容には一切の司法審査が及ばないとするのは、過去の最高裁判例を十分に理解していないものにほかならない。
　　　また、悔改によっていったん確定した戒規であっても変更の可能性があるからといってそれが直ちに戒規の制裁的側面を薄めたり、適正手続をないがしろにしたりすることを許容する根拠になり

5　最高裁判例は、手続上の準則で宗教上の教義、信仰に関する事項にかかわりを有しないものに従ってその選任、剥奪がなされたかどうかを審理判断すれば足りるときまで、司法審査を回避すべきものとはしていないことは明らかである。（甲５０浅野教授「意見書」３頁以下）
　　しかし、原判決は、戒規という手続準則のごく一部が、宗教的な表現を使っているというだけで、手続準則の全体が教義、信仰と極めて深く立ち入っていると断じ、形式的に門前払い判決を下した。これは、明らかに過去の最高裁判例に反する判断である。
　　高等裁判所におかれては、司法審査を本当に回避すべき事案かどうかをいま一度慎重にご検討いただき、適切なる判断を下されるよう切に願う次第である。

以　上

４－４．東京高裁第１回控訴審

　２０１３年（平成２５）６月３日、東京高裁１０１号法廷において第１回控訴審が開かれた。原告側からは北村牧師と控訴弁護士の二人で陳述申請を行ったが、裁判所からは、本案が法律上の争いになるか否かが問題であるので、代理人のみに陳述が許された。
　控訴弁護人は以下の要旨で発言した。
　「一つは、物事の本質からして、一つの物事にも、色々な側面があるのではないか。正教師の地位は、宗教上の地位という側面と共に、社会生活上の基盤をなしているという側面もあるのではないか。私たちは、正教師の地位は宗教上の地位という面もあるでしょう、でも他面では生活の基盤でもあるでしょうということを主張していて、なにも宗教上の地位ではないと言っているわけではないのです。正教師の地位にも二つの側面があって、我々が訴えているのはそのなかの一つの側面、社会生活上の基盤になっている、そこで起きた人権侵害ではありませんかということです。戒規もそうなのですね。戒規は悔い改めなのか懲罰あるいは懲戒なのか。これを、二者択一ではなくどっちの側面もありますよ。でもこの戒規の適用によって生活権を失っているわけですから、懲罰、懲戒的な面も否定できないのではないですかと言っているわけです。教団内部で戒規が悔い改めなのか懲戒なのかについて議論するのはどうぞやってください。でも一人の人間が戒規によってこれだけの人権が侵害されているということを裁判所に問うているわけだから、そういう目で見るべきでしょ、ということを言いたかったのです。
　二つ目は、「宗教に対して国家や権力は介入するな」という政教分離問題です。でも宗教団体の中で人権を侵害された人を最後に救済できるのは裁判所しかないわけですから、裁判所に救済を求めて来た時に「政教分離だからまず取り扱わない」ということが先にくるのはおかしいのではないかということです。国家が抑制して宗教団体の自治を犯さないようにすることは当然だが、宗教団体も人間の集まりだから、その中で人権が侵害されるようなことが起こったときには、その訴えについて裁判所がきちっと受けとめてください、それも裁判所の役割ではないですか、救済を拒否することには抑制的であらねばならない、そのことを申し上げました。神が、キリストが、その組織、宗教団体を運営されるならいいですよ。でも実際には人間がやっていることですから、権力を持った人間による人権侵害が宗教集団内部でも起こり得ます。神の名によって人権を侵害する、そして神の名によってその救済を阻止するというのではおかしくありませんか、と問うたわけです。裁判所は「宗教団体内部の問題だから」と引いちゃって手を出さないということではなく、宗教団体内部でも人権が侵害されていたら、貴方の出番、あなたの役割ではないですかということを言いたかったのです」。（『「北村慈郎牧師を支援する会」通信』第７号 2013.6.28）

その後、裁判官は 7 月 10 日に判決を言い渡すとして閉廷した。

4－5．東京高裁判決

2015 年（平成 25) 7 月 10 日、東京高裁は「平成２５年（ネ）第１８９１号免職処分無効確認請求控訴事件（原審・東京地方裁判所平成２３年（ワ）第３８１１９号)」の判決を下した。

控訴審判決

主　文

1　本件控訴を棄却する。
2　控訴費用は控訴人の負担とする。

事実及び理由

第1　控訴の趣旨
1　原判決を取り消す。
2　本件を東京地方裁判所に差し戻す。

第2　事実の概要（略語は新たに定義しない限り原判決の例による。以下本判決において同じ。）

1　本件は、控訴人が、宗教法人である被控訴人に対し、被控訴人による、平成22年1月26日に行われた、控訴人の正教師の地位の免職処分（本件免職処分）が無効であると主張して、（1）控訴人が被控訴人の正教師としての地位を有することの確認を求め、（2）本件免職処分に引き続いて同年9月30日付けで行われた教師退職年金給付減額決定（本件年金減額決定）が無効であることの確認を求めるとともに、（3）本件免職処分が不法行為を構成すると主張して、不法行為に基づく損害賠償請求として、慰謝料1000万円及びこれに対する本件免職処分の日である平成22年1月26日から支払済みまで、民法所定の年5分の割合による遅延損害金の支払を求める事案である。

2　原審は、控訴人の本件訴えをいずれも却下した。
　当裁判所も、原審と同じく、控訴人の本件訴えは、いずれも却下すべきものと判断した。

3　前提事実及び争点（当事者の主張を含む。）は、次のとおり改め、当審における当事者の主張を後記4のとおり加えるほかは、原判決の「事実及び理由」の「第2　事案の概要」1及び2（原判決2頁12行目～9頁15行目。別紙（ただし、以下（1）のとおり改める。）を含む。）に記載のとおりであるからこれを引用する。

　（1）別紙の「第2　教規」の「128条」の「①」に「(2)ないし(5)　略」とあるのを「(2)　略
　(3)　神学教師　教団立神学校および教団認可神学校に在職するものであって、当該神学校の教授会構成員である者
　(4)教務教師　次の（イ）または（ロ）の何れかに該当する者
　(イ)　教団事務局、教区事務所、教団関係学校または関係団体に在職する者
　(ロ)　特に教団から派遣または推薦により前記以外の場所に在職する者
　(5)　略」と改める。
　（2）原判決6頁15行目の「本件戒規申立」を「本件戒規申立て」と改める。
　（3）原判決7頁5行目の「教授」を「享受」と改める。
　（4）原判決8頁15行目の「本件戒規申立」を「本件戒規申立て」と改める。
　（5）原判決8頁16行目及び18行目～19行目の「先行戒規申立」をいずれも「先行戒規申立て」と改める。
　（6）原判決9頁10行目の「教団新法」を「教団新報」と改める。

4 当審における当事者の主張
(1) 控訴人の主張
ア 正教師の地位確認請求の適法性について
　(ア) 被控訴人は、教師の謝儀の基準額を定めるなど、教師の謝儀の支払に主体的かつ密接に関与している。また、控訴人は、被控訴人との関係で正教師であることが認められているからこそ、被控訴人が教規で定める謝儀を教会から受給することができ、正教師であることを否定されれば、その受給資格を失うことになる。したがって、謝儀の直接の請求相手が形式的には教会であったとしても、教師に対する謝儀の支払は、被控訴人の示す支払根拠と基準に基づいて被控訴人の被包括宗教団体である教会を通じてなされているといっても過言ではない。そうすると、謝儀受給権の前提となる正教師の地位は、被控訴人との関係において、法律上の地位であるというべきである。
　被控訴人は、謝儀は控訴人と紅葉坂教会との間の一種の準委任契約関係に基づいて支払われるものであり、被控訴人はこれに何ら関与しないなどと主張するが、①教会は、被控訴人の教憲・教規に則り制定された規則（被控訴人の承認を要する教会規則）につき、法令と同様の遵守義務が課せられており、教会は被控訴人の強い統制下にあること、②教師としての地位は、被控訴人により付与されるものであること、③教会担任教師として教会から招へいを受けるためには、被控訴人の機関である教区総会議長への申請・承認を要するものであり、教会担任教師が辞任しようとするときや教会が教会担任教師を解任する必要が生じたときにも、教区総会議長の承認を要するなど、正教師の重要な人事権はことごとく被控訴人が掌握していること、④被控訴人は、傘下の被包括法人に対し、それぞれの宗教法人規則に、代表役員は主任担任教師の任にある者をもってこれに充てるとの条項を入れることを求めており、この条項を定めなければ被控訴人と包括関係を結ぶことができないところ、教師の地位は、被控訴人から統制を受ける被包括法人である教会の代表役員という法的地位と切り離せない一体の関係に置かれていること、⑤かつての被控訴人の規則には、4種の懲戒が規定され、その中に、「免職　教会主幹者其の他の職を免ず」との規定があり、この規定は、現在の戒規施行細則の元となっているのであるから、現在の被控訴人の免職という処分が、教会における教会担任教師等の職務を直接的に解く効果を意図していたことが明らかであることからすると、教会と被控訴人との形式的な法主体の違いを理由として、謝儀受給権が、正教師としての地位が法律上の地位であることの根拠とならないと解することは、不当である。
　(イ) 被控訴人の機関である教区が通知している各年度の教職謝儀基準表には、「この基準額は、牧師館家賃、水道光熱費、電話代などは教会が負担しているものとして作られています。自己負担となっている場合には、これらの経費を加算してください。」と明記されており、正教師が所属する教会の牧師館等に居住し賃料相当額の保障を受ける権利について、被控訴人は主体的かつ密接に関与しているといえる。そうすると、正教師が所属する教会の牧師館等に居住し賃料相当額の保障を受ける権利を有することも、正教師の地位が法律上の地位であることを基礎付ける一要素と評価されるべきである。
　(ウ) 控訴人は、正教師であることに基づき、被控訴人の被包括団体である紅葉坂教会の代表役員等としての地位に就任しているところ、教会の代表役員は、被控訴人の教憲・教規等に則り制定された規則（被控訴人の承認を要する教会規則）につき、法令等と同等の遵守義務が課せられており、実質的には、教会を通じて、被控訴人の教憲・教規等を社会に直接還元するための業務執行行為等をなすことができる立場にあるといえる。よって、正教師として紅葉坂教会の代表役員等の地位に就任する権限を有することは、被控訴人との関係において正教師としての地位が法律上の地位であることを基礎付ける一要素と評価されるべきである。

（エ）教会担任教師は、教規１０５条１項に規定される事務、例えば、教団事務局及び教区事務所との連絡に関する事項に関する事務を司るところ、これらの権限を有することも、正教師としての地位が法律上の地位であることを基礎付けるというべきである。

（オ）正教師としての地位は、被控訴人の常議員に就任する権限の根拠となるものであるところ、被控訴人の常議員会は、総会に次ぐ議決・執行機関と定められており、常議員の一員であることは、被控訴人における政治の中枢にいて、被控訴人の重要な意思決定に参与する権限を持つことであり、常議員であることは責任役員になるための必須の要件となっているから、このことは、正教師としての地位が法律上の地位であることの根拠のひとつとなるというべきである。このことは、最高裁判所平成７年７月１８日第三小法廷判決（民集４９巻７号２７１７頁。最高裁平成７年判決）の趣旨に照らしても明らかである。

（カ）控訴人は、本件免職処分当時、正教師の地位に基づいて被控訴人の総会議員に選挙される資格を有していたのに、本件免職処分により総会議員となる資格を失った。このことは、正教師としての地位が、法律上の地位であることの根拠のひとつとなるというべきである。

（キ）正教師としての地位には、被控訴人との関係において、被控訴人（教団・教区）の役職に就く組織法上の地位、さらに教規１２８条１項の教務教師、神学教師の地位に就く権限も含まれるところ、これらの正教師としての地位に派生する権利も、正教師としての地位が法律上の地位であることを基礎付けるものである。

（ク）教師退職年金の満額受給権は、経済的かつ重大な法律関係であるから、その前提となる正教師の地位は、法律上の地位であるというべきである。そして、本件年金減額決定の無効確認請求が追加された後においても、正教師の地位という基本関係から派生する可能性のある他の紛争を予防するという確認訴訟の本来的な機能が期待できる限り、正教師の地位の確認の利益は失われないというべきである。

（ケ）被控訴人が発行する「教勢一覧」から推算すると、１教会担任教師当たりの教師謝儀は、年間平均３３８万９５２３円であり、民間企業の賃金水準に匹敵するものとなっており、教師は職業性を有する。控訴人自身も、平成１７年から平成２１年までの間、教師謝儀として年間□□□万円の収入を得ていた。本件免職処分は、実態として、専ら控訴人の教会担任教師の社会経済的職務を解くことに向けられた処分であることからすれば、本件免職処分の効果を争うことが、教会担任教師の職務の対価として支払われる謝儀その他の具体的な法律関係を回復するための法的紛争として、裁判所の審査の対象となって然るべきである。

（コ）正教師としての地位は、①謝儀受給権、②牧師館等に居住し、賃料相当額の保障を受ける権利、③教師退職年金満額受給権、④常議員就任権、⑤紅葉坂教会の代表役員等の地位に就任する権限、⑥被控訴人総会議員被選挙資格や教団における教務権限、⑦教規１０５条１項に規定される事務を司る権限の前提となるところ、例えば、控訴人が紅葉坂教会との間で謝儀受給権があることを訴訟で確認したとしても、真の紛争の相手方である被控訴人は、「教会との関係で謝儀がどうなろうとも、被控訴人としては正教師としての地位は認めない。」と主張し続け、正教師としての地位を巡る紛争の直接的かつ抜本的解決に必ずしもつながらないことは明らかであるから、正教師という地位を付与又は剥奪する主体である被控訴人を相手として正教師としての地位を確認する利益が認められるべきである。

イ　本件年金減額決定の無効確認請求の適法性について

本件免職処分の効力を判断するためには、控訴人に対して適用された手続きについて、手続違背その他の問題がなかったかどうかを、各種規定や条理、法の一般原則に照らして判断すればよく、教義や信仰の内容に立ち入らなければ判断できない部分はないから、本件免職処分の効力について司法審査が及

ぶと解すべきであり、本件年金減額決定の無効確認請求は適法なものである。
　ウ　不法行為に基づく損害賠償請求の訴えの適法性について
　上記イと同様に、本件免職処分の効力について司法審査が及ぶと解すべきであり、本件免職処分を巡る被控訴人の一連の行為が不法行為に当たることを理由とする損害賠償請求は適法なものである。
　（2）　被控訴人の主張
　ア　正教師の地位確認請求の適法性について
　控訴人の上記（1）アの主張について争う。正教師の地位が宗教上の地位であることは明白である。なお、控訴人の個々の主張に対する反論は以下のとおりである。
　（ア）控訴人に謝儀を支払っていたのは、控訴人と準委任契約を締結した紅葉坂教会であり、紅葉坂教会は、控訴人に対し、本件免職処分後も、任期満了となる平成23年3月末日まで、牧師館の使用を認め、謝儀を支払い続けていた。被控訴人の謝儀の基準額は、目標値を定めたいわゆる訓示規定であり、基準額に達しない教会も多数存在する。控訴人の謝儀受給権の相手方となる法主体は紅葉坂教会であり、謝儀受給権を根拠として被控訴人との関係で正教師の地位が法律上の地位であるとする控訴人の主張は失当である。
　（イ）牧師館は教会の所有に属し、その使用関係について被控訴人が介入する余地はない。
　（ウ）正教師の地位は被控訴人が付与する純然たる宗教上の地位である。これに対し、教会の代表役員の地位は、招へいされた当該教会の地位であり、これを根拠に、正教師の地位が被控訴人との関係で法律上の地位となることはありえない。
　（エ）正教師の地位は宗教上の地位であり、正教師が様々な事務手続あるいは事実行為を行うからといって、正教師の地位が宗教上の地位であるという本質が変わることはなく、正教師の地位が法律上の地位となることはない。
　（オ）最高裁平成7年判決の事案は、信者と宗教法人との間の権利義務ないし法律関係について直接明らかにする規定を置いていない事案であり、正教師の地位が宗教上の地位であることが教規において明確となっている本件とは事実を異にする。常議員会の処置すべき事項からすると、正教師の地位が常議員就任の資格要件となっていると解したとしても、正教師の地位が法律上の地位であることの根拠とはならない。
　（カ）被控訴人の総会議員の被選挙資格は正教師の地位を要件とするものではない。
　（キ）正教師の地位は、宗教上の地位であり、正教師の地位に関連する派生的な権利関係があるとしても、そのことから正教師の地位が法律上の地位となることはない。
　（ク）教師退職年金は、任意加入であり、正教師たる地位とは直接の関係はなく、教師退職年金の満額受給権を根拠に正教師の地位を法律上の地位ということはできない。
　（ケ）控訴人が主張するように教師に職業性があるとしても、それは招へいされた教会との間の準委任関係から生じるものと解され、正教師の地位が純然たる宗教上の地位であることに変わりはない。
　（コ）正教師の地位が純然たる宗教上の地位であることは教憲・教規に明記されている。控訴人の主張は、派生的なさまざまな権利の確認を無理に正教師の地位の確認訴訟の中で判断させようと試みるものであり、失当である。
　イ　本件年金減額決定の無効確認請求の適法性について
　本件訴訟の本質的争点である本件免職処分の効力の有無については、戒規の性質が単なる経済的又は市民的社会事象とは全く異質のものであり、被控訴人の教義、信仰に極めて深くかかわっているため、被控訴人の教義、信仰の内容に立ち入って審理、判断することが避けられないものであるから、裁判所

の審理判断が許されないものというべきである。
　ウ　不法行為に基づく損害賠償請求の訴えの適法性について
　本件免職処分を巡る被控訴人の一連の行為が不法行為に当たることを理由とする損害賠償請求も、被控訴人の教義、信仰の内容に立ち入って審理、判断することが避けられないものであるから、裁判所の審理判断が許されないものというべきである。

第3　当裁判所の判断
　1　当裁判所の判断は、次のとおり改め、当審における当事者の主張に対する判断を後記2のとおり加えるほかは、原判決の「事実及び理由」の「第3　争点に対する判断」1～3（原判決9頁17行目～14頁10行目）に記載のとおりであるから、これを引用する。
　（1）原判決11頁5行目「ありから」を「あるから」と改める。
　（2）原判決11頁6行目末尾に「また、正教師に教師退職年金に加入する資格があり、掛金の払込等の必要な要件を満たすことにより年金給付を受ける権利が発生するとしても、そのような権利が正教師の地位に包含されるものと解することはできず、正教師の地位は、前記のとおり、法律的な権利、義務を包含しない宗教上の地位というべきである。」を加える。
　（3）原判決11頁8行目の「本件訴えは不適法であり、」を「本件訴えは、宗教上の地位についてその存否の確認を求めるものであって、具体的な権利又は法律関係の存否について確認を求めるものとはいえないから、確認の訴えの対象となるべき適格を欠くものに対する訴えとして不適法であり（最高裁判所昭和55年1月11日第三小法廷判決（民集34巻1号1頁。最高裁昭和55年判決））、」と改める。
　（4）原判決12頁5行目の「前例との不均衡（（エ））」を「（エ）前例との不均衡」と改める。
　（5）原判決13頁17行目及び18行目の「戒規の性質」をいずれも「戒規の意義、内容」に改める。
　2　当審における当事者の主張に対する判断
　（1）　正教師の地位確認請求の適法性について
　ア　控訴人は、上記第2の4（1）ア（ア）ないし（コ）のとおり、正教師の地位は法律上の地位であり、正教師の地位を確認することが紛争の抜本的解決に資するから確認の利益が認められる旨主張する。
　しかし、前記引用に係る原判決（前記1において改めた後のもの。以下同じ。）が認定、説示するとおり、被控訴人における「教師」は、「神に召され正規の手続きを経て献身した者」とされ、正教師は、「正教師検定試験に合格し、教区総会の議決を経て、按手礼を領したもの」とされ、正教師である教会担任教師は牧師と呼ばれ、「礼拝、伝道および信徒の信仰指導」、「聖礼典の執行」、「結婚式、葬式その他の儀式」の各「教務を執行する」とされているのであるから、正教師の地位が法律的な権利、義務を包含しない宗教上の地位であることは明らかである。正教師の地位から派生的な権利や地位等が生じたとしても、また、正教師であることが被控訴人における常議員や総会議員等の地位に就任するための資格ないし被選挙資格の一部を構成しているとしても、正教師の地位が宗教上の地位であるという上記判断は左右されない（最高裁昭和55年判決は、住職たる地位と代表役員たる地位とが不即不離の関係にあり、住職たる地位が代表役員たりうる基本資格となるものであるとしても、住職たる地位の確認の訴えが適法となるものではない旨判示している。）。
　したがって、正教師としての地位の確認を求める訴えは、具体的な権利又は法律関係の存否について

確認を求めるものとはいえないから、確認の訴えの対象となるべき適格を欠くものに対する訴えとしては不適法である。

　控訴人は、紛争の直接的かつ抜本的解決のため、正教師の地位を確認する利益を認めるべきであると主張するが、正教師の地位が宗教上の地位であって、確認の訴えの対象となるべき適格を欠く以上、正教師の地位の確認の訴えを適法なものと解する余地はない。

　なお、控訴人は、宗教法人における檀徒の地位が法律上の地位に当たるとした最高裁平成7年判決を援用して、正教師の地位が法律上の地位に当たると主張するが、最高裁平成7年判決は、宗教法人の信者である檀徒の地位について、当該事案において具体的な権利義務ないし法律関係を含む法律上の地位ということができるとしたものであり、正教師としての地位が宗教上の地位であると認められる本件とは事案を異にする。

　イ　上記のとおり、正教師の地位は法律的な権利、義務を包含しない宗教上の地位であると解されるが、控訴人は、正教師の地位が法律上の地位であるとして、その理由を具体的に主張しているので、これについて付言する。

　控訴人の主張のうち、①謝儀受給権、②牧師館等に居住し、賃料相当額の保障を受ける権利及び⑤紅葉坂教会の代表役員等の地位に就任する権限については、原判決が説示するとおり、被控訴人とは別個の法主体である紅葉坂教会との関係における地位であり、紅葉坂教会との間で準委任契約を締結することによって生じるものである（証拠（乙50）によれば、本件免職処分後も、紅葉坂教会が控訴人を牧師として処遇することを直ちに止めたわけではないことが認められる。）から、前記アで説示した正教師の地位に包含されるものではないことは明らかである。

　控訴人の主張のうち、③教師退職年金満額受給権、④常議員就任権及び⑥被控訴人総会議員被選挙資格については、いずれも控訴人と被控訴人間の問題ではあるが、前記アで説示した正教師の地位の内容から判断すると、これらの権利ないし資格が正教師の地位と不可分なものと解することはできず、したがって、正教師の地位に包含されるものと解することはできない。

　控訴人の主張のうち、⑦正教師の地位が、教規105条1項に規定される事務を司る権限の前提となる、あるいは、教規128条1項の教務教師、神学教師の地位に就く権限の前提となるから、法律上の地位であるとの主張については、これらの権限が法律上の権限といえるか疑問である上、これらの権限が前記アで説示した正教師の地位に包含されるものと解することはできない。

　（2）　本件年金減額決定の無効確認請求の適法性について

　控訴人は、本件免職処分の効力を判断するためには、控訴人に対して適用された手続について、手続違背その他の問題がなかったかどうかを、各種規定や条理、法の一般原則に照らして判断すればよく、教義や信仰の内容に立ち入らなければ判断できない部分はないから、本件免職処分の効力について司法審査が及ぶと解すべきであり、本件年金減額決定の無効確認請求は適法なものであると主張する。

　しかし、控訴人が主張する本件免職処分に至る手続の瑕疵は、いずれも、教規や戒規施行細則等の文言に明らかに反する手続が執られたというものではないから、原判決が説示するとおり、控訴人の主張の当否を判断するためには、戒規が控訴人の主張する手続の瑕疵等によって無効となるかどうかを判断することが必要不可欠であり、さらにその前提として、戒規の意義、内容について解釈するとともに、戒規に係る手続準則を認定、解釈し、違反がある場合の効果を判断することが必要不可欠である。

　そして、教規や戒規施行細則には、「戒規は、教団および教会の清潔と秩序を保ち、その徳を建てる目的をもって行うものとする」との規定や、「処分をうけたるもの悔改の情顕著なりと認めたるときは、教師委員会において構成員の3分の2以上の同意を得て、之を解除することを得」との規定があること、

文献には、戒規の目的について、戒規は、教会または社会の基準に従って生きることに失敗した人を正すことを意図しているとか、戒規の本質的な面としてその目的は常にさ迷い出た聖徒を助け、いやし、回復することにあるなどと解説したものもあること、本件上告の結果を通知する文書には、悔い改めをもって復帰への道に進まれることを願う旨の記載がされていることも、原判決の認定するとおりである。

そうすると、戒規は、会社における懲戒などとは大きく異なり、被控訴人の教義、信仰と深くかかわるものといわざるを得ず、戒規が控訴人の主張する手続の瑕疵等によって無効になるかどうかを判断するためには、被控訴人の教義、信仰の内容に立ち入って審理、判断することが避けられない。したがって、本件訴訟の本質的争点である本件免職処分（聖礼典執行に関し、教憲及び教規に違反し続けていることなどを理由とするもの）の効力の有無については、裁判所の審理判断が許されず、本件年金減額決定が無効であることの確認を求める訴えは不適法というべきである。

（3）不法行為に基づく損害賠償請求の訴えの適法性について

控訴人は、本件免職処分の効力について司法審査が及ぶと解すべきであり、本件免職処分を巡る被控訴人の一連の行為が不法行為に当たることを理由とする損害賠償請求は適法なものであると主張するが、上記（2）のとおり、本件免職処分の効力の有無については裁判所の審理判断が許されないものというべきであり、本件免職処分を巡る被控訴人の一連の行為が不法行為に当たることを理由とする損害賠償請求についても、原判決が説示するとおり、被控訴人の教義、信仰の内容に立ち入ることなくして判断することはできないものといわざるを得ない。したがって、同請求についても、裁判所の審理判断が許されず、同請求に係る訴えは不適法というべきである。

第4　結論

よって、本件の訴えをいずれも却下した原判決は相当であるから、本件控訴を棄却することとし、主文のとおり判決する。

　　東京高等裁判所第1民事部

　　　　　裁判長裁判官　　　　氏名　略
　　　　　　　裁判官　　　　　氏名　略
　　　　　　　裁判官　　　　　氏名　略

4-6. 東京高裁判決に対する評価

東京高裁の判決を受けて、2013年7月10日に「控訴審判決集会」が開催され、弁護団の4人の弁護士から高裁判決に対する見解をお聞きすることができた。その要約が『「北村慈郎牧師を支援する会」通信』に掲載されているので、以下にその一部を引用させていただいた。

「高裁判決に対する評価　その1」　　岡田　尚（弁護士）

　今日の高裁の判決は、双方の主張をまとめておりますが、判断の部分は4頁半しかありません。4頁半ということは、基本的には一審の判決をそのまま受け継いで、ここだけをちょっとこう付け加えますよ、というスタイルですね。高裁としては「私はこう考えました。よって皆さんの控訴は棄却します」という体裁でもなく、論理でもありません。一審判決を基本的には妥当としながら「ここだけちょっと私が付け加えますよ」というものです。感想的に言えば、悪い方に付け加えています。我々がずっと主張してきたことは、「確かに正教師の地位が宗教的側面を持っているということは否定しないが、その正教師という地位から派生して具体的な権利が生まれ、生活の基盤そのものがそこから発生しているではないですか」ということです。教会の牧師になり、そこで謝儀をもらい、牧師館に住む、そういう具体的経済的な生活上の権利がそこから発生しているではないか。或は内部的にも常議員になったり、そういう資格の前提となっている。だから「確かに宗教上の地位もあるかもしれないが、そこから発生する付帯的な権利というものは、当然法律的に争い得る権利であり、裁判所が判断しなければならないものではないですか」と言い続けてきたわけです。今回の判決（一審もそうですが）は、「そういう教会から謝儀を受ける権利などは、教会との契約から発生する権利である」というのです。私たちは、教会との契約であることを否定しているわけではありません。でも、教団の上告審判による通知には、正教師の免職と共に、「あなたは教会の牧師としても解任されますよ」と書いてあるんです。つまり免職と同時に牧師としても解任されるんですよ。「牧師の権利として受給していたものがすべてなくなりますよ」と教団側は自分で言っているわけですよ。だから、そういう両側面があるのではないかということを言ってきたわけです。ところが、これについて判決は「結局は派生的な権利や地位が生じたとしても、それは教会との関係だから、正教師の地位が宗教上の地位であることは左右されない。法律的な地位とは言えない」というわけです。だから判決も、派生的な権利が発生することは認めないわけではない。それならそれが正教師の地位とどういう関係にあるかということが問題にされなければならない。私たちは「正教師の地位がなくなれば、牧師としても解任されるんだから、それらは基本的に一体不可分なものではないですか」と言った。今度の判決は「正教師の地位に包含されるかどうか」という表現を4か所くらい使っているのです。そういう権利は正教師の地位に包含されると解することができないと、最終的には否定するわけです。私なんかは逆なんですね。正教師の地位に付随してあるわけだから、逆に不可分一体ではないかと主張したわけです。しかし判決は「包含されると解することは出来ない」というわけです。「（結果のみがあって）問いをもって問いで答える」という判決です。

　それから戒規の性質の問題ですが、戒規の性質について私たちは教規等の条文解釈もちゃんと主張しています。控訴理由書でも一審でも「戒規の何条にはこうなっているでしょう、或は戒規施行細則にはこうなっているでしょう」ということについては具体的に主張しています。要するに戒規というものは、どんな手続でなされるのか、そこに書かれている内容は、やはりどこかで民主主義的な原理を採用しているわけです。戒規そのものが、単なる悔い改めではなく、具体的な権利保障のための手続が書いてあるわけです。「本戒規は、その適用を受けたるものと神との関係を規定するものにあらず」と、わざわざ書いてあります。判決は、戒規の問題も、全部が悔い改め論に戻ってしまっています。そこは一審判

決と全く同じです。そういう悔い改めという面があるとしても、こういう手続でいいのですかと問うたことに対しても、結局戒規のそういう手続の違法性を判断するのに、どうしても教義の内容に立ち入らざるを得ないと判断しているわけです。私たちは「戒規の何處を適用するのにその教義の内容がどんな風に関わるのか、具体的に言ってみてください」と一貫して問うてきました。トータルとしては、これは教師の現に有している権利をどう剥奪するかという手続であることは明らかなことです。戒規の手続が違法であるとか、手続がおかしいとかと言っていることに対して、そのことを判断するのに、教義の内容に立ち入らざるを得ないという結論なのですが、私たちは何度も「どこをどういう解釈をするのに、教義の内容がどう関係するのか。戒規の何条を解釈するのに教義やその内容がどう関わって来るのか明らかにしてください」と主張してきました。それに対する答えは全くなくて、今回もただ総論的に答えているだけなのです。また「免職処分になった後でも、紅葉坂教会は北村さんを牧師として扱っていた」と言っているんですね、これは今まで相手方も主張していないことでした。先ほども申し上げたように、上告審判の処分通知書に「教会の牧師としても解任される」と明確に記載されているのに、判決は「免職処分後も牧師として扱われていたので、正教師の地位に包含されるものではない」と言うのです。しかし、正教師の地位に包含されていないのに、どうして正教師でなくなると牧師が自動的に解任されるのでしょうか。「紅葉坂教会が免職処分後も牧師として扱っていた」という事実行為と、教団側の法律的主張を混同して論じているのです。これは意図的とすら思えます。

　最後にこれも重要な点ですが、裁判所というのは結局こういうところを見ていたのかと思われる点があります。「本件訴訟の本質的な争点である免職処分」と言って、括弧で「聖礼典の執行に関し、教憲及び教規に違反し続けていることなどを理由とするもの」とあります。本質的な争点がそこだとすると、裁判所の判断のように「免職処分の効力の有無については、裁判所の審理判断が許されず」ということになるわけです。我々の主張はそうは言っていません。北村さんの免職処分の異常性、不利益性を問うているわけです。開かれた聖餐が正しいかどうかということで、裁判所の判断を求めている訳ではありません。「（そういうことを求めるのであれば）裁判所は判断できない」と言われることが明らかだからです。控訴審の書面で、最初は「開かれた聖餐か閉じられた聖餐か、教憲教規にはどうなっているのか」ということも書き入れようか、という話もあり、現に起案もしましたが、議論したうえで最終的には外しました。しかしそのことを裁判所には伝える必要があると考えて、何人かの皆さんに上申書を書いてもらいました。上申書は、法律的な主張ではありません。周りの人が「私はこう思う」と言っているだけです。しかしこちらの言いたい事実は書いてあります。渡辺先生の上申書は、正にそこを書いてもらいました。ただそのように上申書の形でやるのは弱気ではなかったかという意見があるかもしれません。しかし、それを「法律的主張」としてモロに出すことは正に「宗教上の教義解釈の争いである」と裁判所に捉えられると私たちは考えました。ただ、単に手続的なことだけを主張しても「何で北村はこのように排除されなければならなかったのか、或は排除したいと思ったのか」が解らない。ここですよね。そこで、私たちは控訴理由書で「北村さんがどういう牧師だったのか、寿町でこんな活動をしましたよ、そこで周りの皆さんはこういう風に受け止め評価していますよ」という点を強調しました。裁判所は「そのことが法律上の地位と直接どこに関係がありますか」と言うかもしれません。でも、具体的な一人の人間が正教師の地位を剥奪されて不利益を被っているわけですから、二審では少しその点を膨らませて主張しました。上申書もいくつか書いてもらい、それをそのまま出しました。結審後も、控訴理由書がちょっと長すぎるので、ダイジェスト版を作って補充の準備書面を出しました。残念ながら、裁判所はそれを検討したのかどうか分からないまま判断を出しました。「正教師の地位にとって派生的な権利は関係ない」という裁判所の判断ですが、こちらは「イヤイヤ、正教師の地位がなければ派生的な権利も

生まれないでしょう」と言っているのですが、結局何の答えもないのです。「正教師の地位は宗教上の地位だからしょうがない」、そういう形式的な判決です。そういう形式的な判決しか書かせられなかったことは、私たち代理人の責任です。裁判所のそういう形式主義をどうこじ開けて実体審理にまで持ち込むかということが課題なのですが、今回はそれができませんでした。本当に申し訳ないと思うし、反省もしております

　さて、本件の相談にあずかった時に私が思ったのは「何で北村さんは免職なのか」という単純な疑問でした。「この問題の本質は何なのか」そういうところをどこまで自分のモノに出来るかが出発点でした。北村さんは40年間何やってきたの？　どのあたりから狙われたんだろうか（笑い）。ずーと昔から狙われたわけではないだろう（笑い）、そのことをどこまで私たちが知り、法律的なハードルはあるけれども、裁判所をどうこじ開けていけるか、という思いは今でも持っています。

「高裁判決に対する評価　その２」　　　　北村　宗一（弁護士）

　今回の判決をざーっと見ますと、先ず一審と同じ内容ということが言えると思います。むしろ内容としては、一審より厳しいものと言えます。今回の判決では、正教師の地位は宗教上の地位であって、牧師としての地位とは関係がないと、はっきり断言しております。この点につきましては、当方の主張は、重複になりますが、派生的な権利との間の密接不可分な関係を、我々としては強調したつもりです。密接不可分な関係としての権利義務を、裁判所のようにこれは単なる派生的な権利、或いは反射的な権利義務に過ぎないというように考えるか、我々のように密接不可分な関係にあると考えるか、どちらに考えるかによって判断が分かれます。現在の裁判所は、もちろん裁判官によって違いはありますが、かなり宗教には触れたくないというところが強く出て来ています。言って見れば、今回の問題は、私どもにしてみれば、宗教或いは教義とは切り離された法律的な争訟であるということを随分主張したつもりなのですが、裁判所は、もう宗教的な匂いが感じられれば撥ねると、私としてはつくづくと感じております。例えば、この僅か４、５枚の判決ですが、戒規が懲戒処分かどうかという問題がありますが、控訴審の判決によりますと、戒規は教義の解釈とは無関係ではないと、スパット撥ねる。そういう意味では、どのような法律的な主張をしても、みんな宗教色が若干でもあればダメという結論に持ってこられてしまいます。この延長線上でこの問題を考えてみますと、北村牧師という方の任免というだけではなく、或いはどなたか他の牧師が気に食わないということでありますと、手続きがインチキであろうが、手続きにどんな重大な違反があろうが、裁判には出来ないことになります。今の執行部が的を絞ってその人を免職にしようと思ったならば、いくらでもできる。そういう結論であります。大変恐ろしい結論を裁判所は出したと思います。ただ私どもとして非常に不満なのは、例えば戒規の手続きについて、先ほど岡田先生も触れられていましたように、手続きの違反について、どうして教義の解釈が関わらなければならないのかということです。これについては、ただ教義に関わるという一言で済まして、殆ど説明はなきに等しいと思います。そういう点から考えると、この二審の判決は、繰り返しになりますが、他の弁護団の先生方も同じ意見だと思いますが、ただ形式論理で結論を出したなあ、実際は何も見ていないという感じを持っています。

「高裁判決に対する評価　その３」　　　　藤田　浩司（弁護士）

　一審判決を読んでもそうだったのですが、非常にがっかりする判決です。裁判所はこれだけ楽をしたがるのかということを、改めて思いました。というのは、私どもは一審判決について、当然様々に再反論しています。戒規の性質に少しでも宗教色があったら、それはダメだという一審の結論についても、

私どもも工夫して、戒規の性質論についても、教義や宗教の中身に入らないように注意して議論したつもりです。福岡大学の浅野先生にもご協力いただきまして、戒規についての丁寧な意見書を書いていただき、証拠として裁判所に提出しております。

　戒規自身の解釈の中でも、司法判断が可能だろうと読める部分もあるんですね。例えば、戒規1条但書では「本戒規は、その適用を受けたるものと神との関係を規定するものにあらず」と書かれています。戒規は神との関係を規定するものではなく、人との関係、つまり組織の中の問題ですよと解釈できます。従って当然司法判断が可能であるという主張も私どもは致しました。これに対して判決は、何も触れていません。一審判決も高裁判決もそうなのですが、一番楽な判決の逃げ方というのは、都合の悪いところは一切書かないことです。これが許されるから、裁判所は楽だと思いますね。

　その結果、これまでの最高裁の判例からも大きく反していると思います。簡単に戒規にただ宗教色があるということで全部撥ねるというのは、これまでの最高裁の判例からも随分逸脱していると思われます。

　このことは、最高裁の調査官の方々がこれまでの判例を分析すれば分かることだと思いますので、私としてはこの案件は最高裁に持っていくに値するものと思いますし、最高裁が十分頭を悩ましてくれると思います。

「高裁判決に対する評価　その4」　　　　今井　史郎（弁護士）

　私も弁護団の中で、控訴審も含め、大きく二つある問題の内、特に、正教師の地位確認ということを中心に文章を書かせていただきましたけれども、今回一審判決で形式論で切られてしまって、控訴審ではもう少し踏み込んで判断していただけるのではと思っていましたが、先ほどこの判決を見て、既に諸先生方からお話があった通りなのですが、基本的には一審判決と同じでありました。更に言えば、個々の細かいところを見て行きますと、一審より我々に対してより厳しい言い回しが付け加えられている面もあり、非常に残念に感じるところであります。一例を挙げさせていただきますと、年金受給権とか常議員の就任資格といったものと正教師の地位との関係については、今回の高裁判決の中では、「これらの権利ないし資格が正教師の地位と不可分なものと解することはできず、したがって、正教師の地位に包含されるものと解することはできない」とあります。「不可分なものと解することはできず」という解り難い言い回しですが、要するに、正教師の地位の中にいろいろな権利が派生していたとしても、それは正教師の地位から年金受給権も常議員の就任資格も切り離すことができるのであり、切り離すことが出来るのであれば、それは正教師の地位に含まれない。そういう風にも読めるような言い回しであります。地位に派生するものであっても、それが地位から切り離せるなら、地位には含まれていないということのようですが、切り離すことが出来るものであれば、地位の法的な保護に関して考慮しないと言うのであれば、殆どのものは切り離すことが出来ると言えるのではないかと思います。本質的なもので切り離せないものも中には有るのではないかと思いますが、切り離そうと思えば、それは教規を変えるなり規約を変えれば、いかに本質的な謝儀受給権のようなものであろうと、年金受給権であろうと、切り離すことは確かに不可能ではない。切り離すことができれば含まれていないのだから、地位の法的な保護に関して考慮出来ませんよということになってしまいます。もしこの「不可分なものと解することができるかどうか」というところを、一つの要件という形で、今後このような考え方が貫かれてしまうようになってしまうと、同様に事案で救済の途が非常に狭くなってしまうことになります。そういうことを危惧せざるを得ない言い回しであるということを、個人的には感じました。この点に関しては、平成7年の最高裁の判例で、勿論事案は違いますが、宗教法人の信者である檀徒の地位について、法律上

の地位があるということが認められた事案があるのですが、今回の高裁の言い回し、いわば「地位と不可分かどうか」ということをそのまま適用すると、恐らくこの平成7年の最高裁の判例でも、檀徒の法律上の地位は認めることはできないということになるのではないかとすら、個人的には感じまして、実質的には最高裁の判例とも矛盾するのではないかという要件の立て方ではないかと感じました。ただこの平成7年の最高裁の判例に関しても、今回の高裁判決で触れられていますが、それはひと言「事案が異なります」、それだけなんですね。ただこういうケースの場合、事案が異なるということで処理されてしまうことが、ある意味で一般的であるということもありますし、内容を実質的に見たら、これは矛盾する面があるのではと感じても、先ほど上告等々の話もありましたが、そういった中で判例違反を認めてもらうことはハードルが高いというものでもあります。そういう点も含めて、やるせない気持になるところであります。

　他方で、何かこの4頁位の実質的な判断の中で、多少なりともプラスに考えられる記載がないものかと、短い時間でちょっと見てみたのですが、先ほど岡田先生の方からもお話がありましたように、そもそも「正教師の地位から派生している地位や権利」があるかどうかということに関しては、実は一審判決の中では殆ど触れられていませんでした。今回若干何か触れたと言えるのかどうかわからないのですが、今回の判決の中には「正教師の地位から派生的な権利や地位等が生じたとしても・・判断は左右されない」と述べられており、逆に言うと、正教師の地位から派生的な権利や地位等が生じていることは否定していないものと考えられます。この点は、今回派生的な権利がここまで有るということを今までに増して主張したことに対して、おそらくそれは否定できなかったのではないかと思われます。逆に言えば、派生的な権利の内容に踏み込まなくとも、この控訴を棄却することができる形で要件をより厳しくされてしまったのかと感じる面もありました。派生的な権利や地位等については、やはりその具体的な中身に触れ出すと、無視できない内容があるというところは、おそらく裁判所も感じざるを得なかったと思いますし、出来るだけそこに触れないように、その前の所で門前払いをしようと努めて書かれた判決ではないかと感じたところであります。

(『「北村慈郎牧師を支援する会」通信』第8号 2013.8.26)

第5章　最高裁判所へ上告

5-1．最高裁判所へ上告

　最高裁に上告する場合は対象が二つに限定される。一つは上告申立、もう一つは上告受理申立である。前者は憲法違反または法令違反と考えられる場合である。後者は最高裁判所の判例に違反している場合及び法令解釈に重要な事項が含まれる場合である。したがって、本件を最高裁に上告するには高裁以上の困難が予想されるが、地裁、高裁判決に見られるように「事実に目を向けず、形式のみをみた判断」を容認するわけにはいかないことから、最高裁に上告することとした。

　2013年（平成25）9月18日弁護団は最高裁判所に「上告理由書」及び「上告受理申立理由書」を提出した。

5-2．上告理由

　「上告理由書」は以下の内容から構成されている。
第1　正教師の地位の確認請求の適法性について
①　理由不備又は理由の食違いがあること
②　裁判を受ける権利を侵害していること
第2　本件年金減額決定の無効確認請求の適法性について
①　理由不備又は理由の食違いがあること
②　裁判を受ける権利を侵害していること
第3　結語

　また、「上告受理申立理由書」については以下の内容構成である。
第1　正教師の地位確認請求の適法性について
①　原判決は法令の解釈に関する重要な事項について、明らかに解釈適用の誤りがあること
②　原判決は過去の最高裁判例に相反すること
第2　本件年金額決定の無効確認請求の適法性について
①　原判決は法令の解釈に関する重要な事項について、明らかに解釈適用の誤りがあること
②　原判決は過去の最高裁判例に相反すること
第3　結語

　上述のように、原判決は上告理由が多数あるので、根本的に見直されなければならない。
　最高裁に提出した原告側文書は、最高裁における審理内容が1審、2審とは異なるため、その主張内容は改めて書き下している。以下に「上告理由書」および「上告受理申立理由書」を引用する。

5-3．上告理由書

平成25年（ネオ）第695号　上告提起事件
上告人　北　村　慈　郎
被上告人　日　本　基　督　教　団

最高裁判所　御中

上　告　理　由　書

平成２５年９月１８日

上告人訴訟代理人弁護士　　（氏名　略）

第１　正教師の地位の確認請求の適法性について……………………………………２
　１　理由不備又は理由の食違いがあること……………………………………………２
　２　裁判を受ける権利を侵害していること……………………………………………９
第２　本件年金減額決定の無効確認請求の適法性について…………………………１２
　１　理由不備又は理由の食違いがあること…………………………………………１２
　２　裁判を受ける権利を侵害していること…………………………………………２２
第３　結語………………………………………………………………………………２４

　本件は、被上告人が上告人に対して行った免職処分の有効性が問題になっている事案である。上告人は、①正教師としての地位の確認を求め、②本件免職処分とそれに引き続いて行われた教師退職年金減額決定が無効であることの確認を求めるとともに、③本件免職処分が不法行為を構成すると主張して慰謝料を請求した事件である。

　一審判決及び原判決は、上告人の訴えをいずれも却下した。

　その主たる判断は、①正教師の地位の確認請求が適法でない、②年金減額決定の無効確認請求が適法でない、というものであるが、この２点の判断のいずれも上告理由があり、根本的に見直されなければならないことを以下に詳述する。以下、原判決の判断の順序に則り、争点ごとに論じる。

　なお、下線は、いずれも重要と思われる部分に付したものである。

第１　正教師の地位の確認請求の適法性について
１　理由の不備又は理由の食違いがあること（民訴法３１２条２項６号）
（１）正教師の地位と派生的権利との関係について
　　①　原判決の引用する最高裁昭和５５年判決の位置付け
　　　原判決は、一審判決の判断を概ね是認して引用した上で、控訴審における主張に対する判断として、「正教師の地位から派生的な権利や地位等が生じたとしても、また、正教師であることが被控訴人における常議員や総会議員等の地位に就任するための資格ないし被選挙資格の一部を構成しているとしても、正教師の地位が宗教上の地位であるという上記判断は左右されない（最高裁昭和５５年判決は、住職たる地位と代表役員たる地位とが不即不離の関係にあり、住職たる地位が代表役員たりうる基本資格となるものであるとしても、住職たる地位の確認の訴

えが適法となるものではない旨判示している。)。」などと判示している（原判決10頁7行目以下）。

　しかしながら、最高裁昭和55年判決は、住職たる地位と代表役員との関係については、さておき、住職の**「財産的活動をすることのできる権限」**については、「住職たる地位に基づいて宗教的活動の主宰者たる地位以外に独自に財産的活動をすることのできる権限を有するものであることは上告人の主張・立証しないところであるというのであって、・・・このような事実関係及び訴訟の経緯に照らせば、上告人の新訴は、・・・単に宗教上の地位についてその存否の確認を求めるにすぎないものであって、具体的な権利又は法律関係の存否について確認を求めるものとはいえない」等と判示しているのである。

　即ち、上記最判は、住職たる地位から派生的な経済的権利や地位等が生じたとしても、宗教上の地位であるという判断は左右されないなどという判断は一切示していない。むしろ、「独自に財産的活動をすることのできる権限を有するものであることは上告人の主張・立証しないところである・・このような事実関係及び訴訟の経緯に照らせば、上告人の新訴は、・・・単に宗教上の地位についてその存否の確認を求めるにすぎない」等と敢えて判示している点に照らせば、同判例の事案においては、住職が財産的活動をすることのできる権限を有することの主張立証が当事者からなされていなかったからこそ、寺の代表役員たる地位の基本資格の主張立証**のみ**では、宗教上の地位であるという判断を左右しないという結論を導いているというべきである。

② 正教師の経済的活動権限と地位との関係に関する理由不備

　そうすると、原判決が、「正教師の地位から派生的な権利や地位等が生じたとしても、・・正教師の地位が宗教上の地位であるという上記判断は左右されない」と述べている上記判示部分は、住職の地位と代表役員の基本資格との関係に関する最高裁昭和55年判決を引き合いに出して一行の文章に複数の重要な事項を一緒に論じつつも、結局のところ、同判例の射程外の事項（**正教師が経済的活動をすることのできる権限を有していることとその法的地位性との関係**）に関して、何らの判断も理由も示さずに、結論だけを示しているに等しいものと言える。

　この点、原判決は一審判決の判断を引用しているため、一審判決を見ると、一審判決は、同判決書10頁において、「謝儀受給権」等の経済的権利に関して、「いずれも、被告とは別個の法主体である紅葉坂教会との関係における地位であり、被告との関係において、正教師の地位が法律上の地位であることを基礎付けるものとはならない」と述べているにとどまる。

　そこで、控訴審においては、かかる別個の法主体といわれる日本基督教団と教会との極めて密接かつ切り離しがたい関係を主張立証し、殊に、「謝儀受給権や牧師館居住権」等の経済的権利に関して、教会ではなく、日本基督教団の示す支払根拠と基準（他ならぬ日本基督教団自身の「教規」に基づく謝儀基準表等）及び教団が与える正教師たる地位に基づいて毎年、教団の被包括団体たる教会を通じて支払われ、その管理集計等の掌握も全て教団によって行われているものであるという具体的関係性等を主張立証したのである。控訴審で主張立証された内容に従えば、単に、直接謝儀を支払う窓口となる法的主体が別であるという理由のみで、正教師の謝儀受給権等と教団との関係を無関係と断じることは到底できない筈である（原判決及び一審判決が引用する教師の定義として、「神に召され正規の手続きを経て献身した者」などという記載が「教憲」9条にある一方（甲1、7頁）、同じ日本基督教団の「教規」115条（甲1、46頁）等において、教師に対する「謝儀」の基準以上の支給の保障がなされていること

を、両判決ともに、完全に度外視しているとしか言いようがない）。

　この点、準委任契約を締結するのが教会だという点ばかりが強調されているが、教団（教区総会議長）が承認しなければ、教会が教師を招聘することもできず（教規１０６条２項）、そうである以上、教団が教師と認めなければ、教会は教師謝儀を支払うという準委任契約を締結することは出来ない上、教団が免職処分をすれば、教師でなくなる以上、教会も教師謝儀を支払うことは出来なくなるのである（教規全体の教団、教会、教師の位置付けから、明らかに導かれる帰結である）。従って、教団は、教会と教師との準委任契約を有効に締結なさしめ、かつ、維持させる上で、必須の意思表示をなす権限を有する主体として、もはや同準委任契約の一当事者に類する立場（同意権と取消権を有する法定代理人等以上に主体的に関与しつつ、終局的に教団の利益のために教会や教師を利用する立場）と言っても過言ではない。そうすると、教師の謝儀受給権等の基礎となる教師の地位は、他ならぬ教団との関係でこそ、確認されるべき利益があるのである。

　然るに、原判決は、一審判決と同じことを繰り返し述べるだけで、正教師の地位が実質的にもたらしているこれらの経済的権利関係について、何ら触れることなく、あたかも、経済的権利関係がどれだけ多く派生していようが、宗教上の地位であることは、絶対的に変わり得ないと断言するかのような判示をしている（最高裁昭和５５年判決の判示の仕方を前提とすれば、当事者が経済的権利関係について主張立証を尽くしている以上、その点も触れた上で、それでも宗教上の地位であるという判断を左右しない「理由」について判断を示されるのが合理的かつ自然と言い得る）。

　言い換えれば、最高裁昭和５５年判決が、敢えて前記のように、経済的活動に関する主張立証が無いことを前提にした判示をしていた以上、そのような主張立証がなされた場合には、その内容如何によっては、結論が左右される場合があることを念頭に置いているとも考えられる。そうであれば、そのような経済的権利関係に関する主張立証に対してどのような理由をもって、結論を左右しなかったというのかが示されなければ、理由として実質的に不備と言わざるを得ないのである。

③　教師と牧師の一体性

　原判決においては、教団から付与される教師の資格と牧師の準委任契約関係とを完全に切り離した理由付けに基づいて判断がなされているため、念のため、教師と牧師の一体性について再度述べておくこととする。

　「牧師」とは、教会等に在職する「教師」のことを指す用語である（教規１０３条、１２８条）。

　「教師」は、教団の教規上も、その「従事すべき職務」「在職場所」等が規則に具体的に明記・区分されるなど「職業」としての位置付けが確立されている。教規１２８条１項によって、現任の教師はその「職務」により教会担任教師、巡回教師、神学教師、教務教師、在外教師の何れかの教師職務に帰属するのであり、いずれにも帰属しない者は無任所教師とされ、その状態が長引けば、教団の機関の決定により教師の地位を剥奪され得る。

　また、正教師の場合には、正教師検定試験の受験資格規定に「本教団所属の補教師であって、教団議長の任命または承認をうけ、２年以上もっぱら伝道に従事した者でなくてはならない」とされており（教師検定規則８条１項、甲１、８７頁）、事実上上記の５つのいずれかの職務に２年以上在職することが条件となっている。このような規定に照らしても、正教師の地位は

「教師の職務」に就くことを前提にしたものであることは明らかである。

このように、教師の地位は前記に挙げられた5つの「教師」の具体的な「職務」と一体かつ不可分の関係にある。そして、教団の開示している統計上の数値（甲41）によっても、現実に圧倒的多数の教師が牧師を中心とする具体的職務に就いており、1教会担任教師あたりの教師謝儀は338万余円と推算できる程である（控訴理由書32～33頁にて詳述したとおりである）。

要するに<u>「教師の地位」は「教師の職務」と表裏一体をなしており、教師の職務は教師の地位にある者がそれによって生計を立てることを可能にする社会的経済的地位</u>でもあって、正に法的に守られるべき権利の基盤となるものである。

従って、現に牧師職に就いていた上告人にとって、教師と牧師は、一体的な地位に他ならず、それを敢えて無理に切り分ける理屈により他の重要な判断を回避するのであれば、その合理的理由が示されなければならないというべきである。

(2) 控訴審で新たに付された理由について

なお、原判決は、「乙50によれば、本件免職処分後も、紅葉坂教会が控訴人を牧師として処遇することを直ちに止めたわけではないことが認められる」ことも、経済的権利関係が正教師の地位に含まれないことの理由に新たに掲げている。

しかしながら、この理由付けは全く不合理である。即ち、通常の会社であっても、解雇処分の無効が争われている間は、その結果が出るまでの間、事実上、職場の現場で事実上、現状を維持するということはいくらでもある話であり、このようなことは、裁判所の経験則上も当然に理解・認識されている筈のことである。

そして、本件においても、法的に教師の免職処分が有効と確定した場合には、規則上、教会が教師（牧師）として処遇することができなくなる（教師謝儀を支払うことはできなくなる）のは当然であり、そうである以上、法的には教団が教師の謝儀受給権を掌握し、教師の免職処分権限等を通じて教師謝儀等の打ち切り権限までをも有していることは明らかなのである。そうすると、処分の効力が法的手続において確定するまでの間、事実上、現場が一時的に現状を維持していたという事実をもって、「教師の謝儀受給権等が、教団と別個の法主体である教会のみとの関係における地位に過ぎない」という結論の理由付けに全くなり得ないことは明らかである。

この点を踏まえても、原判決は、正教師が経済的活動をすることのできる権限を有していることとその法的地位性との関係等という本件の重大な争点について、何らの理由も示しておらず、上記のとおり、原判決の理由不備は明白である。

(3) 牧師以外の教師職における経済的活動について

控訴審においても述べたとおり、教師の具体的職務としては、教会担任教師以外に、「教団内部」において従事する「教務教師」等、教団において職に就き、教団から直接給与を受給する立場に異動されることも想定されているのが教師の地位であり、<u>この教師たる地位は、正に幅広い経済活動の基礎となる地位なのである</u>（教規128条①（4）等、甲1、48頁）。

従って、謝儀ないし給与等の職務の対価を受領するという最も根本的な経済活動の一つとして、教団との間で直接契約関係に立つ地位が含まれている以上、原審のいう「教会との間で準委任契約を締結することによって生じるものである」という理由のみで、教師の地位に、教団との間の法律関係が含まれないと断じる原判決は、理由不備ないし食違いを生じているというべきである。

2 裁判を受ける権利（憲法32条）を侵害していること

（1）実質的に見て、上告人の法的救済の途が他にないこと

　　本件において、原判決の述べるとおり、謝儀受給権等をもたらす準委任契約の形式的当事者が教会であるという形式的理屈により、裁判所において正教師の地位確認がなされない場合、上告人としては、いかにして、再度、教師謝儀等を受給できる地位を法的に回復できるであろうか。

　　もとより、教師とは、一つの教会に終身的に勤めることを想定しておらず、一定の年数の任期が来た段階で、教団の承認を得て他の教会に再度招聘されるという形で異動したり、教団の教務教師等に登用されるなど、「教師」という地位をすべての職務（経済活動）の基盤にして、各任地を渡り歩いていくことが、教規上も想定されている（教規128条等）。

　　この点、裁判所の発想からすれば、直接の準委任契約がある紅葉坂教会に謝儀請求訴訟等を起こせば足りるから教団との関係で教師の地位を確認する必要がないなどと考えるかもしれない。しかしながら、いずれにしても任期が来て同教会の職を解かれて、次の教会に教師として招聘される場合、その離任も招聘も共に「教団」の承認を得なければならない。従って、結局のところ、「教団」との関係で「正教師の地位」を裁判で確認しない限りは、次の任地となるべき教会から教団の認める教師として招聘されることは不可能になる訳であるから、その時点で、事実上、雇い止め同様の形で、教団の認める教師としての職務に就くことが出来なくなるのである。

　　現に、上告人は、平成21年3月の任期満了により、いずれにしても、紅葉坂教会との準委任契約関係が終了しているため（乙51）、もはや紅葉坂教会に対して、準委任契約に基づく各経済的権利や地位等の請求等を行うことは現実に極めて困難と言わざるを得ない。かといって、他の約1700にも及ぶ日本基督教団の被包括団体たる教会（甲41）に対して、任地が変わる都度、各々、教団の承認に代えて、教師としての地位の確認及びこれに基づく招聘を求める裁判を起こせというのも現実に不可能な話であるし、いずれにしても、教団の個別の承認がない以上、各個の教会が上告人を教団の認める教師として正式に招聘することは出来ないのである。

　　従って、教団自身との関係で、教師の地位を確認しない以上、教師の地位に基づく経済的権利関係を上告人に法的に回復させることは、現実に成し得ないのであり、今更、紅葉坂教会との間で、準委任契約関係を確認したところで、他の招聘を受ける可能性のあるすべての教会や教団との関係で、教団の認める教師としての地位に基づく職務に就くことは出来ない（教団の教師として多年生活の糧を得てきた者としての職業人生を終えざるを得なくなる）のである。

　　よって、このような教師の地位を「教団」との関係で法律上の地位であると認めない限り、本件の教師の地位に基づく経済的権利関係を上告人に回復させるために必要な「裁判」を受ける権利を実質的に侵害していることとなってしまうのは明らかである。

　　このような具体的事情を考慮する余地を全く残さない形で、正教師の地位を確認する訴えは、すべて不適法と言うに等しい原判決は、正に、上告人の裁判を受ける権利を侵害しているという他ない。

（2）教師としての地位の得喪が教団との関係で審理されるべきこと

　　そもそも、各個の教会は、上告人が教団から付与される資格である「教師」としての地位を有しているかどうかを判断することは不可能であるし、そのようなことを判断すべき立場にないことも明らかである。

　　その一点だけを見ても、教師としての地位そのものが争いになっている場合に、当該地位に基づく経済的権利等について、各個の教会との準委任関係の存在ばかりを楯にとって、当該教会を被告として経済的権利等を請求すればよいというのは、余りにも教師の裁判を受ける権利を実質

的にないがしろにする発想であり、許されない。

　教師としての地位の得喪が教団との関係で審理されるべきことは誰の目にも明らかであり、教会との関係で、これらの権利を裁判で実現することが、現実に困難な教師と教団との密接な関係（任地を変える都度、教団の承認がない限り、雇い止めとなってしまう関係）がある以上、多くの派生的権利の元となる正教師の地位自体に、法律上の地位を認めることは、何ら問題ないことであり、裁判を受ける権利の保障を図る上で、むしろ、必要なことと解するべきである。

第２　本件年金減額決定の無効確認請求の適法性について
１　理由不備又は理由の食違いがあること
（１）原判決の判断枠組
　　①　一審判決は、最高裁判所平成元年９月８日第二小法廷判決（いわゆる蓮華寺事件判決）をほぼそのまま引用する形で、「当事者間の具体的な権利義務ないし法律関係に関する訴訟であっても、宗教団体内部においてされた処分の効力が請求の当否を決する前提問題となっており、その効力の有無が当事者間の紛争の本質的争点をなすとともに、それが宗教上の教義、信仰の内容に深くかかわっているため、同教義、信仰の内容に立ち入ることなくしてその効力の有無を判断することができず、しかも、その判断が訴訟の帰趨を左右する必要不可欠のものである場合には、同訴訟は、その実質において法令の適用による終局的解決に適しないものとして、裁判所法３条にいう「法律上の争訟」に当たらないというべきである。」と判示した（一審判決１１頁）。

　　　原判決もこれをそのまま踏襲している（原判決９頁、第３　当裁判所の判断　１）。

　　　これは、現在概ね確定した最高裁の判断基準と言って良く、この点は上告人も争うものではない。

　　②　そのうえで原判決は一審判決同様、本件訴訟の本質的争点が本件免職処分の効力の点にあること、そして免職処分の効力の有効性については、特に、免職処分の手続に瑕疵があって無効と判断できるかどうかが中心的な争点であることも前提としている（原判決１２頁、４〜５行目、同下から８行目以下）。この点も上告人は特に争うものではない。

　　③　そうすると、次は、本件紛争の本質的争点である「本件免職処分の効力（特に免職処分の手続の瑕疵）」が「宗教上の教義、信仰の内容に深くかかわっているか否か」を検討すべきことになるはずだが、原判決はその判断にあたって、手続規定である「戒規」（教規１４１条以下、甲１、５２頁。以下「戒規施行細則」（甲１、９５頁）も含めて「戒規」と呼ぶ。）の「性質論」を一足飛びに論じ、戒規の性質に宗教性が認められるから、結局、本件紛争の本質的争点の判断には宗教上の教義、信仰の内容に深くかかわるという判断を下している。

　　　この判断は、完全に論理的に破綻した判断であって、然るべき理由付けのない判断である（一審判決も同じである）。以下、詳述する。

（２）本件紛争の本質的争点に対する判断のありかた
　　①　まず、本件免職処分の手続に瑕疵があるか否かは、執られた手続が、定められた手続規定の明文に違反しているか否かを検討することになる（この点は原判決も認めている。原判決１２頁、２行目）。

　　②　しかしながら、明文規定に反した手続ではないとしても、一般的に、経済的地位の喪失を伴う不利益処分については、その手続に適正性が要求されることは、法の一般原則である。

従って、戒規処分の手続にあっても、規定の文言に明らかに違反しているかどうかという文理解釈に止まるのではなく、手続全体が適正になされているかどうかが判断されなければならない。
　　　原判決は、この点において、明文の規定に明らかには違反していないとの認定に止め、適正手続の判断に及ぶことなく、戒規の性質論に流れてしまったのは、決定的な判断の欠落というべく理由の不備と言わざるを得ない。
③　それでは、本件にあって求められる適正手続とは何かということであるが
　　ア　第1に、処分の対象となる行為についての特定
　　イ　第2に、一事不再理の原則に反しないこと
　　ウ　第3に、申立権について合理的な範囲内での制限
　　エ　第4に、弁明の機会の供与を含む攻撃防禦方法の確保
　　オ　第5に、処分に対する異議申立権の確保及び異議申立に対する審査に当っての審査機関の中立性の確保と攻撃防禦方法の確保
　　などが最小限必要な手続ということができる
④　以上の適正手続の要件を個別に検討する。
　ア　本件免職処分は、免職処分という、一人の人間の社会生活上の地位を根本から剝奪する極めて重大な処分であるにもかかわらず、対象行為の特定を欠き、免職処分の根拠規定も不明確なまま下されている。まずこれ自体、およそ懲戒・処分に関する法の一般原則としてあり得ない処分行為である。
　イ　しかも一度は、当時の日本基督教団議長（常議員会議長）が常議員会決議に基づいて当該処分の申立を行ったことが、教団総会において無効である旨の決議が下されながら、同じ常議員会の構成員であった者が、「一信徒」という立場で再度戒規申立てを行って受理されている（乙28）。
　　　これは、権利、利益の剝奪といった不利益処分には一事不再理の原則が適用されるという法の一般原則を明らかに脱法する形での申し立てを認めたものである。
　ウ　そのうえ、その上記イの申立ての直前に、教師委員会の内規を改訂して戒規申立を容易なものにしていたことも判明している（甲4の1、2）。処分の根拠・前提となる条項が、意図的、恣意的に変更されたうえで直ちに適用されることが、法の一般原則として認められるとは到底考えられない。
　　　また、一信徒による戒規申立て自体も問題である。教師の退任については、教区総会議長を経て教団総会議長の承認を得るものとされ（教規129条、甲1、49頁）、特に教会担任教師の解任については教会総会の議決と教区総会議長の承認を得ることが手続上必要とされている（教規112条1項）。また、教師、伝道師の就任、退任その他教師の異動に関する事項は、教区総会において処理すべき事項であり（教規66条4項）、教会担任教師の招聘、就任、辞任、解任等については、当該教会担任教師の教会総会の議決及び教区総会議長の承認が必要とされている（教規106条～108条、112条、113条）。従って、教師の退任・解任に関して、当該教会及び教区とは無関係な一信徒が恣に戒規申立をすることは、教区の人事権や被上告人が主張する教会と教師との間の準委任契約関係を無関係な第三者が侵害することになり、被上告人の教規に照らしてもできないと考えられる（甲15参照）。これは法の一般原則ではなく、教規の解釈自体から導かれる

　　　　手続の瑕疵である。
　　エ　さらに、戒規申立にあたっての申立書（乙28）は、上告人の再三の要求にもかかわらず、裁判に至るまで一度も開示されなかった。上告人は、自らが指摘されている具体的な問題点もわからず、十分な対応の機会も与えられないままに手続だけ進んでいったのである。そして、免職処分自体にも、十分な理由が付されているわけではなかった（甲2）。弁明の機会が十分に与えられず、自らを防御する権利をまっとうする機会が与えられない手続は、懲戒等の処分に関する法の一般原則として明らかに違法であろう。
　　オ　そして、上告審判という不服申立手続においても、明確な手続規定のないまま、告知聴聞の機会も与えられずに密室で手続が進んでいったのである。そして、上告審判委員の選出も利害関係人が多数加わるなど公平を欠き、その結果、上告人の免職を認める者が多数を占める構成となった。手続規定が十分でないことは、適正手続の原則に明らかに違反する。
　⑤　以上のように、本件免職処分は、戒規の明文規定に違反していないとしても、条文解釈及び法の一般原則や条理等には明らかに何重にも反しているので、その手続は無効と言わざるを得ない。
　　　そしてこの判断は、上記④で述べたように、何ら宗教上の教義、信仰の内容に立ち入ることなく判断を下せるのである。
（3）原判決の重大な誤り
　これまでの最高裁判決の枠組みを元にしても、上記のように本件免職処分の手続に瑕疵があるか否かを判断できるし、上記のような判断の筋道がもっとも自然である。
　ところが原判決は（一審判決も同旨であるが）、このような判断をとらない。本件免職処分の手続が明文規定に違反していないことを前提としつつ、次に条文解釈や法の一般原則・条理等に違反しているかどうかを検討しない。それでありながら、以下に述べる手順で、裁判所の審理判断を極めて不自然な形で避けている。
①　まず、原判決は、戒規が手続の瑕疵によって無効となるかどうかを判断するには、「戒規の意義、内容について解釈するとともに、<u>戒規に係る手続準則を認定、解釈し、違反がある場合の効果を判断することが必要不可欠である</u>」として、これらの検討をしようとしている（実際には後述するように、検討しているとは言えないことも問題である）。
　　ア　「戒規の意義や内容」について解釈する必要があるのは、戒規の規定が不明確で複数の解釈の余地がある場合に、その立法趣旨や戒規の精神に立ち戻って解釈を補う必要がある場合である。
　　　　しかし、本件は、立法趣旨や戒規の精神に立ち戻って戒規の解釈を補う必要は特にない。ちなみに、当該教会及び教区とは無関係な一信徒が恣に戒規申立をすることができるか否かといった問題でも、上記（2）④ウで述べたように、他の条文の規定等から解釈上判断が可能であって、立法趣旨や戒規の精神に立ち戻る必要はない。
　　イ　また、「戒規に違反した場合の効果」については、本件ではまったく問題にならない。効果の問題は、処分を受けた後の問題であって、処分自体の効力が問題となっている本件ではそもそも問題にならない。
　　　　もっとも、戒規施行細則8条では、一定の処分を受けた後、「悔改の情」が顕著な場合には、教師委員会の構成員の3分の2以上の同意をもって、復帰することができると規定さ

れている。特に一審判決はこの点を強調し、原判決もこの点を意識しているようなので反論しておく。

　「悔改の情」という文言は、要するに自らの行いを反省して考え方や態度を改めるという意味である。それによって処分が変更を受けることは何ら珍しいことではない。例えば刑法２８条では懲役又は禁錮に処せられた者でも「改悛の情」があるときは仮釈放が認められている。刑法でも、有罪判決の後に反省した態度が認められれば、言い渡された刑罰が実際には執行されなくなるのである。特別な性質の規定ではない。

　また、「悔改の情」といった文言を使っている部分があるからといって、手続準則すべてが宗教規範の領域に属しているわけではないことは言うまでもない。むしろ、戒規施行細則をお読みいただければわかるように、宗教的色彩がほとんどないと言ってよい。

　ウ　以上より、本件の争訟性の有無を検討するにあたって、戒規の意義や内容、戒規に違反した場合の効果等をわざわざ判断する必要はまったくないのである。

② 　そのうえで原判決は、戒規の意義や内容、戒規に違反した場合の効果などを判断する必要があると言いつつ、本件で対象となった具体的な戒規の「意義」や「内容」を検討するわけでもなく、一足飛びに戒規「全体」の「性質論」を論じている。

　すなわち、戒規施行細則８条（甲１、９６頁）に「処分をうけたるもの悔改の情顕著なりと認めたるとき‥‥」とあることや、一部の文献に戒規の目的としてさ迷い出た聖徒を助け、いやし、回復することにあるといった解説があることを理由に、<u>戒規は、会社における懲戒などと大きく異なる性質を有すること</u>を結論付けているのである（原判決１２頁、下から８行目）。

　しかし、このように戒規そのものの性質を論じる必要性は、戒規の解釈適用にあたってはまったく論理的にも必要がないし、原判決でもその性質を論じる理由がまったく示されていない。

　仮に百歩譲って、戒規の性質を論じる必要があるとしても、戒規全体の宗教性を問題にして、一切戒規については司法審査が及ばないと判断することも誤りである。この点は、福岡大学法学部の浅野直人教授が「意見書」（甲５０）で指摘されているように、戒規の性格が世俗の刑罰規定等の社会規範と異なる性格をあわせもつことを全面的に否定する必要はないとしても、だからといって<u>手続規定のすべてが宗教的規範に属し、その内容には一切の司法審査が及ばないとするのは過去の最高裁判例を十分に理解していないものにほかならない</u>のである（甲５０、３ページ）。

③ 　さらに、原判決は、戒規の性質が懲戒などと大きく異なることから、直ちに「<u>被上告人の教義や、信仰と深くかかわるものといわざるを得ず</u>、戒規が申立人の主張する手続の瑕疵等によって無効になるかどうかを判断するためには、被上告人の教義、信仰の内容に立ち入って審理、判断することが避けられない。」と結論付けている（原判決１２頁、下から８行目以下）。

　これはお読みいただければすぐわかるように、まったく理由になっていない。処分の軽重が争点になっているのであれば格別、手続の瑕疵が争点になっている場合において、戒規の性質が、一般の懲戒規定などと異なって宗教性を帯びているからといって、なにゆえ教義や信仰の内容にまで遡って立ち入らなければならないのか、まったく説明がないのである。

④ 　以上のように、原判決及び一審判決の理論構成は完全に破綻している。

教義や信仰の内容に立ち入らなければならないという結論だけがあって、それがなぜ必要なのかという明確な理由が付されていないのである。

繰り返すが、上記（２）④で論じたように、本件戒規を適用した手続が有効か否かは、教義や信仰の内容に立ち入ることなく、当該戒規の規定の解釈と法の一般原則等により判断可能である。教義や信仰の内容にまで遡って判断しなければならないということは、まったくないのである。

（４）小括

① 以上のように原判決は（一審判決も同様であるが）、処分の対象ではなく、処分の根拠規定である戒規の性質論を唐突に論じ、手続の瑕疵等が無効かどうかを判断するには、教義や信仰の内容に立ち入って審理、判断することが避けられないと論じている。

しかし、これは何重にも論理の飛躍があり、結局、何ら理由らしい理由を挙げずに、司法判断を回避するという、安易で、かつ重大な結論を導いているのである。

原判決には理由不備の上告理由があるから、原判決は直ちに見直されなければならない。

② なお、戒規について、宗教性を論じてこれを司法審査の対象外とすることは、戒規自体の解釈としても矛盾する。

原判決は、「教団及び教会の清潔と秩序を保ち、その徳を建つる目的を以てこれを行う」と規定されていることを重視しているが（戒規施行細則１条本文、教規１４１条、甲１、９５頁、５２頁）、この規定の直後には「但し本戒規は、その適用を受けたるものと神との関係を規定するものにあらず」との規定がある（戒規施行細則１条但書）。

処分を受けた者と神との関係を規定するものではないということは、処分を受けた者と人との関係を規定したものにほかならない。

従って、戒規の性質を仮に重視するとしても、司法判断を回避する結論は、戒規自体の解釈としても、そもそもとり得ないのである。

２ 裁判を受ける権利（憲法３２条）を侵害していること

（１）前記第２、１（２）④で詳述したように、日本基督教団の本件処分とその後の一連の対応は、本来、公平であるべき教団自体が公平な立場を放棄し、一人の正教師をとにかく免職に追い込もうとしたと考えざるを得ないような異常な対応なのである。

このような教団のやり方自体に強い疑問と批判が噴出するのは当然であって、だからこそ、全国１７教区のうち約半数の教区で、上告人の免職処分への抗議や処分撤回を求めることが教区総会で可決されている（甲２８の１、２）。現在、上告人を支援している者は全国に及び、６０００名以上の方から、上告人の戒規免職撤回を求める署名も集まっている。

これだけ大きな支持を受けているのは、上告人のこれまでの実績や考え方に共感しているというだけではない。実際、上告人とは異なる考え方を持つ者からも、上告人を支持する者が増えている。これは、被上告人日本基督教団の行った処分の方法とその内容があまりにも違法性が高いからである。上告人が本件訴訟を通して問うているのはまさにこの点である。

（２）繰り返すが、本件訴訟は、免職処分の「一連の手続の適法性」を問うものにほかならない。宗教的な問題の判断を裁判所に求めているわけではまったくなく、教義や信仰の内容に立ち入らずに司法判断が可能なことは上述のとおりである。手続の適法性については、その手続が各種規定に基づいて適切になされていたか否か、また規定にない部分については法の一般原則や

条理に照らして適切妥当な運用がなされたか、といった判断を行えばたりるのである。

(3) ところが、原判決は、結局、被上告人日本基督教団の戒規は、会社における懲戒などとは大きく異なる性質のもので、戒規が適用された以上は裁判所の審理が許されないという判断である（原判決12頁）。

これでは、およそ日本基督教団において戒規が適用されていかなる不合理な処分がなされようとも、戒規の適用である以上まったく司法判断はできなくなってしまう。この判決を前提とすると、著しい手続違背があったとしても、司法による救済は一切不可能ということになる。

これは、信教の自由の名のもとに、力による宗教団体内部の圧政を認めるものであり、処分対象者は、生活権・人格権その他の基本的人権が踏みにじられたときでも裁判を受ける権利が認められず、侵害された人権の回復が受けられないのである。

原判決には明確に上告理由が認められる。

第3　結語

上述のように、原判決は上告理由が多数あり、根本的に見直されなければならない。

司法救済が必要な場合には司法は積極的に判断すべきであることは、最高裁判所昭和55年4月10日判決（本門寺事件）でも、「宗教活動上の地位を有する者であるかどうかを審理、判断することができるし、<u>また、そうしなければならない</u>というべきである」と明言しているとおりである。

特に、本件は、日本基督教団というプロテスタント系キリスト教団としては日本で最大規模（教会教約1700）の宗教団体内部で起こった明白な人権侵害行為である。かかる教団における人権侵害行為（処分）について、今後、処分規定である戒規（及び戒規施行細則）が適用される限り、一切、司法判断がなされなくなるというのはまさに司法権の自殺にほかならない。本件判決が他のキリスト教系教団に与える影響もはかり知れない。

かかる判決は、絶対に見直されなければならないのである。

以　上

5-4．上告受理申立理由書

最高裁へは、一審・二審判決が憲法に違反していると考えられる場合は「上告申立て」、過去の判例に違反もしくは法令解釈に重要な事項を含む場合は「上告受理申立て」という形で上告できることになっている。

今回は、憲法で保障されている「裁判を受ける権利」を否定されたこと、過去の最高裁判例とは相反していること、法令の解釈に関する重要な事項に明らかに解釈適用の誤りがあることなどが考えられたため、この両者の申立てを行った。以下に原告側から提出した「上告受理申立理由書」を掲載する。

平成25年（ネ受）第736号　上告受理申立て事件
申立人　北　村　慈　郎
相手方　日　本　基　督　教　団

最高裁判所　御中

上告受理申立理由書

平成25年9月18日

申立人訴訟代理人弁護士　（氏名　略）

第1　正教師の地位の確認請求の適法性について・・・・・・・・・・・・・・・・・・・・・・・・・・・・2
　1　原判決は法令の解釈に関する重要な事項について、明らかに解釈適用の誤りがあること・・・・2
　2　原判決は過去の最高裁判例に相反すること・・・・・・・・・・・・・・・・・・・・・・・・・・・・・・・・・7
第2　本件年金減額決定の無効確認請求の適法性について・・・・・・・・・・・・・・・・・・・・・・19
　1　原判決は法令の解釈に関する重要な事項について、明らかに解釈適用の誤りがあること・・19
　2　原判決は過去の最高裁判例に相反すること・・・・・・・・・・・・・・・・・・・・・・・・・・・・・・28
第3　結語・・・34

　本件は、相手方が申立人に対して行った免職処分の有効性が問題になっている事案である。申立人は、①正教師としての地位の確認を求め、②本件免職処分とそれに引き続いて行われた教師退職年金減額決定が無効であることの確認を求めるとともに、③本件免職処分が不法行為を構成すると主張して慰謝料を請求した事件である。
　一審判決及び原判決は、申立人の訴えをいずれも却下した。
　その主たる判断は、①正教師の地位の確認請求が適法でない、②年金減額決定の無効確認請求が適法でない、というものであるが、この2点の判断のいずれも上告受理申立て理由があり、根本的に見直されなければならない。以下、原判決の判断順序に沿って、争点ごとに論ずる。
　なお、下線は、いずれも重要と思われる部分に付したものである。

第1　正教師の地位の確認請求の適法性について
1　原判決には、法令の解釈に関する重要な事項について、明らかに解釈適用の誤りがあること
（1）民訴法318条1項（上告受理申立事由）にいう、法令の解釈に関する「重要な事項を含む」に当たる例としては、①一定の法令の解釈を示している判例に反する場合、②これまでの判例のない法令の解釈について最高裁判所の判断を示す必要がある場合、③従前の判例を変更すべき場合、④高等裁判所の誤った法令解釈を判決として確定させるべきでない場合などがあるとされている（伊藤『民事訴訟法』654頁、兼子『条解民事訴訟法』1636頁等）。
　この点、「正教師の地位」の確認請求それ自体に関しては、少なくとも、これまでに最高裁の裁判例がないものであり、宗教法人団体内部の地位に関する法律上の地位の有無という争点が、裁判所法3条の解釈との関係で、従前より多くの裁判例にて大きな争点として争われ続けており、

必ずしも統一的な確定規範が形成されているとまでは言い難いことを踏まえても、この法令解釈について、最高裁判所の判断を示す必要がある場合に当たることは明らかである。

また、原判決は、後述のとおり、過去の判例等に照らしても、検討すべき事項を検討せずに専ら結論のみを判断するに至っており、誤った法令解釈をしているとともに、過去の判例の枠組みとの整合性・均衡等を失するものであるから、これをそのまま確定させるべきではない。

更に言えば、万一、正教師を含む宗教団体内部の教職の地位については、いかなる場合も、およそ法律上の地位が含まれないというのが、現在の判例が示す解釈だというのであれば、そのような判例は、少なくとも、当該宗教団体における教職者の具体的な地位の内容等によっては法律上の地位が含まれる場合もあり得るという限度で、変更されるべきである。

よって、本件上告受理申立が、法令の解釈に関する「重要な事項を含む」に当たるものとして、受理されるべきことは明らかである。

(2) 教師の地位確認の現実的な必要性に即した法令解釈

① 教師と牧師の一体性

原判決においては、教団から付与される教師の地位と牧師の準委任契約関係とを完全に切り離した解釈に基づいて判断がなされているため、念のため、教師と牧師の一体性について再度述べておくこととする。

「牧師」とは、教会等に在職する「教師」のことを指す用語である（教規103条、128条、甲1、44頁、48頁参照）。

「教師」は、教団の教規上も、その「従事すべき職務」「在職場所」等が規則に具体的に明記・区分されるなど「職業」としての位置付けが確立されている。教規128条1項によって、現任の教師はその「職務」により教会担任教師、巡回教師、神学教師、教務教師、在外教師の何れかの教師職務に帰属するのであり、いずれにも帰属しない者は無任所教師とされ、その状態が長引けば、教団の機関の決定により教師の地位を剥奪され得る。

また、正教師の場合には、正教師検定試験の受験資格規定に「本教団所属の補教師であって、教団議長の任命または承認をうけ、2年以上もっぱら伝道に従事した者でなくてはならない」とされており（教師検定規則8条1項、甲1、87頁）、事実上、上記の5つのいずれかの職務に2年以上在職することが条件となっている。このような規定に照らしても、正教師の地位は「教師の職務」に就くことを前提にしたものであることは明らかである。

このように、教師の地位は前記に挙げられた5つの「教師」の具体的な「職務」と一体かつ不可分の関係にある。そして、教団の開示している統計上の数値（甲41）によっても、現実に圧倒的多数の教師が牧師を中心とする具体的職務に就いており、1教会担任教師あたりの教師謝儀は338万余円と推算できる程である（控訴理由書32～33頁にて詳述したとおりである）。

要するに「教師の地位」は「教師の職務」と表裏一体をなしており、教師の職務は教師の地位にある者がそれによって生計を立てることを可能にする社会的経済的地位でもあって、正に法的に守られるべき権利の基盤となるものである。

従って、現に牧師職に就いていた申立人にとって、教師と牧師は、一体的な地位に他ならず、それを敢えて無理に切り分けて法律上の地位が認めないという理屈は、誤った法令解釈であるというべきである。

② 実質的に見て、申立人の法的救済の途が他にないこと

本件において、原判決の述べるとおり、謝儀受給権等をもたらす準委任契約の形式的当事者が教会であるという形式的理屈により、裁判所において正教師の地位確認がなされない場合、申立人としては、いかにして、再度、教師謝儀等を受給できる地位を法的に回復できるであろうか。

　もとより、教師とは、一つの教会に終身的に勤めることを想定しておらず、一定の年数の任期が来た段階で、教団の承認を得て他の教会に再度招聘されるという形で異動したり、教団の教務教師等に登用されたりするなど、「教師」という地位をすべての職務（経済活動）の基盤にして、各任地を渡り歩いていくことが、教規上も想定されている（教規１２８条等、甲１、４８頁）。

　この点、裁判所の発想からすれば、直接の準委任契約がある紅葉坂教会に謝儀請求訴訟等を起こせば足りるから教団との関係で教師の地位を確認する必要がないなどと考えるかもしれない。しかしながら、いずれにしても任期が来て同教会の職を解かれて、次の教会に教師として招聘される場合、その離任も招聘も共に「教団」の承認を得なければならない。従って、「**教団**」**との関係で**「**正教師の地位**」**を裁判で確認しない限り**は、次の任地となるべき教会から教団の認める教師として招聘されることは不可能になる訳であるから、その時点で、事実上、雇い止め同様の形で、教団の認める教師としての職務に就くことが出来なくなるのである。

　現に、申立人は、平成２１年３月の任期満了により、いずれにしても、紅葉坂教会との準委任契約関係が終了しているため（乙５１）、もはや紅葉坂教会に対して、準委任契約に基づく各経済的権利や地位等の請求等を行う法律上の根拠を見出すことは極めて困難と言わざるを得ない。また、新しい教会が、牧師としての招聘を決めたとしても、教団が教師としての地位がない者に対して承認を与えるはずもない。いずれにしても、教団の個別の承認がない以上、教会が申立人を教団の認める教師として正式に招聘することは出来ないのである。

　従って、教団自身との関係で、教師の地位を確認しない以上、教師の地位に基づく経済的権利関係を申立人に法的に回復させることは不可能である。仮に紅葉坂教会との間で、準委任契約関係を確認したところで、教団の「上告審判書」（甲２０）で指摘している如く、免職処分と同時に「牧師の職を解かれ」るとされているのであるから、牧師の地位に留まることはできない。また、他の招聘を受ける可能性のあるすべての教会や教団との関係で、教団の認める教師としての地位に基づく職務に就くことは出来ない（教団の教師として多年生活の糧を得てきた者としての職業人生を終えざるを得なくなる）のである。

　よって、このような教師の地位を「教団」との関係で法律上の地位であると認めない限り、本件の教師の地位に基づく経済的権利関係を申立人に回復させるために必要な手段が失われてしまうのは明らかである。

　このような具体的事情を考慮する余地を全く残さない形で、正教師の地位を確認する訴えは、すべて不適法と言うに等しい原判決は、裁判所法３条の法令解釈として誤っているという他ない。

③　教師としての地位の得喪が教団との関係で審理されるべきこと

　そもそも、各個の教会は、申立人が教団から付与される資格である「教師」としての地位を有しているかどうかを独自に判断することは不可能であるし、教師の資格の有無について教団からの指示以外にその判断基準を持ちえない。

　その一点だけを見ても、教師としての地位そのものが争いになっている場合に、当該地位に

基づく経済的権利等について、各個の教会との準委任関係の存在のみを楯にとって、当該教会を被告として経済的権利等を請求すればよいというのは、余りにも形式論理で、教師の地位の保護を実質的にないがしろにする発想であり、許されない。

教師としての地位の得喪が教団との関係で審理されるべきことは常識的な経験則に照らしても、誰の目にも明らかであり、教会との関係で、これらの権利を裁判で実現することが、現実に困難な教師と教団との密接な関係（任地を変える都度、教団の承認がない限り、雇い止めとなってしまう関係）がある以上、多くの派生的権利の元となる正教師の地位自体に、法律上の地位を認めることは、何ら問題ないことである。むしろ、実質的に正教師の地位に派生する法律関係の法的救済の途を残すために、必要不可欠なことと解するべきである。

2　原判決が過去の最高裁判例に違反すること

（1）最高裁判決平成7年7月18日（最判平成7年判決）との関係

①　最判平成7年判決が示した基本的な判断の枠組

最判平成7年判決は、Y寺から檀徒の地位を剥奪する旨の除名処分を受けたXがY寺の檀徒の地位にあることの確認を求めて訴えを提起した事案である。この点、最高裁は、「信者と宗教法人との間の権利義務ないし法律関係について直接に明らかにする規定を置いていないから、檀徒等の信者の地位が具体的な権利義務ないし法律関係を含む法律上の地位ということができるかどうかは、当該宗教法人が同法12条1項に基づく規則等において檀徒等の信者をどのようなものとして位置付けているかを検討すべき」であると判示し、その基本的な判断の枠組みを明らかにしている。

②　最判平成7年判決の具体的考慮要素・当てはめ等

同判決は、上記の判断の枠組みに従い、宗教法人法12条1項に基づくY寺の規則、その包括宗教法人の宗規等の定め方、Y寺における檀信徒の意義、檀信徒名簿の有無、檀信徒からの除名処分の事由、総代が法人の正式の機関とされているかどうか、檀信徒と総代との関係、総代の権限等を検討した上、Y寺における檀徒の地位は、具体的な権利義務ないし法律関係を含む法律上の地位に当たるとの判断を示している。

③　檀徒等の地位に関する他の裁判例等

檀徒等の地位が法律上の地位に当たるとした主な裁判例としては、①高松高判昭和43年2月22日、②名古屋高判昭和55年12月18日、③大阪高判平成2年12月18日、④東京高判平成5年6月29日等があり、肯定する裁判例が多く、学説も、通常の檀徒について、これを寺院等の構成要素とみて、<u>檀徒の地位は法律上の地位であるとする肯定説を採るものが多数である</u>（判例タイムズ888号130頁等）。なお、浜田源治郎『裁判宗教法』235頁は、宗教法人法が信者に法人内における役割を与えている以上、法律上の地位であることはいうまでもないとしている。

④　「檀信徒」等の場合と「教師」の場合の判断の異同等

原判決は、最判平成7年判決は、信者の地位に関するものであり、正教師の地位に関する本件とは事案が異なると述べ、同判決の基本的枠組や考慮要素に触れることもなく、教師名簿の有無や教師と派生資格、経済的社会的利益との実質的な関係、当該派生資格の位置付け等の各考慮要素に対する判断も全て回避したまま、基本的にはこれらを考慮、判断するまでもなく「正教師の地位が宗教上の地位であるという判断は左右されない」という認識を前提にして判示し

ている。

　しかし、最判平成7年判決は、宗教団体内部の特定の地位が法律上の地位を有するか否かについて、宗教法人法が当該宗教法人との間の権利義務ないし法律関係について直接に明らかにする規定を置いていない場合の判断の枠組みと考慮要素等について判示したものであり、その基本的な枠組みは、宗教団体内部の檀信徒以外の同様の地位に関しても、同様に適用され得るものである。

　この点、宗教団体内部における「信者」とは、宗教法人法上明確な定義は置かれていないものの、一般的に、「信者」とは、在俗の氏子、崇敬者、檀徒、教徒、信徒、会員などだけでなく、神職、僧侶、牧師、教師等の聖職、教職を含む信仰者の総称を指すとされている（「宗教法人の法律相談」22頁等、株式会社青林書院刊）。

　即ち、「教師」は、「檀信徒」と同じく、広義の「信者」に含まれるものと言え、少なくとも、本件においても最判平成7年判決の上記の基本的枠組みにおいて教師の法律上の地位の有無について判断するうえで格別支障はない。むしろ、かかる判断は不可能と言わざるを得ない。

⑤　「宗教法人法」上の信者ないし教職の役割

　宗教法人法が「信者」に法人内における役割を与えている以上、法律上の地位であることはいうまでもないという学説については上記に紹介したとおりである。

　この点、「信者」は、宗教法人法2条、3条1号、12条2項、3項、23条、25条3項、26条2項、34条1項、35条3項、44条2項、3項等において用いられる用語であり、特に、同法2条においては、「『宗教団体』とは、宗教の教義をひろめ、儀式行事を行い、及び信者を教化育成することを主たる目的とする左に掲げる団体をいう」と規定されるとおり、宗教団体において、「信者」は、必須の構成要素と位置付けられている面があり、法律上の地位があると言いやすいことは明らかである。

　他方、上記の宗教法人法2条における宗教団体の定義によれば、宗教団体とは、信者を教化育成することを主目的とする団体である以上、宗教団体内における**「教職」**の存在は、広義の信者の中でも、**宗教法人法が当然に想定する地位の一つ（信徒等と対をなす必要な構成要素）であると言わざるを得ない。**

　例えば、宗教法人法3条は、「この法律において『境内建物』とは、第一号に掲げるような宗教法人の前条に規定する目的のために必要な当該宗教法人に固有の建物及び工作物をい」うとし、第一号において、「信者修行所」とともに「教職舎」を列挙している。この「教職舎」とは、「教会の管理、宗教活動を行うため、宗教教師が常在し、信者の強化育成や自らの修行のための施設で、牧師館、司教館、司祭館などと呼称される」ものである（『新訂 逐条解説 宗教法人法』66頁、渡部蓊）。

　即ち、宗教法人がその主目的を達成するために必要な固有の資産として、**宗教法人法が**、牧師館等の「教職舎」を明示的に列挙し、**牧師等の教職に対して、宗教法人の主目的達成のために必要な役割を与えていることは明らかであり、檀信徒同様に牧師等の教職に対しても法律上の役割ないし地位が与えられているとみるのが、法の趣旨に沿う解釈というべきなのである。**

　そして、このような理解に関連して、宗教法人法12条2項、3項、23条、25条3項、26条2項、34条1項、35条3項、44条2項、3項等において用いられる「信者その他の利害関係人」に「教師」等の教職者が含まれることはむしろ自然というべきである。

⑥　本件における具体的考慮要素

そこで、本件において、最判平成7年判決の基本的判断の枠組みに従って、判断した場合、まず、「当該宗教法人が同法12条1項に基づく規則等において教師をどのようなものとして位置付けているか」であるが、宗教法人法上12条1項に基づく規則等は、日本基督教団の「教規」等の教団諸規則（甲1）がこれに該当すると考えられる。

そして、教規等において、教師には、「信徒の指導」等、宗教法人法上、宗教法人の主目的を達成するための役割が与えられていることはもとより、具体的職務として、牧師、教務教師、神学教師等の経済的職業的活動の具体的利益（教規が規定する謝儀基準以上の謝儀等や同基準表における牧師館居住権等を保障）と一体化した職務に就く権限を教団から与えられる他、教規等に基づき、教団の常議員や総会議員等の地位に就任する資格、教会の代表役員の就任資格等を付与される。

そして、教規123条2項により、「教師は教区及び教団の名簿に登録しなければならない」とされ、教師名簿が備え付けられている（甲1、48頁）。

⑦　最判平成7年判決の考慮要素との比較

前述のとおり、最判平成7年判決の考慮要素は、①檀信徒名簿が備え付けられていること、②檀徒であることが当該宗教団体の代表役員を補佐する機関である総代に選任されるための要件とされていること、③予算編成、不動産の処分等の当該宗教団体の維持運営に係る諸般の事項の決定につき、総代による意見の表明を通じて檀徒の意見が反映される体制となっていること、④檀徒による当該宗教団体の維持運営の妨害行為が除名処分事由とされていることであり、これらを理由に、檀徒の地位が具体的な権利義務ないし法律関係を含む法律上の地位であると判断したのである。

これに対し、本件では、教規等に基づき、①教師名簿が備え付けられていること、②教師であることが教会の代表役員の選任要件かつ、教団の常議員や総会議員等の地位に就任する資格等とされていること、③教団や教会等の運営・財政面等全般において、教会の代表役員、教団の常議員、総会議員等による意見の表明を通じて、教師の意見が反映される体制になっていること、④教師にして教規等の違反行為により教区又は教団の教務に支障を生ぜしめたときや教団等の秩序を乱す行為あったとき等は戒規の処分事由となるとされていること（戒規施行細則等）が挙げられる。その上、更に、通常の信徒等にはない⑤職業としての経済的利益（現に通常の給与生活者の水準以上の年収と安定した住居等の保障）の大前提となる資格が付与され、⑥教師としての立場を通じて、広く社会に進出して教育、社会福祉、慈善事業を教会の方針に則って分担実行する権限をも付与されていたのである。

そうすると、事案の違いがあることを前提にしても、最判平成7年判決が檀徒の法律上の地位を認めた理由として掲げた内容は、少なくとも、本件においても十分に満たされており、更に、本件特有の経済的・社会的利益等が付加される形で認められるものであるから、実質的に見て、最判平成7年判決と本件判決との間で、均衡を失する面があるというべきである。

⑧　信徒には法律上の地位が認められ、教師には与えられないことの不合理性

教師になる者は、まず、信徒になってから、教師等から信仰指導を受け、信仰を高めた上で、自らもやがて教師になるという道を辿るものであり、既述のとおり、教師であっても、未だ自ら修行を行い続ける「信者」（宗教法人法上の役割を付与された者）であることに変わりはない。

しかし、信徒との違いは、教師は、自ら信仰するとともに信徒に対する信仰指導を行うこと

を「職」とすることで、生活の糧、即ち給与ないし謝儀等を得て、職業的活動として、当該宗教団体の信仰をひろめていく立場にあるということである。

従って、信徒以上に、その信仰活動を通じて法律的経済的利益を得ている地位にある者であること、即ち、その地位が脅かされるときにその法的救済をより一層必要とする立場であることは、言うに及ばないことである。

このように、最判平成7年判決と本件判決との一番大きな違いは、「檀徒」の地位確認であるか、「教師」の地位確認であるかという点と言えるが、その違いは、むしろ、最判平成7年判決以上に、本件判決の方が、法律上の地位を認めるべき要素をより多く有しているということに帰結するのである。

従って、仮に、信徒には原則として法律上の地位が認められ、教師には原則として法律上の地位が与えられないというのが一般的規律となるのであれば、それは宗教法人法の趣旨に基づく法令解釈や宗教法人における実態等に照らしても、不合理と言わざるを得ず、最高裁判所として、その点を判断に含めて示すことが相当である。

⑨ 最高裁平成7年判決を、上記申立人主張の解釈が是認されるとすれば、原判決はこの点において、実質的には最高裁判例違反との評価を免れない。

（2）原判決の引用する最高裁昭和55年判決の位置付け

原判決は、「正教師の地位から派生的な権利や地位等が生じたとしても、また、正教師であることが被控訴人における常議員や総会議員等の地位に就任するための資格ないし被選挙資格の一部を構成しているとしても、正教師の地位が宗教上の地位であるという上記判断は左右されない（最高裁昭和55年判決は、住職たる地位と代表役員たる地位とが不即不離の関係にあり、住職たる地位が代表役員たりうる基本資格となるものであるとしても、住職たる地位の確認の訴えが適法となるものではない旨判示している。）。」などと判示している（原判決10頁7行目以下）。

しかしながら、最高裁昭和55年判決は、住職たる地位と代表役員との関係についてはさておき、住職の「**財産的活動をすることのできる権限**」については、「住職たる地位に基づいて宗教的活動の主宰者たる地位以外に独自に財産的活動をすることのできる権限を有するものであることは申立人の主張・立証しないところであるというのであって、・・・このような事実関係及び訴訟の経緯に照らせば、申立人の新訴は、・・・単に宗教上の地位についてその存否の確認を求めるにすぎないものであって、具体的な権利又は法律関係の存否について確認を求めるものとはいえない」等と判示している。

即ち、上記最判は、住職たる地位から派生的な経済的権利や地位等が生じたとしても、宗教上の地位であるという判断は左右されないなどという判断は一切示していない。むしろ、「独自に財産的活動をすることのできる権限を有するものであることは申立人の主張・立証しないところである・・このような事実関係及び訴訟の経緯に照らせば、申立人の新訴は、・・・単に宗教上の地位についてその存否の確認を求めるにすぎない」等と敢えて判示している点に照らせば、同判例の事案においては、住職が財産的活動をすることのできる権限を有することの主張立証が当事者からなされていなかったからこそ、寺の代表役員たる地位の基本資格の主張立証**のみ**では、宗教上の地位であるという判断を左右しないという結論を導いているというべきである。

（3）正教師の経済的活動権限と地位との関係に関する原審の法令解釈の不当性

そうすると、原判決が、「正教師の地位から派生的な権利や地位等が生じたとしても、・・正教師の地位が宗教上の地位であるという上記判断は左右されない」と述べている上記判示部分は、

住職の地位と代表役員の基本資格との関係に関する最高裁昭和５５年判決を引き合いに出して一行の文章に複数の重要な事項を一緒に論じつつも、結局のところ、同判例の射程外の事項（**正教師が経済的活動をすることのできる権限を有していることとその法的地位性との関係**）に関して、何らの判断も理由も示さずに、結論だけを示しているに等しいものと言える。

　この点、原判決は一審判決の判断を引用しているため、一審判決を見ると、一審判決は、同判決書１０頁において、「謝儀受給権」等の経済的権利に関して、「いずれも、被告とは別個の法主体である紅葉坂教会との関係における地位であり、被告との関係において、正教師の地位が法律上の地位であることを基礎付けるものとはならない」と述べているにとどまる。

　そこで、控訴審においては、かかる別個の法主体といわれる日本基督教団と教会との極めて密接かつ切り離しがたい関係を主張立証し、殊に、「謝儀受給権や牧師館居住権」等の経済的権利に関して、教会ではなく、日本基督教団の示す支払根拠と基準（他ならぬ日本基督教団自身の「教規」に基づく謝儀基準表等）及び教団が与える正教師たる地位に基づいて毎年、教団の被包括団体たる教会を通じて支払われ、その管理集計等の掌握も全て教団によって行われているものであるという具体的関係性等を主張立証したのである。控訴審で主張立証された内容に従えば、単に、直接謝儀を支払う窓口となる法的主体が別であるという理由のみで、正教師の謝儀受給権等と教団との関係を無関係と断じることは到底できない筈である（原判決及び一審判決が引用する教師の定義として、「神に召され正規の手続きを経て献身した者」などという記載が「教憲」９条（甲１、７頁）にある一方、同じ日本基督教団の「教規」１１５条（甲１、４６頁）等において、教師に対する「謝儀」の基準以上の支給の保障がなされていることを、両判決ともに、完全に度外視しているとしか言いようがない）。

　この点、準委任契約を締結するのが教会だという点ばかりが強調されているが、教団（教区総会議長）が承認しなければ、教会が教師を招聘することもできず（教規１０６条２項）、そうである以上、教団が教師と認めなければ、教会は教師謝儀を支払うという準委任契約を締結することすら出来ない上、教団が免職処分をすれば、教師でなくなる以上、教会も教師謝儀を支払うことは出来なくなるのである（教規全体の教団、教会、教師の位置付けから、明らかに導かれる帰結である）。従って教団は、教会と教師との準委任契約を有効に締結なさしめ、かつ、維持させる上で、必須の意思表示をなす権限を有する主体として、もはや同準委任契約の一当事者に類する立場（同意権と取消権を有する法定代理人等以上に主体的に関与しつつ、終局的に教団の利益のために教会や教師を利用する立場）と言っても過言ではない。そうすると、教師の謝儀受給権等の基礎となる教師の地位は、他ならぬ教団との関係でこそ、確認されるべき利益があるのである。

　然るに、原判決は、一審判決と同じことを繰り返し述べるだけで、正教師の地位が実質的にもたらしているこれらの経済的権利関係について、何ら触れることなく、あたかも、経済的権利関係がどれだけ多く派生していようが、宗教上の地位であることは、絶対的に変わり得ないと断言するかのような判示をしている（最高裁昭和５５年判決の判示の仕方を前提とすれば、当事者が経済的権利関係について主張立証を尽くしている以上、その点も触れた上で、それでも宗教上の地位であるという判断を左右しない理由について判断を示されるのが合理的かつ自然と言い得る）。

　言い換えれば、最高裁昭和５５年判決が、敢えて前記のように、経済的活動に関する主張立証が無いことを前提にした判示をしていた以上、そのような主張立証がなされた場合には、その内

容如何によっては、結論が左右される場合があることを念頭に置いているとも考えられ、そうである以上、そのような経済的権利関係に関する主張立証に対してどのような理由をもって、結論を左右しなかったというのかが示されなければ、判例に即した法令解釈としては実質的に不適切かつ不十分と言わざるを得ないのである。

　最高裁昭和５５年判決を、上記申立人主張の解釈が是認されるとすれば、原判決はこの点において、実質的には最高裁判例違反との評価を免れない。

3　控訴審で新たに付された解釈について

　なお、原判決は、「乙５０によれば、本件免職処分後も、紅葉坂教会が控訴人を牧師として処遇することを直ちに止めたわけではないことが認められる」ことも、経済的権利関係が正教師の地位に含まれないことの法令解釈の基礎に新たに掲げている。

　しかしながら、この解釈は法律解釈と事実関係を混同するもので全く不合理である。即ち、(前述の通り) 教団自体が「上告審判書」(甲２０) で「牧師の職も解かれます」と明言しているのである。また、通常の会社であっても、解雇処分の無効が争われている間は、その結果が出るまでの間、事実上、職場の現場で事実上、現状を維持するということはいくらでもある話であり、このようなことは、裁判所の経験則上も当然に理解・認識されている筈のことである。

　そして、本件においても、法的に教師の免職処分が有効と確定した場合には、規則上、教会が教師 (牧師) として処遇することができなくなる (教師謝儀を支払うことはできなくなる) のは当然であり、そうである以上、法的には教団が教師の謝儀受給権を掌握し、教師の免職処分権限等を通じて教師謝儀等の打ち切り権限までをも有していることは明らかなのである。

　そうすると、処分の効力が法的手続において確定するまでの間、事実上、現場が一時的に現状を維持していたという事実をもって、「教師の謝儀受給権等が、教団と別個の法主体である教会のみとの関係における地位に過ぎない」という結論の理由付けに全くなり得ないことは明らかである。

　この点を踏まえても、原判決は、正教師が経済的活動をすることのできる権限を有していることとその法的地位性との関係等という本件の重大な争点について、解釈の誤りを犯していることは明白である。

4　牧師以外の教師職における経済的活動について

　控訴審においても述べたとおり、教師の具体的職務としては、教会担任教師以外に、「教団内部」において従事する「教務教師」等、教団において職に就き、教団から直接給与を受給する立場に異動されることも想定されているのが教師の地位であり、この教師たる地位は、正に幅広い経済活動の基礎となる地位なのである (教規１２８条①(４)等、甲１、48頁)。

　従って、謝儀ないし給与等の職務の対価を受領するという最も根本的な経済活動の一つとして、教団との間で直接契約関係に立つ地位が含まれている以上、原審のいう「教会との間で準委任契約を締結することによって生じるものである」という理由のみで、教師の地位に、教団との間の法律関係が含まれないと断じる原判決は、違法な法令解釈を生じているというべきである。

5　まとめ

　以上のとおり、正教師の地位の確認請求との関係で、上告受理申立事由があり、上告受理の上、原判決の法令解釈の誤り等が指摘されるべきであることは明らかである。

第2 本件年金減額決定の無効確認請求の適法性について
1 原判決は法令の解釈に関する重要な事項について、明らかに解釈適用の誤りがあること
(1) 原判決の判断枠組
① 一審判決は、最高裁判所平成元年9月8日第二小法廷判決（いわゆる蓮華寺事件判決）をほぼそのまま引用する形で、「当事者間の具体的な権利義務ないし法律関係に関する訴訟であっても、宗教団体内部においてされた処分の効力が請求の当否を決する前提問題となっており、その効力の有無が当事者間の紛争の本質的争点をなすとともに、それが宗教上の教義、信仰の内容に深くかかわっているため、同教義、信仰の内容に立ち入ることなくしてその効力の有無を判断することができず、しかも、その判断が訴訟の帰趨を左右する必要不可欠のものである場合には、同訴訟は、その実質において法令の適用による終局的解決に適しないものとして、裁判所法3条にいう「法律上の争訟」に当たらないというべきである。」と判示した（一審判決11頁）。

　　原判決もこれをそのまま踏襲している（原判決9頁、第3　当裁判所の判断　1）。
② そのうえで原判決は一審判決同様、本件訴訟の本質的争点が本件免職処分の効力の点にあること、そして免職処分の効力の有効性については、特に、免職処分の手続に瑕疵があって無効と判断できるかどうかが中心的な争点であることも前提としている（原判決12頁、4〜5行目、同下から8行目以下）。この点も、申立人は特に争うものではない。
③ そうすると、次は、本件紛争の本質的争点である「本件免職処分の効力（特に免職処分の手続の瑕疵）」が「宗教上の教義、信仰の内容に深くかかわっているか否か」を検討すべきことになるはずだが、原判決はその判断にあたって、手続規定である「戒規」（教規141条以下、甲1、52頁。以下「戒規施行細則」（甲1、95頁）も含めて「戒規」と呼ぶ。）の「性質論」を一足飛びに論じ、戒規の性質に宗教性が認められるから、結局、本件紛争の本質的争点の判断には宗教上の教義、信仰の内容に深くかかわるという判断を下している。

　　この判断は、完全に論理的に破綻した判断であって、然るべき理由付けのない判断である（一審判決も同じである）。以下、詳述する。
(2) 本件紛争の本質的争点に対する判断のありかた
① まず、本件免職処分の手続に瑕疵があるか否かは、執られた手続が、定められた手続規定の明文に違反しているか否かを検討することになる（この点は原判決も認めている。原判決p12、2行目）。
② ただ、仮に明文規定に明確に反した手続ではないとしても、一般的に、経済的地位の喪失を伴う不利益処分については、その手続に適正性が要求されることは、法の一般原則である。

　　従って、戒規処分の手続にあっても、規定の文言に明らかに違反しているかどうかという文理解釈に止まるのではなく、手続全体が適正になされているかどうかが判断されなければならない。

　　原判決は、この点において、明文の規定に明らかには違反していないとの認定に止め、適正手続の判断に及ぶことなく、戒規の性質論に流れてしまったのは、決定的な判断の欠落と言わざるを得ない。
　③ それでは、本件にあって求められる適正手続とは何かということであるが
　　　ア　第1に、処分の対象となる行為についての特定
　　　イ　第2に、一事不再理の原則に反しないこと

ウ　第3に、申立権者についての変更の合理性及び合理的な範囲内での制限の正当性
   エ　第4に、弁明の機会の供与を含む攻撃防禦方法の確保
   オ　第5に、処分に対する異議申立権の確保及び異議申立に対する審査に当っての審査機関の中立性の確保と攻撃防禦方法の確保
  などが最小限必要な手続ということができる
④　以上の適正手続の要件を個別に検討する。
   ア　本件免職処分は、免職処分という、一人の人間の社会生活上の地位を根本から剥奪する極めて重大な処分であるにもかかわらず、対象行為の特定を欠き、免職処分の根拠規定も不明確なまま下されている。まずこれ自体、およそ懲戒・処分に関する法の一般原則としてあり得ない処分行為である。
   イ　しかも一度は、当時の日本基督教団議長（常議員会議長）が常議員会決議に基づいて当該処分の申立を行ったことが、教団総会において無効である旨の決議が下されながら、同じ常議員会の構成員であった者が、「一信徒」という立場で再度戒規申立てを行って受理されている（乙28）。
　　　これは、権利、利益の剥奪といった不利益処分には一事不再理の原則が適用されるという法の一般原則を明らかに脱法する形での申し立てを認めたものにほかならない。
   ウ　しかも、その申立ての直前に、教師委員会の内規を改訂して戒規申立を容易なものにしていたことも判明している（甲4の1、2）。処分の根拠・前提となる条項が、意図的、恣意的に変更されたうえで直ちに適用されることが、法の一般原則として認められるとは到底考えられない。
　　　また、一信徒による戒規申立て自体も問題である。
　　　教師の退任については、教区総会議長を経て教団総会議長の承認を得るものとされ（教規129条、甲1、49頁）、特に教会担任教師の解任については教会総会の議決と教区総会議長の承認を得ることが手続上必要とされている（教規112条1項）。また、教師、伝道師の就任、退任その他教師の異動に関する事項は、教区総会において処理すべき事項であり（教規66条4項）、教会担任教師の招聘、就任、辞任、解任等については、当該教会担任教師の教会総会の議決及び教区総会議長の承認が必要とされている（教規106条～108条、112条、113条）。従って、教師の退任・解任に関して、当該教会及び教区とは無関係な一信徒が恣に戒規申立をすることは、教区の人事権や相手方が主張する教会と教師との間の準委任契約関係を無関係な第三者が侵害することになり、相手方の教規に照らしてもできないと考えられる（甲15参照）。これは法の一般原則ではなく、教規の解釈自体から導かれる手続の瑕疵である。
   エ　さらに、戒規申立にあたっての申立書（乙28）は、申立人の再三の要求にもかかわらず、裁判に至るまで一度も開示されなかった。申立人は、自らが指摘されている具体的な問題点もわからず、十分な対応の機会も与えられないままに手続だけ進んでいったのである。
　　　そして、免職処分自体にも、十分な理由が付されているわけではなかった（甲2）。弁明の機会が十分に与えられず、自らを防御する権利をまっとうする機会が与えられない手続は、懲戒等の処分に関する法の一般原則として明らかに違法であろう。
   オ　さらに、上告審判という不服申立手続においても、明確な手続規定のないまま、告知聴

聞の機会も与えられずに密室で手続が進んでいったのである。そして、上告審判委員の選出も利害関係人が多数加わるなど公平を欠き、その結果、申立人の免職を認める者が多数を占める構成となった。手続規定が十分でないことは、適正手続の原則に明らかに違反する。

⑤ 以上のように、本件免職処分は、戒規の明文規定に違反していないとしても、条文解釈及び法の一般原則や条理等には明らかに何重にも反しているので、その手続は無効と言わざるを得ない。

そしてこの判断は、上記④で述べたように、何ら宗教上の教義、信仰の内容に立ち入ることなく判断を下せるのである。

（3）原判決の重大な誤り

これまでの最高裁判決の枠組みを元にしても、上記のように本件免職処分の手続に瑕疵があるか否かを判断できるし、上記のような判断の筋道がもっとも自然である。

ところが原判決は（一審判決も同旨であるが）、このような判断をとらない。本件免職処分の手続が明文規定に違反していないことを前提としつつ、次に条文解釈や法の一般原則・条理等に違反しているかどうかを検討しない。それでありながら、以下に述べる手順で、裁判所の審理判断を極めて不自然な形で避けている。

① まず、原判決は、戒規が手続の瑕疵によって無効となるかどうかを判断するには、「戒規の意義、内容について解釈するとともに、<u>戒規に係る手続準則を認定、解釈し、違反がある場合の効果を判断することが必要不可欠である</u>」として、これらの検討を前提に判断しようとしている（実際には後述するようにしているとは言えないことも問題である）。

ア 「戒規の意義や内容」について解釈する必要があるのは、戒規の規定が不明瞭で複数の解釈の余地がある場合に、その立法趣旨や戒規の精神に立ち戻って解釈を補う必要がある場合である。

しかし、本件は、立法趣旨や戒規の精神に立ち戻って戒規の解釈を補う必要は特にない。ちなみに、当該教会及び教区とは無関係な一信徒が恣に戒規申立をすることができるか否かといった問題でも、上記（2）②エで述べたように、他の条文の規定等から解釈上判断が可能であって、立法趣旨や戒規の精神に立ち戻る必要はない。

イ また、「戒規に違反した場合の効果」については、本件ではまったく問題にならない。効果の問題は、処分を受けた後の問題であって、処分自体の効力が問題となっている本件ではそもそも問題にならない。

もっとも、戒規施行細則8条（甲1、96頁）では、一定の処分を受けた後、「悔改の情」が顕著な場合には、教師委員会の構成員の3分の2以上の同意をもって、復帰することができると規定されている。特に一審判決はこの点を強調し、原判決もこの点を意識しているようなので反論しておく。

「悔改の情」という文言は、要するに自らの行いを反省して考え方や態度を改めるという意味である。それによって処分が変更を受けることは何ら珍しいことではない。例えば刑法28条では懲役又は禁錮に処せられた者でも「改悛の情」があるときは仮釈放が認められている。刑法でも、有罪判決の後に反省した態度が認められれば、言い渡された刑罰が事実上執行されなくなるのである。特別な性質の規定ではない。

また、「悔改の情」といった文言を使っている部分があるからといって、手続準則すべ

てが宗教規範の領域に属しているわけではないことは言うまでもない。むしろ、戒規施行細則をお読みいただければわかるように、宗教的色彩がほとんどないと言ってよい。

　ウ　以上より、本件の争訟性の有無を検討するにあたって、戒規の意義や内容、戒規に違反した場合の効果等をわざわざ判断する必要はまったくないのである。

②　そのうえで、原判決は、戒規の意義や内容、戒規に違反した場合の効果などを判断する必要があると言いつつ、本件で対象となった具体的な戒規の「意義」や「内容」を検討するわけでもなく、一足飛びに戒規「全体」の「性質論」を論じている。

　すなわち、戒規施行細則８条に「処分をうけたるもの悔改の情顕著なりと認めたるとき‥‥」とあることや、一部の文献に戒規の目的としてさ迷い出た聖徒を助け、いやし、回復することにあるといった解説があることを理由に、<u>戒規は、会社における懲戒などと大きく異なる性質を有すること</u>を結論付けているのである（原判決１２頁、下から８行目）。

　しかし、このように戒規そのものの性質を論じる必要性は、戒規の解釈適用にあたってはまったく論理的にも必要がないし、原判決でもその性質を論じる理由がまったく示されていない。仮に百歩譲って、戒規の性質を論じる必要があるとしても、戒規全体の宗教性を問題にして、一切戒規については司法審査が及ばないと判断することも誤りである。この点は、福岡大学法学部の浅野直人教授が「意見書」（甲５０）で指摘されているように、戒規の性格が世俗の刑罰規定等の社会規範と異なる性格をあわせもつことを全面的に否定する必要はないとしても、だからといって<u>手続規定のすべてが宗教的規範に属し、その内容には一切の司法審査が及ばないとするのは過去の最高裁判例を十分に理解していない</u>ものにほかならないのである（甲５０、３頁）。

③　さらに、原判決は、戒規の性質が懲戒などと大きく異なることから、直ちに「<u>被控訴人の教義や、信仰と深くかかわるものといわざるを得ず</u>、戒規が控訴人の主張する手続の瑕疵等によって無効になるかどうかを判断するためには、被控訴人の教義、信仰の内容に立ち入って審理、判断することが避けられない。」と結論付けている（原判決１２頁、下から８行目以下）。

　これはお読みいただければすぐわかるように、まったく理由になっていない。処分の軽重が争点になっているのであれば、格別、手続の瑕疵が争点になっている場合において、戒規の性質が、一般の懲戒規定などと異なって宗教性を帯びているからといって、なにゆえ教義や信仰の内容にまで遡って立ち入らなければならないのか、まったく説明がないのである。

④　以上のように、原判決の理論構成は完全に破綻している。

　教義や信仰の内容に立ち入らなければならないという結論ありきの、強引な論述である。

　繰り返すが、上記（２）④で論じたように、本件戒規を適用した手続が有効か否かは、教義や信仰の内容に立ち入ることなく、当該戒規の規定の解釈と法の一般原則等により判断可能である。教義や信仰の内容にまで遡って判断しなければならないということは、まったくないのである。

（４）小括

①　以上のように原判決は（一審判決も同様であるが）、処分の　対象ではなく処分の根拠規定である戒規の性質論を唐突に論じ、手続の瑕疵等が無効かどうかを判断するには、教義、信仰の内容に立ち入って審理、判断することが避けられないと論じている。

　しかし、これは何重にも論理の飛躍があり、結局、何ら理由らしい理由を挙げずに、司法

判断を回避するという、安易でかつ重大な結論を導いているのである。
　　原判決には、判決の結論に影響を及ぼす重要な部分についてその判断に重大な誤りがあり、法令（裁判所法3条1項）の解釈適用を明らかに誤っているのである。
② なお、戒規について、宗教性を論じてこれを司法審査の対象外とすることは、戒規自体の解釈としても矛盾する。
　　原判決は、「教団及び教会の清潔と秩序を保ち、その徳を建つる目的を以てこれを行う」と規定されていることを重視しているが（戒規施行細則1条本文、教規141条、甲1、95頁、52頁）、この規定の直後には「但し本戒規は、その適用を受けたるものと神との関係を規定するものにあらず」との規定がある（戒規施行細則1条但書、甲1、95頁）。
　　処分を受けた者と「神」との関係を規定するものではないということは、処分を受けた者と「人」との関係を規定したものにほかならない。
　　従って、戒規の性質を仮に重視するとしても、司法判断を回避する結論は、戒規自体の解釈としても、そもそもとり得ないのである。

2　原判決は過去の最高裁判例に相反すること

　原判決は、宗教団体内部における処分行為の有効性について、これまでの最高裁判決が築きあげてきた枠組に依拠しつつも、その判断においてこれまでの枠組みから大きく相反しており、およそ前例とすることができない判決である。

（1）宗教団体内部の紛争に関する過去の最高裁判例
① 宗教団体内部の紛争が問題になっている場合には、「紛争の本質的争点」をまず見極め、その点が「宗教上の教義、信仰の内容に深くかかわっているか否か」を検討し、深いかかわりが認められる場合には法律上の争訟には当たらない、という判断は最高裁判所のいわゆる「板まんだら事件」（最高裁昭和56年4月7日判決）及び「蓮華寺事件」（最高裁平成元年9月8日判決）の両判決以降、ほぼ確立した最高裁判例であり、この判断枠組自体は、原判決も認めているところである。
　　いずれも、結論としては当該争訟が法律上の争訟にあたらないと判断したが、これは以下に述べるように「本質的な争点」自体が明白に宗教上の教義、信仰にかかわる事案であった。
ア 板まんだら事件は、錯誤主張における錯誤の内容に関して、信仰の対象である板まんだらの価値や宗教上の教義に関する判断（「戒壇の完結」「広宣流布の達成」の意味等）が不可欠という事案であった。
イ 蓮華寺事件は、ある言説が「日蓮正宗の本尊観及び血脈相承に関する教義及び信仰を否定する異説に当たるかどうか」が問題となった事件であった。
② 上記両判決以降、最高裁判所は、具体的な権利義務ないし法律関係に関する訴訟であっても、宗教団体内部における処分の効力が問題となっている場合には、その「本質的な争点」を検討したときに、宗教上の価値の有無や、異説か否かといった教義の内容に関する判断を裁判所が強いられるような場合、すなわち宗教上の教義や内容に立ち入らなければ判断できないような争点の場合に限っては、司法が宗教に介入することを避けている。
　　ただ重要なのは、逆に、本質的な争点が、宗教上の教義や内容に立ち入らなくても判断できる場合には、司法の本来の役割として、裁判所は「法律上の争訟」にあたるとして、審理をしている点である。
ア 最高裁昭和55年1月11日判決（種徳寺事件）は、住職たる地位の確認請求と不動産引

渡請求がなされ、紛争の実質的な争点は曹洞宗管長による住職罷免の行為の適否にあるという事件であった。判決は、住職たる地位の確認請求自体は認めなかったが、不動産引渡請求という具体的な権利又は法律関係をめぐる紛争があり、<u>その判断の内容が宗教上の教義の解釈にわたるものでない限りは裁判所が審判権を有する</u>と判示した。

「住職たる地位それ自体は宗教上の地位にすぎないからその存否自体の確認を求めることが許されないことは前記のとおりであるが、他に具体的な権利又は法律関係をめぐる紛争があり、その当否を判定する前提問題として特定人につき住職たる地位の存否を判断する必要がある場合には、<u>その判断の内容が宗教上の教義の解釈にわたるものであるような場合は格別、そうでない限り、その地位の存否、すなわち選任ないし罷免の適否について、裁判所が審判権を有するものと解すべきであり</u>、このように解することと住職たる地位の存否それ自体について確認の訴を許さないこととの間にはなんらの矛盾もないのである。」

（民集34巻1号1頁）

イ　最高裁昭和55年4月10日判決（本門寺事件）は、宗教法人である寺の代表役員兼責任役員であることの確認を求めた事件である。

裁判所は、宗教法人の団体としての自治権を尊重すべく、本来その自治によって決定すべき事項、殊に宗教上の教義にわたる事項のごときものについては、国の機関である裁判所が審理すべきではないが、それにわたらない限り、規則に定める宗教活動上の地位を有する者であるかどうかを審理することは許されるし、<u>またそうしなければならない</u>、と判示した。このケースは、住職選任の手続上の準則に従って選任されたかどうか、手続違背の有無が問題となったケースで、本件と類似したケースである。

「本訴請求は、相手方が宗教法人である申立人寺の代表役員兼責任役員であることの確認を求めるものであるところ、何人が宗教法人の機関である代表役員等の地位を有するかにつき争いがある場合においては、当該宗教法人を被告とする訴において特定人が右の地位を有し、又は有しないことの確認を求めることができ、かかる訴が法律上の争訟として審判の対象となりうるものであることは、当裁判所の判例とするところである（最高裁昭和41年（オ）第805号同44年7月10日第一小法廷判決・民集23巻8号1423頁参照）。そして、このことは、本件におけるように、寺院の住職というような本来宗教団体内部における宗教活動上の地位にある者が当該宗教法人の規則上当然に代表役員兼責任役員となるとされている場合においても同様であり、この場合には、裁判所は、特定人が当該宗教法人の代表役員等であるかどうかを審理、判断する前提として、その者が<u>右の規則に定める宗教活動上の地位を有する者であるかどうかを審理、判断することができるし、また、そうしなければならないというべきである。</u>」

「もっとも、宗教法人は宗教活動を目的とする団体であり、宗教活動は憲法上国の干渉からの自由を保障されているものであるが、かかる団体の内部関係に関する事項については原則として当該団体の自治権を尊重すべく、本来その自治によって決定すべき事項、殊に宗教上の教義にわたる事項のごときものについては、国の機関である裁判所がこれに立ち入って実体的な審理、判断を施すべきものではないが、<u>右のような宗教活動上の自由ないし自治に対する介入にわたらない限り、前記のような問題につき審理、判断することは、なんら差支えのないところ</u>というべきである。これを本件についてみるのに、本件においては相手方が申立人寺の代表役員兼責任役員たる地位を有することの前提として適法、有

効に申立人寺の住職に選任せられ、その地位を取得したかどうかが争われているものであるところ、その選任の効力に関する争点は、相手方が申立人寺の住職として活動するにふさわしい適格を備えているかどうかというような、本来当該宗教団体内部においてのみ自治的に決定せられるべき宗教上の教義ないしは宗教活動に関する問題ではなく、<u>専ら申立人寺における住職選任の手続上の準則に従って選任されたかどうか、また、右の手続上の準則が何であるかに関するものであり、このような問題については</u>、それが前記のような代表役員兼責任役員たる地位の前提をなす住職の地位を有するかどうかの判断に必要不可欠のものである限り、<u>裁判所においてこれを審理、判断することになんらの妨げはないといわなければならない</u>。」

ウ ちなみに、東京高裁平成5年6月29日判決（判例時報1500号170頁）は、プロテスタント系のキリスト教教会から、離籍通知を受けた信徒が信徒たる地位の確認を求めた訴訟において、裁判所は、教会の信徒は単なる宗教上の地位に止まらず法律上の地位をも有するものと認められるとしたうえで、「本件における信徒たる地位の確認を求める訴についての<u>争点は、前記のような離籍処分の理由の有無であって、宗教上の教義に関する判断が必要不可欠のものでないことは明らかである</u>。」と判示して、教会の信徒の地位の確認を求める訴は、「法律上の争訟」にあたると判断した。

エ また、宗教団体内部の争いにおいて、本質的な争点について裁判所が判断可能か否かという点まで検討せず、具体的な権利義務関係が認められる以上、<u>直ちに裁判所法3条にいう法律上の争訟にあたると判示している判例も少なくない</u>。

最高裁平成7年7月18日判決（判例時報1542号64頁、高野山真言宗事件）は、宗教団体内部の維持経営を妨害したとして除名処分になった檀徒につき、檀徒の地位を法律上の地位と認め、具体的争訟性を認めた。

また、名古屋高裁昭和55年12月18日判決（判例時報1006号58頁）も、カトリック修道会の会員の地位が問題となった事件で、裁判所は、教会における会員たる地位は、主要な面において宗教的側面を有することは明らかであるが、他面法律的側面を持つことは否定できないことから、法律上の地位があると解し、その地位の存否に関する争いは法律上の争訟にほかならないと判示したのである。

③ 以上のように、過去の最高裁判例では、宗教団体内部における処分の効力が問題となっている場合に、その「本質的な争点」について、教義や信仰の内容に関する判断を裁判所が強いられる場合には司法判断を避けるが、<u>そうでない場合には積極的に判断してきたのである</u>。それが人権を救済する機関としての司法の役割と信教の自由の調和点として、裁判例が集積してきた結果にほかならない。

(2) 原判決が過去の最高裁判決から大きく相反していること

① これに対して原判決は、上記1で述べたように、「本質的な争点」が本件免職処分の効力の有無（特にその手続の瑕疵）であるとしつつも、その争点自体ではなく、むしろ免職処分を行った規定である「戒規」の性質に着目する。

そして、その性質が懲戒などと大きく異なることから、直ちに、本質的な争点である免職処分の効力の有無を論じるにあたっても教団の教義、信仰と深く関わるといわざるを得ないと結論付けて、司法判断を回避している。何重にも論理の飛躍を重ねながら、最後は、処分を適用する戒規の性質に宗教性があるから、司法判断を回避しているのである。

② 上記の各判例は概ね宗教団体において、免職や離籍といった、本件と類似した処分が問題となっている事案であるが、その本質的な争点の「内容」に触れずに、処分を適用した「規則」の方に専ら着目してその性質論を論じ、そこに宗教的色彩を見出して、司法判断を回避した例はおよそ見当たらない。

上記裁判例に登場する宗教団体は、いずれも宗教団体内部で規則を作成するなどしており、その内容は概ね民主的な手続規定を備えている（規則のないものについては、判例は条理等で判断している）。そして宗教団体である以上、その規則の一部には、宗教的な色彩を帯びていると思われるものはあるはずであるが、規則そのものに宗教的色彩があるから司法判断を回避したものは皆無である。

<u>規則そのものが「本質的な争点」であるわけでもないのに、規則の宗教的な性質を唐突に論じて司法判断を回避するというのは、これまでの裁判所の判断を大きく逸脱している。</u>

③ 小括

原判決は、過去の最高裁判決に明らかに反するものであり、上告受理申立の理由があるから、根本的に見直されなければならない。

第3 結語

プロテスタント系キリスト教宗教団体において、信徒の地位が問題となった判例はあるが、正教師の地位が問題となった判例は見当たらない。特に日本基督教団は、プロテスタント系教団としては全国で教会数約1700を数える、日本で最も大きい組織であるから、その影響力は極めて大きい。その規模だけでなく、活動の実体においても、これまで同種の教団に対して先駆的な役割を担ってきたといえる。

万一、原判決がそのまま認められるとすると、日本基督教団においては、戒規（及び戒規施行細則）に基づいてどのような悪しき処分、不合理な処分が下されようとも、およそ司法救済は求められないという判断が確定してしまうことになる。そしてそれが他の教団にも影響を与えるとなると、司法の手の及ばない大きな部分を、司法自身が作り出すことになってしまう。

本件が悪しき判例とならないように、最高裁判所には熟慮のうえ、慎重な判断をお願いする次第である。

以　上

5－5．最高裁判決

上記書類を最高裁に提出したが、最高裁においては法廷審理は行われない。したがって、後は判決を待つのみである。そして、2014年（平成26年）6月25日下記の調書が弁護団宛に送付されてきた。

最高裁不受理決定通知書

裁判長認印　㊞

調　書　（決定）

事件の表示　　平成25年（オ）第1861号
　　　　　　　平成25年（受）第2274号
決定日　　　　平成26年6月6日
裁判所　　　　最高裁判所第二小法廷
裁判長裁判官　　□□　□□□
　　　　　　　　□□　□□
　　　　　　　　□□　□□
　　　　　　　　□□　□□
当事者等　　　上告人兼申立人　　　　北村　慈郎
　　　　　　　同訴訟代理人弁護士　□□　□　ほか
　　　　　　　被上告人兼相手方　　日本基督教団
　　　　　　　同代表者代表役員　　石橋秀雄
　　　　　　　同訴訟代理人弁護士　□□　□　ほか
原判決の表示　東京高等裁判所平成25年（ネ）第1891号（平成25年7月10日判決）

裁判官全員一致の意見で、別紙のとおり決定。
　　　平成26年6月6日
　　　　　　最高裁判所第二小法廷
　　　　　　　裁判官書記官　　□□　□□　㊞

（別紙）

第1　主文
　1　本件上告を棄却する。
　2　本件を上告審として受理しない。
　3　上告費用及び申立費用は上告人兼申立人の負担とする。
第2　理由
　1　　上告について
　　　民事事件について最高裁判所に上告することが許されるのは、民訴法312条1項又は2項所定の場合に限られるところ、本件上告理由は、違憲及び理由の不備・食違いをいうが、その実質は事実誤認又は単なる法令違反を主張するものであって、明らかに上記各項に規定する事由に該当しない。
　2　　上告受理申立てについて

本件申立ての理由によれば、本件は、民訴法３１８条１項により受理すべ
　きものとは認められない。

これは正本である。

　平成２６年６月６日

　　最高裁判所第二小法廷

　　　　裁判所書記官　　　□□　□□　㊞

5-6．判決に対する見解

　北村牧師を支援された人々、現在の教団の在り方に危惧を抱く人々等の願いと祈りにも拘らず、大変残念な結果で「北村慈郎教師の免職処分無効」に関する裁判は終了した。最高裁上告棄却について、北村宗一弁護士に裁判に関する報告をいただいた。これを本裁判記録のいわば総括として掲載したい。

　　　「北村慈郎牧師の裁判に関するご報告」　　　北村宗一（弁護士）

　北村慈郎牧師は、日本基督教団が強行した免職処分について違法、不当な処分であるとして、同教団を相手方として裁判を提起し、争ってきましたが、今般、最終審である最高裁判所により、上告を認めないとの残念な結論が出されました。

　これまでの裁判の経過を簡単に申し上げますと、当初（２０１１年１１月２５日）、東京地方裁判所に対し、訴訟を提起し、裁判が始まりましたが、東京地裁では「教師は宗教上の地位である」とし「免職処分は宗教教義にかかわるもの」として、裁判所は介入できないとして訴訟を却下（門前払い）するとの判断が下され、又、控訴審である東京高等裁判所でも同様の理由で棄却されました。

　このため、最後の手段として最高裁判所に上告手続および上告受理申立手続（これについては、後で御説明します）をとりましたが、今般、最高裁においても２０１４年６月６日付で、当方（北村牧師側）のいずれの申立についても認めないとの決定がなされました。

　これにより、今回の訴訟手続は当方（北村牧師側）の敗訴ということで確定した次第です。東京地裁から最高裁までの２年半に及ぶ裁判での主たる争点は、「教師の地位」と「免職処分の手続の違法性」ということでありました。そして、裁判所が一貫してとっている立場は、「司法は宗教教義にかかわる紛争について介入しない」というものでありました。

　このような裁判所の立場は、当方（北村牧師側）としても従前の判例などから十分に予想されたことであったので、裁判所の「不介入」という考え方に抵触しないよう、専ら、手続論（免職処分の手続きに重大な瑕疵があったという主張）を中心に主張を展開してきましたが、それでもなお、裁判所は「教師は宗教上の地位であるうえ、戒規処分は宗教教義の解釈抜きでは判断できない」として、当方（北村牧師側）の主張を斥けたわけです。

　地方裁判所（一審）から高等裁判所（二審）までの裁判の経過については、これまでも報告集会などで御説明してきておりますので、ここでは省略し、以下、最高裁への手続きと結論についてのみ簡単に御説明します。

　東京高裁での判決に不服がある場合は、最高裁に不服申立（普通「上告」といわれています）ができますが、実際には不服申立としては、上告と上告受理申立の２種類があります。（注、このように２種類に分けられたのは、従来、上告について乱訴の傾向があったため、上告についてその理由を厳しく制限し、上告受理申立で事前に受理、不受理を決める（ふるいにかける）ということにあったようです。）

　しかしながら、そのいずれについても、実際には不服申立の理由が厳しく制限されています。例えば、上告手続についてみると
①憲法に違反していること
②高等裁判所の判決において理由に不備があるか、理由に食い違いがあること
のいずれかに限定されており、又、上告受理申立手続については、
①高等裁判所の判決が、過去の最高裁判例（最高裁判例がない場合は高裁判例）に反していること
②判決に影響を及ぼすことが明らかな法令違反があること
のいずれかに限定されています。

このたび、最高裁は上告については棄却、上告受理申立については不受理という決定を下したわけでありますが、その理由は調書の別紙の理由記載のように、きわめて短文であり、当方（北村牧師側）の主張を吟味することなく門前払いといった内容となっています。
　別紙の理由は条文で示されているためにお分かりにくいかと思いますが、要するに
①民事訴訟法第３１２条１項又は２項とは前述の憲法違反や理由の不備、食い違いがある場合は上告事件として本格的に審理するというものであり、又、民事訴訟法第３１８条１項とは前述の判例違反や法令違反を指しています。
　今回の決定は、上告も上告受理申立もそれにあたらないとしたもので、誠に残念ながら、本来の争点である免職処分の違法性、不当性について判断を得るまでには至らなかったわけです。
　結局、この事件に関する東京地裁から最高裁までの一連の判断は、司法は宗教に介入しないという従来の立場を踏襲したもので、これをもって免職処分の違法性が払拭されたわけではなく、免職処分の手続の瑕疵といった問題は依然未解決のままです。
　裁判では、今回の根底にある聖餐論を前面に出して主張することはできませんでしたが、これからは裁判外で、自由に免職処分撤回要求のみならず聖餐論も含めて、議論を展開していくことは可能ですし、又、その方向で対策を講じていくべきであると思います。

　　　　　　　　　　　　　　（『「北村慈郎牧師を支援する会」通信』号外　2014. 7. 18）

　ここに記載した文書及び提出証拠等は資料集として事務局に整理保管されているので、閲覧することは可能である。是非活用して頂き、参考にしていただけるならば大変幸いである。

第6章　総括に代えて

合同教会にとって「法」とは何か
―― 北村訴訟の意義と今後の課題 ――

渡辺英俊（訴訟対策委員長）

　北村慈郎牧師の戒規免職無効訴訟（以下「北村訴訟」）が門前払いという結果に終わったことは、まことに残念であり、訴訟対策の任の一端を担ってきた者として、力の足りなかったことを、原告と支援を寄せて下さった皆様に申し訳なく思う。しかし、これ以上ない弁護団が与えられ、皆様の厚い支援をいただいてこの訴訟を進めて来ることができたことは感謝のほかない。弁護団により、万全の準備と論証が成されたにもかかわらず結果が出なかったのは、個人の市民としての基本的権利を犠牲にしてでも、宗教団体の内紛に巻き込まれることから逃げようとした裁判所の姿勢に問題があったとしか言いようがなく、日本の司法の腐敗の一端を見た思いがする。とはいえ、ここで展開された理論と、ここに結集された支援とは、現在の日本基督教団の在りようの問題点を深く突いており、教団の将来に対して警鐘を鳴らすと同時に、教団の歩むべき道を指し示したものと言えよう。

　この報告集は、その事実を歴史に刻み込み、現在と将来の心ある人びとにそのことをご理解いただくと共に、私共の愛する教団が、合同教会としての豊かさを生かす開かれた教会になっていくための一助とすることを目的としてまとめられたものである。

　教団史に貴重な1ページを印した北村牧師の闘いを微力ながら共にして来た者として、この訴訟を振り返り、その意義と今後に残された課題について、私見を述べさせていただきたい。

1　訴訟の組み立て

　この訴訟支援の出発点は、わたしたちの友人であり、同僚牧師である北村さんが、いじめ・パワハラにも等しい権利侵害を受けたことに対する怒りであった。従ってその目指すところも、北村牧師の名誉回復と原状回復にあったことは言うまでもない。しかし、問題を起こしたのはわたしたちの属する教団の執行部であり、また、北村牧師が受けた不当処分は、放置すればわたしたちの多くにもふりかかってくるものである。その意味では、この訴訟は同時に、教団の在り方をきっちり問うことが目的であった。

　教団への問いという観点から見れば、この訴訟が担っている課題は、法廷での闘いを含めて次の三つのレベルにまたがるものであった。

〈レベル1〉　聖餐理解の違いをどう克服するかの課題

　最も深い、問題の根っこのところでわたしたちが担っているのは、「開かれた聖餐」がわたしたちの信仰理解の中でどう位置づけられるか、という課題である。この訴訟の支援に関わって下さった方々の中には、「クローズド」の聖餐を選んでおられる方もたくさんおられた。しかし、「オープン←→クローズド」のどちらの立場をとるにせよ、この問題に関して「どちらが正しいか」という問いの立て方をしないという点で共通していた。どちらが正しいかではなくて、両方が互いに聖書的根拠と真理契機を含んでいることを認め合いながら、互いの違いを突き合わせ、対話を重ねることによって、より深い一致点を見出していくことができると信じている点で、共通していた。そしてそれが、北村訴訟支援の幅の広さを生み出していた。

わたしたちの願いは、教団がそういうふうになってほしいということである。この課題は北村訴訟の根底に常にあるものだったけれども、宗教教義と直結するので、法廷での争点にできるテーマではなかった。これは今後も、教団の中で息長く問い続け、実現していかなければならない課題であり続けている。

〈レベル２〉　オープン聖餐と教規との関わりをどう理解するかの課題

被告教団側は、オープン聖餐が教規違反であるという主張を、裁判でも前面に出していた。これに対しては、教団の基本教義を規定する教団信仰告白にも教憲にも、聖餐を「信徒」に限定する規定はないこと、また教規には解釈上聖餐を信徒に限定しているととれる条項があるとはいえ、オープン聖餐を禁止する明文の規定はないこと、従って違反を咎めて戒規を適用できるような条項は存在しないことを指摘した。しかし、これも宗教教義と深く関わる教憲・教規解釈の問題であり、裁判で前面に出すと争訟に当たらないという門前払い判断を引き出す危険があって（結果的にはそうなってしまったが）、抑制しなければならなかった。

わたしたちの考え方は、もともと聖餐の持ち方の問題は教団内で真剣に議論されなければならない問題であって、戒規を持ち出して切り捨て合うべき問題ではないというところにある。これは、合同教会としての教団の在り方の問題であり、訴訟技術上の選択を別にしても、本来、裁判所の判断を求めるべきすじのものではない。改めて、今後教団の中で粘り強く言い続けていかなければならない課題である。

〈レベル３〉　戒規適用手続きの違法性を問う課題

北村訴訟でわたしたち原告側が最大の争訟として主張したのは、被告教団側の戒規適用手続きにおける違法性である。一人の牧師の身分・資格を剥奪するという重大な処分が、教団総会決議や先例を無視して強引且つずさんな手続きによってなされたことは、決して容認してはならないし、きっちり歯止めをかけていかなければならない。それはまた、問答無用の切り捨てによってではなく、誠実で真摯な対話によって問題を克服して行こうとする、民主的なルールを教団内に確立することを意味する。この訴訟が目指したのは、そのようにして大切なことをきちんと話し合って決めて行くための土俵作りだと言えよう。

以上三つのレベルを視野におきながら、裁判は、〈レベル３〉を中心に組み立てられた。訴訟対策委員会がいちばん悩んだのは、〈レベル１，２〉がありながら、手続き論に過ぎない〈レベル３〉だけで争わねばならないという点だった。しかし、弁護団のアドバイスを受けて、裁判で争うのは〈レベル３〉にしぼり、それ以外のことは、争訟点としてではなく、手続きの違法を発生させる背景説明として随時主張していくこととした。

そして、主張を組み立てて行く過程でわたしたち自身が認識を深めたことは、実は、この処分手続きの違法性こそ、教団運営の恣意性を証拠づけるものであり、「単なる手続き問題」なのではなく、憲法の保障する基本的人権（11条）と個人の尊重（13条）の侵害であり、信教の自由（20条）に閉じこもって逃げることのできない違法だということだった。この訴訟の最大の意義は、多数決で何でもできると考える非民主的な現執行部の教団運営に対し、多数決で踏みにじってはならない、人権や適正手続き、法の下の平等という民主主義の基本ルールがあることを示していくことにあった。だから、もともとこの裁判の本当の闘いの場は法廷よりも教団という社会集団の場にあると言っても良いであろう。法廷で、こんなひどいやり方が教団政治の場でまかり通っているのだということを明らかにしていくことを願ったのだが、それが叶わなかった今、改めてそれを教団の内外に伝え、わたしたちの手で糺していくことがいっそう重要になったのである。

2　裁判の経過と判決

　訴訟は、2011年11月に東京地裁に提訴されたが、2回の口頭弁論と双方訴訟代理人による2回の準備手続きが行われただけで、2013年2月の地裁判決となった。この間、双方の準備書面による応酬は行われたものの、こちらが準備した手続きの違法性に関する審理はまったく行われないままであった。裁判所から示されたのは、まず、本件が法律上の争訟に当たるかどうかの判断をし、当たると判断されればさらに事実審を進めることになる、いわば中間判決になるものということだった。わたしたちの判断では、本件が裁判上の争訟に当たることは当然と思われたので、争点を整理するための中間判決と受け止めたのであった。

　ところが、第一審の判決を聞いて唖然とした。こちらがきちんと宗教教義と関係のない、手続き上の違法に絞って争点を出しているのに、わざわざ宗教とからませて法律上の争訟に当たらないという門前払い判決を出し、中間判決のはずを最終判決にしてしまっていたからである。これは一種のだまし討ちで、判例の傘の下に逃げ込んで身の安全をはかるために、被告側の立てた無理なリクツに乗っかった判決だという印象を拭うことができなかった。

　以下に、判決のおかしな点を挙げてみよう。

（1）　「正教師」の地位は法律上の地位ではない？

　判決は、「正教師」の地位は「それ自体としては、宗教上の地位であり、法律上の地位ではない」と認定している。被告教団側の言い分を入れて、謝儀受給権や、牧師館に居住して賃料相当額の保障を受ける権利、紅葉坂教会の代表役員に就任する権限などは、被告とは別個の法主体である紅葉坂教会との関係における地位であって、正教師の地位が法律上の地位であることを基礎づけるものとはならない、と認定している。

　これは、正教師（教師）の地位を宗教的地位の側面だけで見た、不公正極まる認定であろう。教団の規則では、「教師」の地位は、教会担任教師、神学教師、教務教師、在外教師など、基本的に収入の保障される職、すなわち「教師の職」につくことを前提にしている。（巡回教師は長年教師職を経た教師が選任されるので例外）。そして、「教師の職」につくためには、「教師の地位」が必須の条件とされており、教師の地位と教師の職とは一体のものである。

　とりわけ北村訴訟に直接関わる教会主任担任教師と単位宗教法人代表役員の場合、教団は傘下の被包括法人に対し、教団の教師のうちからこれを選任するよう義務づけており、この選任は教区議長の承認と教団議長の同意なしには成立しないよう法人規則に定めることを求めている。北村牧師のような教会主任担任教師の場合、教師の地位は、被包括法人の責任役員という法的地位と切り離せない一体の関係にある。

　また、正教師は、一定期間（現行では2年）以上教師の職にあることが受験資格に含まれており、教師の地位そのものが、教師の職に依拠している。

（2）　教団常議員は法律上の地位ではない？

　もうひとつ、原告側は、教師であることは教団総会議員に選出される条件であり、教団の執行機関である常議員に選ばれる資格を構成するため、原告北村牧師は、教師の地位を剥奪されると同時に常議員の地位をも失っていることを挙げて、教師資格が法律上の地位であることを主張していた。これに対し判決は、教団常議員は宗教法人責任役員ではないので、「常議員の就任資格であることは、正教師の地位が法律上の地位であることを基礎づけるものとはならない」と認定した。これは法律を扱う機関の言うこととは思えない。常議員会は、宗教法人日本基督教団規則で、総会に次ぐ議決・執行機関と定めら

れている。その一員であることは、教団政治の中枢にいて、教団の重要な意志決定に参与する権利を持つことである。これが法的地位でないはずがなく、教師の地位はそれを資格づけるものとして、法的地位の性格を強く持つと言わなければならない。

　これらのことは、北村牧師が教師を免職されることによって失った社会的・法的地位の側から見れば、全部つながっていることが分かるはずである。まるで底に穴の開いた網ですくって、１匹も捕れなかったから魚は１匹もいないと断定するような論理が、まかり通った判決であった。

（３）　年金カットは法律上の争訟ではない？

　また、年金カットが法律上の争訟ではないと認定した論理も、目を疑わせるものであった。実際の金額で示せるような損害を受けている処分が、宗教教理の問題だと言うために、判決は、被告教団側の強弁をそっくりそのまま使っている。つまり、戒規は悪に対する報復を目的とする懲罰ではなく、罪に関係した人の回復を図ることを意図しているという。だから戒規は「単なる経済的又は市民的社会事象とは全く異質のものであり、被告の教義、信仰と極めて深くかかわっている」ので、教義・信仰の内容に立ち入って審理、判断することが避けられないとして、「裁判所の審理判断が許されないもの」と認定している。

　ここでも、判決は、被害者の生活権・人権にかかわるような重大な不利益処分が行われている事実から完全に目をそらしている。このような処分を行うに際しては、少なくとも規則に従った公正な判断が行われていなければならないはずで、北村牧師が異議申し立てをしているのは、その手続きにおいて重大な瑕疵があったということである。懲罰ではなく悔い改めを求めているのだと言いさえすれば勝手な処分ができ、裁判に救済を求めることはできないのだというのであれば、宗教団体が健全な民主的運営を義務づけられる道は閉ざされるであろう。この判決は、手続きの民主性こそ集団の民主制の土台なのだという大切な事実に背を向けたものと言わなければならない。

　第一審判決のおかしさは、そのまま控訴審・上告審でも支持され、最終的に門前払い判決が確定したわけである。これによって、裁判という法的手続きを通して事柄の誤りを正す道は閉ざされたが、ここで明らかにしたような"おかしさ"つまり非道は、決して容認されるべきものではない。これはもう一度教団内に持ち帰って、おかしさをおかしさとして糾していくことが、課題として残されたのだと思う。

3　訴訟上の反省点

　このような判決に至った訴訟展開を振り返って、訴訟対策の面で心残りな点も一、二あった。

　ひとつは、訴訟技術上の問題で、争点を「正教師たる地位の確認」に絞ったことがよかったかどうか、ということである。当初は、①正教師免職処分が無効であることを確認する、② 原告が正教師としての地位を有することを確認する、という２項目の訴えになっていた（年金失格と損害賠償を別にして）。この二つは、同じことを別の側面から言っただけという感じがあり、準備手続きの際の裁判所の勧めもあって、一方に絞ることになった。その際、②の方が①を含む包括的な請求なので、こちらにまとめることにしたのであった。しかし結果的にみると、「正教師としての地位」というのは教規上二つの面を持っていて紛らわしかった。すなわち、「信徒」に対する「教師」という意味での「正教師」は、教師にのみ認められた法的地位としての性格を強く持つが、「補教師」に対する「正教師」というもう一つの側面は、まったく宗教的な区別であり、法的地位とは言いにくい。北村訴訟で回復したかったのは「教師」の地位であるが、本人が「正教師」なので、原状回復としては「正教師」の地位の回復を求めざるを得なかった。法廷で議論を進めるのにこの点が終始邪魔になり、「正教師の地位」は「宗教的地位」

だという印象を拭いきれなかったように思われる。後に多少の面倒が残ったとしても、「免職処分の無効」に絞っていれば、もっと手続きの違法性に焦点を当てることができたかも知れないという思いが残った。

もうひとつは、戒規の性格に関する被告側の主張に充分反論し切れていなかったことである。判決は、被告側の主張を引用して、「戒規の本旨及び目的は、キリスト者がキリストの弟子としての道に悔い改めて立ち帰ること、すなわち復帰にあり、戒規は単に処分の結果のみを指すのではなく、戒規の申立てから、処分さらには復帰に至るまでの手続過程全てであり、いずれの段階も教憲、教規に基づく解釈と運用が行われるのであり、手続規定のみを取り上げて、これに世俗法における市民法原理を適用して考えることはできない」ことを認め、裁判所が立ち入れないものとしている。これは、市民法原理に対して宗教団体が治外法権を持つと認めるかのような判決である。これに関して、原告側から、宗教団体といえども構成員に不利益処分を行う場合には、人権上適正手続きが求められることを、もっと強く主張しておくべきであった。「何人も、法の定める手続きによらなければ、生命若しくは自由を奪われ、又はその他の刑罰を科せられない」という憲法の規定（31条）は、直接には公権力に向けられたものであるとはいえ、この憲法秩序の上で法人格を得ているすべての団体には、人権尊重の義務として適正手続きが求められているはずである。そしてそれは、宗教教理の如何に直接関わりなく、自律的社会集団に求められる普遍的な法的規定として成り立つものであるから、その規定に照らして不法があれば、それは裁判上の争訟になり得るはずである。しかし、実のところ私自身、そういうことは裁判所にとって自明のことで論ずるまでもないという思いが脳裏にあったことを否めない。戒規がどのように宗教的な意味づけをし、「悔い改め」と「復帰」という復路を見かけ上伴っていたとしても、構成員の市民的権利からみれば「不利益処分」であり、そこに至る手続き課程の適法性は、公権力機関が問われるのと同様、宗教法人であっても裁判上の争訟であり得ることを裁判所に認識させるよう、言葉を尽くす必要があった。この点は、今後の教団内での議論のためにも、専門家の智恵をお借りして確立しておくべきであろう。

4　教団の民主化を求めて

最後に、私自身が北村訴訟支援に参加することにより、合同教会としての日本キリスト教団にとって法とは何かについて考えさせられたことを付言しておきたい。

合同教会にとっての法（規則）の役割は、互いに違っている者が一緒にいるための法、つまり包摂性の側面を強く持つことを認識しておく必要がある。この点で、単一教派の規則のように同質の者が異質を排して結束するための法、つまり排除性の強い法とは異なる。この点を取り違えると、合同教会は解体する。

包摂性を重視する合同教会の法という観点から見ると、現行教憲・教規に不備と見える部分が散見することも、別の意味を帯びたものとして理解できる。北村訴訟では、陪餐資格と戒規に関する規定で、特にそれが露わになった。

（1）　陪餐資格に関する規定

教団の基本法である教憲には、「バプテスマおよび聖餐」から成る「聖礼典」は、「按手礼を領した教師がこれをつかさどる」と明記しており（第8条）、聖餐の執行者については厳密に規定している。ところがこれと対照的に、陪餐資格については何の規定もない。教憲だけでなく、教規にも明文の規定はない。ただ、教規の場合、信徒の定義の規定の中に、陪餐を既受洗者に限定していると解釈できる条項

（第 135〜138 条）があるだけである。これに対し、陪餐資格を既受洗者に限ることを明文規定にしているのは、教会規則（準則）だが、これは準則であって法的拘束力を持つ規則ではない。この状態は現行教団規則の不備のように見える。北村牧師の免職処分において現教団執行部は、この不備を多数決でカバーし、「準則→教規→教憲」と下から上へ法的縛りを逆行させ、オープン聖餐を「教憲違反」として免職という極端な処分を行ったのであった。だが、上位法にない規定を下位法から引き出して上位法違反に持って行くのは、完全な倒錯であり、そのような法の扱い自体が法原則に反している。

　正確に言えば、現行の教団の法においては、陪餐資格者を既受洗者とすることが、暗黙の了解として前提されてはいるが、それを明文化することは避け、そこにあいまいなスペースを残しているのである。これは、合同教会としての教団の成立とその後の歩みに際し、一方で洗礼という礼典を持たない教派的伝統を包摂するための余白を残しつつ、他方で、陪餐資格を既受洗者に限定している教派的伝統をも包摂するため、暗黙の了解として「信徒」の定義の条項にそれを書き入れたものと考えれば首肯できることである。

　こういう規則の定め方は、政治的妥協の産物と言えばそれまでだが、かつての帝国政府による圧力下で余儀なくされた教派合同という難事業を可能にし、また戦後の離脱と解体の危機を乗り越えるためには、異質なものをできるだけ広く包摂するための工夫が必要だったと推測される。「日本基督教団」とは、もともとそういう隙間だらけの「合同教会」だったのであり、戦後も一貫してそうだった。その現実を忘れて、なし崩し的に初めから一つの教会であったかのように振る舞うことは偽りである。そして、不思議なことに、この合同の隙間ともいうべきあいまいなスペースが、時を経て現代という激変の時代に当たり、新しい教会のあり方を求める多様な試みのための余白の役割を果たすことになった。歴史を重ねて、日本基督教団は多様性を包摂できる合同教会としての歩みを可能にしてきたのであった。オープン聖餐の試みは、宣教の先端を切り拓こうとする多様な試みの一つであり、教憲・教規の不備と見える余白がそれを可能にしているのである。

　だが、現執行部は、この余白部分に自分たちの党派的主張を持ち込み、法が明文化していない事項を強引な多数決で規則化した。これが合同途次であれば、合同がご破算になるところであるが、今はそうならない代わりに、宣教の先端を切り拓く貴重な試みを切って捨てる愚かさを露呈させた。法を強制する者が自ら法の原則を犯したら、集団の構成員の良心を深く傷つけ、求心力を失わせる。それが続いたら集団は自壊するほかなくなるであろう。

（2）　戒規規定の空白

　戒規の規定も、同様の空白を見せている。教団の現行戒規ほど大ざっぱな規定で済ませているところは、他の教派には見られないのではなかろうか。構成員に不利益処分をもたらす戒規が、こんな大まかな規定で 70 年以上も間に合ってきたというのは、ほとんど奇跡に近い歴史である。その陰には、他の構成員に被害を与え、処分によって糾されなければならない者が見逃されてきたことも忘れてはならない。しかしそれは規則の不備よりも教師委員会の怠慢に帰せられるものであろう。現行戒規の規定の大まかさは、これを発動させるには話し合いのために多くの時間と労力を必要とし、その使いにくさのゆえに濫用が防止されてきたという効用の面を認めなければならない。そしてこの使いにくさを保持してきたことこそ、教団が合同教会として戒規で切ることを極力避けようとしてきた見えざる意志の証左である。

　戒規規定の大まかさの中でも抜きん出ているのは、戒規発動の手続きについて明文の規定がなく、そこが空白になっていることである。発動手続きについて何の決まりもないというのは、そのままではだ

れにも始動できないということである。まるでイグニッション・キーを欠いた車のように、自力ではエンジンをかけられないのが現行戒規規定であり、これを動かすには別の力が必要になる。それが、教規に「教区常置委員会の処理事項」の一つとして「（5）その他教区における重要な事項」という条項（第71条）が設けられていることであった。この条項により、教区常置委員会は、「戒規の適用」の申立を「教区における重要な事項」として行う権限を教規によって与えられていると解釈できる。これは類推から引き出した解釈ではなく、明文上これしかないという事実に基づく解釈として、他の解釈を排して成り立つ。2009年7月以前の信仰職制委員会が、『先例集』96を戒規申し立ての唯一の方法としてきたのは、法的拘束力を持たない「暫定指針」としてでもなければ、「申立の乱立を防ぐ」ための参考としてでもなく、現行教規の条文に照らせば、これ以外に戒規を発動させる方法はないという法的事実を示すものである。

　2009年7月7日付の信仰職制委員会答申は、この点、大きな思い違いをしているのではなかろうか。そこでは、申立人の規定が条文にないから理論上だれでもなれるという推論上の解釈が行われている。しかし、たとえば刑事犯罪の告発でさえ、刑訴法の「何人でも、犯罪があると思料するときは、告発をすることができる」（239条）という明文の規定があって初めて成り立つのである。まして、同じ教団に属する者に不利益処分を科することを求める戒規の申立は、被申立者にとっては、申立が行われた段階で既に不名誉と大きな時間的・労力的負担を強いられ、重大な権利侵害になるものであって、「乱立を防ぐ」よう努めればいいというレベルの問題ではない。少なくとも、教師委員会に白紙委任されるような事項ではあり得ない。戒規の申立には厳密且つ適正な手続きの規定が必要であり、現行規則はそれを欠いているので、適正手続きの観点からすれば、だれも申立人になれないということでなければならない。信仰職制委員会の前任者たちが、『先例集』96を重んじ、ここに唯一の戒規発動手続きを見出してきたのは良識的判断である。

　一見不備と見える戒規規則の空白が、戦後も一貫して維持されてきた歴史は重い。それは、教団が合同教会であることを重んじるがゆえに大切にしてきた空白なのであろう。少なくとも、見かけ上の多数決によって解消させてはならない法の包摂性なのである。教師委員会は、前述の信仰職制委員会答申の翌週、内規の改正という内部手続きにより、教規や戒規施行細則の規定を踏み越えて、戒規の申立も受理も教師委員会の権限として取り込んだ。この結果、教師委員会は教団内において、警察・検察・裁判所に当たる司法権のすべてを手中にした。こんな全権的司法機関の出現は「江戸町奉行所」以来であろう。法判断の誤りの積み重ねが、このように時代錯誤な結果を生じさせたのである。これはファシズム体制にほかならず、その先に現れるのは恐怖政治である。

　現教団執行部は、北村牧師の免職処分を急ぐあまり、議長以下、常議員会、信仰職制委員会、教師委員会が一蓮托生で、次々と教団における民主的な法原則を踏み破った。その惨状は、竜巻の爪痕を見るようである。私はあらためて問いたい。市民法・人権法の原則は、教会と無関係なのであろうか。世界人権宣言は、「すべての人間は、生まれながらにして自由であり、かつ、尊厳と権利とにおいて平等である」（第1条）と言う。ここには、神に似せて造られた人間の尊厳と権利が謳われており、それは聖書的な信仰によって基礎づけられる認識である。この宣言から生まれた人権諸条約が保障する市民的権利は、教会と異質な世界の事柄なのではなく、人間集団としての教会の民主的運営の問題と深く関わっている。「信教の自由」もまた、同じ市民的権利の一つとして存在しているのであるから、信教の自由を楯に他の市民的権利を否定するのは、自分の乗っている枝を切るような誤りである。北村訴訟判決がこの点を見誤ったのは、人権に対する認識が極めて浅い日本の裁判所の通弊が露呈したものであり、市

民の運動と国際社会の批判によって是正されて行く必要がある。しかし、その前に、宗教団体には、一般社会や裁判所以上に高度な倫理性と道義性が求められる。ましてキリスト教会は、「愛」を組織原理とするのであるから、構成員の人権保障においては、他のいかなる社会集団よりもまさっていなければ証しにならないであろう。

　現教団執行部は、訴訟において戒規は懲罰ではなく愛のわざだと主張した。その通りである。教会にとっては戒規もまた愛のわざでなければならない。そうであるならば、戒規適用に当たっては、適用を受ける者の人間としての基本的権利が何より大切にされなければならない。適正手続きを無視した戒規適用が愛だと言い立てることは、神の前でのウソ以外の何ものでもない。

　教団の民主化、すなわちその組織運営における市民的権利の保障は、教団の語る言葉の真実性の裏付けとして、確立されなければならないものである。主の体なる教会が、主の体として愛・人道という神経の通ったものとなることを切に祈る。

（日本基督教団隠退教師）

［参考資料］

今回の裁判において、2人の法学者、深谷松男氏、浅野直人氏から意見書が提出された。被告側、原告側とそれぞれの立場からの意見であるが、法律の専門家による貴重な意見であるので、原告側だけではあるが、［参考資料－1］として掲載させていただいた。

　今回取り上げた「北村慈郎牧師の戒規免職無効確認等請求訴訟」の根源は日本基督教団における聖餐のあり方である。裁判では手続を巡る問題が中心であったが、聖餐については当然のことながら教団内部で論議すべき課題である。この肝心の聖餐論について、教団内では少なくとも1960年代から1990年代までは聖餐についての議論が実施されていた。

　しかしながら、2000年代に入ってから教団執行部はこの問題を取り上げようとしなくなった。聖餐に関しては世界的にも論議が進められており、この問題から目を背ければ再び今回と同様な戒規問題が浮上する恐れがある。反対にこの問題に向き合うことから、現在途絶えている教団内の対話も復活できるのではないかと考えられる。聖餐について、過去どのような論議が交わされてきたのか、『教団新報』を基に瀬戸英治牧師が丁寧に調べて下さったので、これを［参考資料－2］として掲載した。

　また、第2章で少し触れているが、日本キリスト改革派教会は訓練規定を定めており、その中で戒規についても適正に実施されるよう、詳細にわたって手続方法について記述している。手続規定を欠いたまま行われた日本基督教団にとって、参考にすべき内容が豊富に含まれている。改革派教会の訓練規定は同教会のホームページで公開されている。その抜粋を［参考資料－3］として掲載させていただいた。日本キリスト改革派教会に感謝するとともに、今後の論議の参考にしていただきたい。

[参考資料－1]

【原告側意見書】

福岡大学法学部教授　浅野　直人

　東京地方裁判所は、平成23年（ワ）第38119号免職処分無効確認事件について、本年2月25日に、最高裁平成元年9月8日判決（民集43巻8号879頁）を引用して、これを却下すべきものとの判決を行いました。しかし、この判決には最高裁判例の理解その他の点からも、疑問がありますので、以下のとおり意見書を提出いたします。控訴審裁判所におかれましては、慎重かつ適正なご判断を賜りますよう、お願い申し上げます。

1　原判決の概要

　東京地裁の上記判決（以下「原判決」という）は、本事案において、被告日本基督教団の正教師たる地位はそれ自体が宗教上の地位であり、法律上の地位でないとして、原告がその地位にあることの確認を求める訴えは、不適法としたが、年金減額決定は、当事者間の具体的な権利義務ないし法律関係に関する訴訟であることを認める。

　しかし、その上で原判決は、最高裁平成元年9月8日の判例（以下「最高裁判例」という）を引用して、本件は被告のした処分の効力が請求の当否を決する前提であり、かつ、「その効力の有無が紛争の本質的争点をなすとともに、それが宗教上の教義、信仰の内容に深くかかわっているため、同教義、信仰の内容に立ち入ることなくしてその効力の有無を判断することができず、しかもその判断が訴訟の帰趨を左右する必要不可欠のものである場合」には、その訴訟が法令の適用による終局的解決に適さず、裁判所法3条にいう「法律上の争訟」には当たらない、とする。

　原判決は、続いて、本件年金減額処分は、被告の戒規の適用による免職処分が無効であることの当否の判断がその前提であり、その判断に当たっては、戒告処分の「手続の瑕疵や前例との不均衡によって無効となるかどうかを判断することが必要不可欠であり」、さらにその前提として「戒規に係る手続準則が何であるかを認定、解釈し、違反がある場合の効果を解釈することが必要不可欠」であるとする。

　そして、この際に、「戒規の性質に従って審理、判断することが必要不可欠である」が、「戒規の性質は、単なる経済的、市民的社会事象とは全く異質のものであり、被告の教義、信仰の内容に極めて深くかかわっているため、結局のところ、被告の教義、信仰の内容に立ち入って審理、判断することが避けられない」ので、裁判所の審理判断が許されないものと結論づけ、請求のすべてを却下するとしている。

2　最高裁判例の理解

　上記の最高裁判例の事案は、被告の日蓮正宗の蓮華寺住職たる地位、ひいては原告の代表役員、責任役員の地位の有無ならびに被告所有建物の引き渡しの可否をめぐる紛争に関するものであり、前記地位喪失の有無が、包括法人の宗規に該当する懲戒要件に該当する処分としての有効性に左右されるものであった。

　そして、最高裁判例は、先行する最判昭和55年4月10日、最判昭和56年4月7日を引用して、宗教団体における宗教上の教義、信仰に関する事項については、憲法20条、宗教法人法1条2項、同85条の趣旨からも、裁判所に審判権がない、とし、特定人についての宗教法人の代表役員等の地位の存否を審理判断するその前提として、その者の宗教団体上の地位の存否を審理判断しなければならない場合

に、「その地位の選任、剥奪に関する手続き上の準則で宗教上の教義、信仰に関する事項に何らかかわりを有しないものに従ってその選任、剥奪がなされたかどうかを審理判断すれば足りるときには、裁判所は右の地位の存否を審理判断できるが、右の手続き上の準則に従って選任、剥奪が行われたかどうかにとどまらず、宗教上の教義、信仰に関する事項をも審理判断しなければならないときには、裁判所はかかる事項について一切の審判権を有しない以上、右の地位の存否の審理判断をすることができない」。「したがってまた、当事者間の具体的な権利義務ないし法律関係に関する訴訟であっても、宗教団体の内部においてなされた懲戒処分の効力が請求の当否を決する前提問題となっており、その効力の有無が当事者間の紛争の本質的争点をなすとともに、それが宗教上の教義、信仰と深くかかわっているため、右教義、信仰の内容に立ち入ることなくしてその効力の有無を判断できず、しかも、その判断が訴訟の帰趨を左右する必要不可欠のものである場合には、右訴訟は、その本質において法令の適用による終局的解決に適しないものとして、裁判所法3条にいう「法律上の争訟」に当たらない」とするものである。

ところで、この最高裁判例の事案は、被告の代表役員等たる地位の存否の審理に際して、その所属する宗教団体における懲戒処分の有効性の判断を前提としなければならない事案であるが、その処分は宗規所定の手続きを経て行われており、その処分が当該宗教団体の懲戒要件に該当するかどうかの判断に際し、「被告の言説が、日蓮正宗の本尊観及び血脈相承に関する教義及び信仰を否定する異説に当たるかどうかの判断が不可欠」、というものであった。それだからこそ最高裁はこれを、「単なる経済的又は市民的社会事象とは全く異質のもの」と判断されたものと解される。

3 最高裁判例の事案と本件事案の異同

原判決は、本件事案が、被告日本基督教団の行った懲戒処分によって正教師の地位を剥奪された原告が正教師たる地位にあることの確認を求め、さらに、被告の被包括法人である紅葉坂教会の主任担任教師でかつ代表役員たる地位の存否や年金受給資格を問題としている点から、本件事案を最高裁判例が直接適用可能である類似の事案と考えたものとも考えられる。

しかし、最高裁判例の事案では、懲戒処分の手続きの有効性ではなく、実質的な要件該当性が問題とされ、しかもその判断において、教義、信仰の理解が判断の前提となることが避けられないものであることから、それらの判断が、経済的又は市民的社会事象と異質のものとされたものである（なお、最高裁判例の事案では、懲戒手続きをめぐる論点でも、懲戒処分を行った者が教義理解の点からみて管長たる資格を有するかどうかを問題としているものとみられ、全体を通じて、判断されるべき事項がすべて教義、信仰の内容と深く結びついている）。これに対して、本件事案は、教義の解釈、理解に関わりがある懲戒処分の要件の該当性以前の問題としての、手続きの適正を問題とすべきものであり、最高裁判例とは事案を異にする。また、最高裁判例の事案は、処分の有効を前提として被告の法的地位を争うもの（新藤幸司教授のいわれるいわゆる「処分貫徹型」）であるのに対し、本件事案は、原告が自己への処分の効力を争うもの（いわゆる「処分抗争型」）である点も異なっている。

原判決は、本件原告に対する「免職処分」の根拠である戒規の性質が、宗教的色彩を有することを理由に、戒規についてはその実体的判断要件のみならず、手続きの全般にわたって、すべてが宗教的行為、宗教規範に属するものであると結論づけていると見受けられる。この結論に至る過程で、原判決が、戒規処分は「悔改」によって解除されうるとされることをたびたび指摘し、戒規の根拠である被告の戒規施行細則の条文や、乙号証である文献、また原告への戒規決定通知の文言を引用していることから推測すれば、原判決は、このような点からも、被告における「戒規」の性質が教義、信仰に深くかかわっているものであって、その手続き準則にいたるまですべてが宗教規範の領域に属するものとしているよ

うである。しかし、引用された文献は、合同教会である被告日本基督教団の公的見解としての文書であることは何ら示されておらず、また、「悔改」によっていったん確定した戒規であってもその変更の可能性があると定められているからといって、それが直ちに、戒規の制裁的側面を薄め、とりわけ免職や除名といった戒規がひいては原告の具体的な権利への不利益をもたらす処分であることを否定し、適正手続きをもないがしろにすることを許容できる根拠とはなりえない。

戒規の性格が宗教的色彩をももったものであり、世俗の刑罰規定等の社会規範と異なる性格をあわせもつことを全面的に否定する必要はないとしても、だからといってその手続き規定を含むすべてが宗教的規範に属し、その内容には一切の司法審査が及ばないとする理解は、最高裁判例の事案の内容を十分に理解することなく、判決文の文言、表現を過度に規範化して、本件に当てはめようとしたものである。その結果、本来、司法手続きを通じて保護されるべき市民的権利、利益保護のための司法の役割を必要以上に狭いものとしているとの批判をまぬかれないものと考えられる。最高裁判例をめぐる多くの評釈者も、却下の判断によって守られるべき法益と、反面犠牲にされる法益とのバランスが課題であることを記すものが少なくないことに留意すべきである。

最高裁判例は、その説示の中で、手続き上の準則で宗教上の教義、信仰に関する事項にかかわりを有しないものに従ってその選任、剥奪がなされたかどうかを審理判断すれば足りるときにまで、司法審査を回避すべきものとはしていないことは明らかである。ところが、原判決は、本件事案の内容を精査することなく、形式的に門前払いの判断を行ったというほかない結論を示しており、その結果、本件戒規処分が教義、信仰に関する正統な理解の擁護のために行われたものである以上は、いかなる手続き違法も治癒され、適法とされる、とも理解されかねない被告の主張を一方的に肯定する結果となる論理を展開してしまっているとも指摘できる。

4　本件事案の特異性

被告日本基督教団は、1941年に、旧宗教団体法の制定にともなって日本のプロテスタント教会30余派が合同して成立したものであり、その後の宗教団体法廃止によって、1946年に新たに教憲を制定し、さらに信仰告白を制定するなどして一体性を確立するに至ったとされる（「日本基督教団成立の沿革」（1956年10月26日制定）参照）が、なお、合同教会としての性格を強く有していて、一定の幅の中ではあるものの多様な信仰理解を内包する教団である。このことは、教憲において、「教憲および教規の定めるところにしたがって、会議制によりその政治を行う」（同4条）と定め、また、「教団総会をもってその最高の政治機関とする」と定め（同5条1項）、さらにその、「教会的機能および教務は教団総会の決議ならびに教憲および教規の定めるところにしたがって、教団総会議長がこれを統括する」（同条2項）としていることに現れている（つまり旧教派のもっていたさまざまな政治形態や教会的機能及び教務の執行のいずれかでなく会議による決定という選択をしている）。

本件事案は、もともと2007年10月に日本基督教団総会閉会中、総会の権限に属する常例の事項等を処理するため、総会で選ばれた常議員で構成される常議員会において、原告への退任勧告決議が日本基督教団総会議長の提案で行われ、反対意見をおしきってこれが可決されたことに端を発し、その後、2008年7月には、同じく常議員会において、日本基督教団議長の発議によって、原告に対する戒規申立を行う決議が同じく反対を押し切って可決されたことによって、原告への戒規の手続きが始まったものである。

被告日本基督教団の戒規については、日本基督教団教規（以下「教規」という）141条以下に規定されているが、教規には、戒規の種類と効果の一部分が記されるのみで、規定を別に定める（同146条）

とされている。そして戒規の詳細は、1952年に制定され、その後1968年に最終改正された「戒規施行細則」（以下「細則」という）に委ねている。しかし、その細則も、戒告の手続きに関して、教師への戒規の場合には日本基督教団教師委員会の3分の2以上の同意によって行われること、戒規を受けた者の不服申立ないし救済に関し、日本基督教団議長への上告の権利を規定し、その場合に議長が常議員会の議を経て選出した審判委員若干名による審判をもって最終決定とすると定めるのみであり、戒規の申立てをなしうる者の資格等については、何も定めていない（なお信徒の戒規は教会役員会の権限とされ、不服申立ても教区常置委員会へ行うことができると定めるのみである）。

この点について、教規44条2号により、教憲および教規の解釈に関する事項をつかさどるものとされてきた信仰職制委員会は、1980年7月に戒規適用を提訴できる者は誰かとの諮問に対する答申として、教会担任教師の場合は教規102条8号、教規71条5号にもとづいて、教会役員会または教区常置委員会とする。ただし、役員会が提訴する場合は、教区常置委員会を通じて行うものと答申しており、この答申内容は、印刷公刊されている『教憲教規の解釈に関する先例集』（2002年9月刊行）にも掲載されて広く知られてきた。そしてまたこの答申は、教会担任教師の戒規については、事情を的確に把握、理解できる立場にある、当該教師の働く場である教会やその地域共同体である教区の機関に委ねることが適当との判断によるものとして、十分に理解可能な内容である。

ところで、前記の2008年7月の常議員会の戒規申立ての決議については、その後、2008年10月に開催された第36回日本基督教団総会において、決議の無効を確認する決議が賛成多数で、可決された。戒規の執行への上告の審判を受理すべき日本基督教団議長が自ら発議したものであって、手続きの公正さに疑義があり、また、これまでの信仰職制委員会の規定解釈にも反している。常議員会において決議された申立て書は原告が常議員であるところから常議員会として戒規申立てをするとされるが、この論理によれば、信徒である常議員も同様ということとなって、細則9条10条との齟齬も生じることになる。決議は教規によって常議員会に与えられた権限を逸脱するものである。これらが、決議の提案理由として挙げられており、日本基督教団総会は、この提案理由にある手続き違法の指摘を肯定するとともに、信仰職制委員会の解釈をも肯定したこととなる（なお、多数の賛成者があったことの背景には、信仰理解がどのようなものであれ、戒規という強硬な手段に対しては適正手続き、慎重な判断がなされるべき、との教団総会の意思が働いたというべきである。さらに同総会には、原告が免職されるまで所属していた神奈川教区総会の名前で、原告への常議員会からの前記辞任勧告が不当である旨の決議を行うよう議案が提案されていたことにも注意する必要がある）。

ところが、その後、東海教区から、信仰職制委員会に対して、再度、戒規申立て資格について諮問がなされ、規定がないので、特定するためには規定を新設するほかない、との答申がだされ、さらにこの答申の解釈をめぐる教師委員会の諮問に対して、2009年6月、信仰職制委員会から、規定がない以上は誰でも要請できる。先例集は実務上の指針に過ぎない、正式の発議機関が新たな規則をつくる場合にも、先例を無視することは適当でないが、先例集に縛られるものでもない、との答申が示されている。これをうける形で、2009年7月、信徒の常議員7名から、教師委員会へ、原告に対する戒規申立てが行われ、これが受理されて、教師委員会は、2010年1月に免職の戒規を行い、さらに申立て者を含む常議員会の議を経て選ばれた審判委員が、教師委員会の戒規を妥当とする最終決定を行ったことにより、被告日本基督教団の内部においては戒規が確定するに至っている。このような一連の動きが、2008年の日本基督教団総会の会期中に起こったことは、前述の教憲の定める日本基督教団総会の意思に反する手続きが、それぞれ一定の意図のもとに進められ、結果的には、総会議決で否定されるに至った、日本基督教団総会議長発議の意図を迂回的手段によって実現したことになる。

最高裁判例に対する多くの評釈が指摘するとおり、宗教の教義、信仰の内容や解釈に関して司法が介入すべきでないことは、憲法の信教の自由保障の趣旨からも肯定されるべきことであるが、本件事案は、宗教の教義や信仰の内容に入る以前の、手続きの不合理が問題であることは、上記の経過からも指摘できる事柄である。なお、評釈のうちには、宗教団体をめぐる紛争につき、前提問題である宗教上の事項が含まれる場合であってもこれを却下するのでなく、実体判断をすべきであるが、宗教上の事項に関しては宗教団体の自律的判断を尊重して本案判決にこれを反映させるべき、との有力な見解もある。しかし、そのような立場をとった場合にも、平等原則や適正手続原則に反する判断までが、自律的判断として是認されることにはならないとされる点では異論がないようである。したがって原判決には、このような立場からも批判が加えられる余地があるものと考える。

平成 25 年 5 月 15 日

（略　歴）

1943 年　名古屋生まれ
1966 年　九州大学法学部卒業
同大学大学院法学研究科、同大学法学部助手を経て
1972 年　福岡大学法学部専任講師（民法）
1974 年　福岡大学法学部助教授（民法）
1980 年　福岡大学法学部教授（民法）
現在に至る
この間
1987 年　福岡大学大学院法学研究科教授併任（現在に至る）
1997 年から 2001 年まで　福岡大学法学部長併任
また現在　環境省中央環境審議会会長代理、環境法政策学会理事、日本交通法学会理事など
専門　民法、環境法

（主な著作）

『環境・防災法』（ぎょうせい）、『金融事故の民事責任』（一粒社）、『不法行為法』（学陽書房）、『中国民法の研究』（学陽書房）、『環境影響評価の制度と法』（信山社・単著）、『環境リスク管理と法』（慈学社）などの共著、共編著、単著のほか
「中国の環境法の発展と展望- 日本法との比較において-」　加藤一郎先生古稀記念論文集上（有斐閣）所収、「日本の環境法の新たな体系について- 環境基本法をふまえて-」　森島教授還暦記念論文集）（日本評論社）所収、「環境影響評価制度の機能と課題」加藤一郎先生追悼論文集（有斐閣）所収、「公害法・環境法の歴史と展望」環境法体系（森嶋昭夫先生喜寿記念論文集・商事法務）所収の論文など多数

[参考資料－2]

【『教団新報』における「聖餐」論議】

世話人　瀬戸　英治

序　本稿の目的

　現在、日本基督教団の中で争われている「未受洗者への配餐」の問題の発端は、2007年7月18日の日本基督教団常議員会で設定された懇談会において、山北宣久日本基督教団総会議長（当時）が北村慈郎常議員（当時、紅葉坂教会牧師）に、聖餐についての自分の意見を陳述するよう求めたことに始まる。北村氏は、山北氏が「言質を取らない」との約束の上で、紅葉坂教会が未受洗者への配餐に至った経緯と自身の考えを率直に述べた。しかし山北氏は、宣教委員会（高橋　潤委員長）の「過誤できない」との告発を受け、「言質を取らない」との前言を翻し、北村氏が未受洗者への配餐を実施していることを公に肯定したとし、常議員会に「教師退任勧告」を発議し採決を強行したことによる。

　山北氏は議長就任当初より「聖礼典の乱れ」を指摘し、その中で「未受洗者への配餐」が教憲教規違反であると断定していた。その主な根拠は、「未受洗者への配餐は教憲教規に違反する」とした2006年6月27日付の信仰職制委員会答申によるものと思われる。しかし「未受洗者への配餐」に関しては賛否両論があった。教団内では、1960年代に議論が始まり、1990年代全般まで活発に論議された事実がある。山北氏及び当時の宣教委員会の行為は、この議論を全く無視し議論もなしに一方的に教憲教規に違反しているとした。また日本基督教団信仰告白の制定に際して、ときの制定委員会（北森嘉蔵委員長）は様々な意見があったことに鑑み、「解釈相互の争点については、法的措置の前に、必ず神学的論議の領域が設置されなければならない」との付帯説明をしている。

　北村氏と北村氏を支援してきた者（筆者も含む）が一貫して訴えてきたことは、「未受洗者への配餐」に関する教団内における長い論議があったにも拘らずそれを無視し、また信仰告白制定時に言われていたようにすぐ戒規に走るのではなく、神学的な充分な話し合いもせずに、一方的に教憲教規違反と断じてはならないということである。

　「未受洗者への配餐」は一部の牧師や教会の暴走では決してない。それぞれの宣教の中で試行錯誤しながら、神学的検証をしながら到達した結論である。もとより日本基督教団はその創立時、「聖礼典」をもたない教会に対し合同のためにとはいえ、「聖礼典」を強要した歴史がある。その反省を踏まえれば、神学的相違を数の力で断罪する愚かさを繰り返してはならないはずである。

　本稿は、『教団新報』紙上に発表された記事を通して、教団内においてどのような意見があり、どのように展開されてきたかを示し、合同教会として聖餐理解の違いをどのように克服すべきかを模索することにある。

Ⅰ　1960年以前

　1942年に宗教団体法によってプロテスタント教会が合同して日本基督教団が成立した。合同にあたって教派ごとの違いが浮き彫りになる。しかし戦時体制強化という目的のために、十分な議論もないまま、特に聖礼典や教職制などの重要な事項は大教派の中心に統合され、小教派はそれに従わざるを得なかった。聖餐については、終戦直前において「聖餐式文」の案が提示されたが、執行の資格や陪餐の資格などについては、ほとんど議論になっていない。戦前の聖餐についてのトピックスは、合同前の1939年（昭和14年）逢坂元吉郎の『聖餐論』の出版くらいである。

戦後は、新しい教団としての教憲教規の整備や復興対策に追われた。その中で諸教派の離脱が相次ぎ、教団の信仰告白の制定が急務となった。当時の教団広報紙は信仰告白制定の経過を掲載しているが、聖餐についてはほとんどなかった。

Ⅱ　1960年～1969年　聖餐議論が始まる

　1960年から『教団新報』の前身である『基督教新報』に「聖餐」関連の記事が掲載されるようになる。1963年に開催されたモントリオール世界会議や、また戦後滞っていた海外教会との交流の再開により持ち込まれたリタージカルムーブメントの流れによるものと考えられる。このことでそれまで日本の教会が聖餐を積極的に考えてこなかったことが、皮肉にも明らかとなった。

　1963年に当時の佐渡教会牧師・木村栄寿の未受洗者の陪餐を積極的に勧める文が掲載され、議論に火がつく。しかし木村への反論の多くは、教派による伝統的理解であり、また心情的な反発であり、木村の主張する日本における聖餐の意味付けへの真正面からの応答にはならなかった。この木村の問題提起への反応は1963年以降紙上から消える。1965年から1969年の間は、鈴木正久教団議長によって「明日への教団」が示され、いわゆる「戦争責任告白」が制定され、戦後の新しい動きが始まる。またこれに続き「万博キリスト教館問題」「東神大機動隊問題」「沖縄キリスト教団との合同」と激動の時期となり、聖餐問題が取り上げられる余裕はなかったと推察される。しかし紙上には現れなかったが、先の世界的なリタージカルムーブメントの動きは、非キリスト教国である日本の教会にとって、宣教面では大いに参考とされ、水面下で進行していったと考えられる。

資料の概説

1-1　1960年5月21日の『基督教新報』3205号のコラム「週言」

　「聖餐」を「平等自由な教会のなかにあるただ一つの差別」とし、これを教会が厳重に守ってきたのであり、「いわゆる民主主義および民主主義的組織と一線を画していることを如実に示す」と聖餐において未受洗者に配餐しないことを教会的として評価している。

1-2　1960年12月3日、『基督教新報』3233号　日本基督教団宣教研究所編『礼拝における聖餐式の諸問題』の書評。小川治郎（代田教会牧師）

　日本基督教団宣教研究所編『礼拝における聖餐式の諸問題』（木下芳次、芳賀真俊編　1960年10月日本基督教団出版部）は、聖餐式の回数、配餐の仕方など、教派を超えて50名以上の牧師にアンケートをとり、集計したもの。小川は、これまで聖餐はあまり重要視されてこなかったことを指摘し、近頃になって一部に、聖餐の意義を考え直す動きがあり、喜ぶべきことだと言う。ただし回数や雰囲気にとらわれずに聖書学や歴史神学、宣教論的議論が必要だと述べている。

1-3　1963年9月7日『基督教新報』3374号　投稿　木村栄寿「聖餐式について」

　木村は「全会衆が信者、未信者をとわず、主の前に悔い改めと感謝をもってつどい、主のみからだと御血を受けるならば、これが主イエス・キリストの聖旨にそわないことだと、だれがいい切れるであろうか。時には求道者をも含めた全会衆の聖餐式もあってよいのではないかと考える」と全会衆の陪餐の可能性を提起する。

1-4　1963年10月5日『基督教新報』3378号　投稿　鷲山林蔵「陪餐すること」

　木村への応答として、日本橋教会牧師の鷲山林蔵は「聖餐式を伝道の道具に利用するのはどんなものでしょうか」「主の御体と御血とをあまり安売りすると、それこそ教会の命取りになりはしないか」と反論した。

1-5　1963年10月5日『基督教新報』3378号　「聖餐とキリスト者の生活―世界聖餐日にあたり―」　論説　大木英夫（東京神学大学専任講師）

　日本の教会では、それまで聖餐とは何か、を問うことに集中していたが、聖餐とわれわれの関係に関する議論の必要を説き、「パウロは人間が聖餐を問うのではなく、聖餐が人間を問うように考えている。彼は聖餐の前で自己吟味をすすめる」とする。

1-6　1963年10月5日『基督教新報』3378号　座談会「聖餐はどう守られているか」

　宣教研究所の『礼拝における聖餐式の諸問題』の出版を受けて、聖餐式の持ち方が議論されている。「ふさわしい」を巡って「未信者にも聖餐を行う、無差別聖餐とはどういうことだろうか」という問いが出され、参加者の一人が「洗礼を受けていない者にも説教は与えられる。見える言葉としての聖餐も与えてよいと考えてである」と問題提起するが、議論はかみあっていない。

1-7　1963年10月5日『基督教新報』3378号　投稿　船越三義「『聖餐式について』の記事をよんで」

　兵庫教会役員による木村への反論。「『求道者の方々も一日も早くこの聖餐にあずかられますよう』のひとことをつけ加えられることによって、自分たちを除外したとは感じないはずです」と言う。聖餐を「信徒に与えられた重大事」とし、聖餐は信仰告白をした者だけが受けることができると主張。

資料編

資料1-1　1960年5月21日の『基督教新報』3205号のコラム「週言」

　聖餐は洗礼を受けた人だけあずかることができる。この規定は、平等自由な教会のなかにあるただ一つの差別である。この差別を教会が厳重に守って来たのは教会が信仰の団体であるからであって、いわゆる民主主義および民主主義的組織と一線を画していることを如実に示すものである。

　そこで聖餐のパンと酒杯をくばるときこまるのは大きな教会では受洗者かいなか、わからない出席者がいることだ。知らない人は洗礼を受けてなくても受けるだろう。そこで牧師は2品をくばる前に"洗礼を受けた方だけ"と注意するのがならわしになっているようである。会衆が牧師の前に出て受ける場合も同様である。

　けれど受けない人の気持を察してさように注意しないとつい乱れてくる。週報に注意を書いてもあまり効果はない。未信者（洗礼未領者）を帰してしまい信者（洗礼受領者）だけにして聖餐式を行うところもある。

　差別するようでいやだが、聖餐は信仰告白が大切なことを教えるよい機会になっている。

資料1-2　1960年12月3日、『基督教新報』3233号　日本基督教団宣教研究所編『礼拝における聖餐式の諸問題』の書評。　小川治郎（代田教会牧師）

　神の言葉が説かれ、聖礼典が正しく執行せられるところが教会であるとのことは、多くの人によって言われて来たが、後者、聖礼典のうちの聖餐は、実際上はあまり重要視されなかった。むしろ軽視されたり、時にはいささか厄介視された傾きがある。ところが近頃になって一部ではあろうが、聖餐の意義を新しく考えなおし、本来の意味にふさわしく執行しようとするうごきがおこって来た。これはまことに喜ぶべきことで、おそらく聖餐が正しく恵み深く守られて来るならば、今日の教会は面目を一新すると言っても、いいすぎではないであろう。

　この書は、宣教研究所がこの問題を研究して、その結果を発表されたものである。そしてお二人の方が執筆しておられる。全体が6章から成っており、前半を平塚教会牧師・芳賀真俊氏、後半を茅ヶ崎教

会牧師・木下芳次氏が担当せられ、前の部分は主として歴史的な研究、後の部分は日本プロテスタントの特異性とその聖餐式の意味がとりあつかわれている。

　全休を通読して、なかなか興味のある、考えさせられるときには反省させられることの多い研究発表である。そして単に書物によって書いたというだけでなく、日本基督教団のなかの人々―その中には聖餐を重視する人もあり、批判的な人もあるなど多くの方面にわたっている―、また聖公会やルーテル教会などの人々を実際に訪ねられ、その数50人にも及んだということであるが、そのかたがたの意見をしるしておられるので、一方に片よらず、参考になることが多い。

　欲を言えば、いささか個条書きであるためさらに詳しく、そして内容的になると、物足らない点もある。これは研究発表という形式上、いたし方のないことかも知れないが、日本の教会、教職の現状から考えて、もうすこし突っ込んだ詳細なものがあれば、よりよいのではないかと思った。そして文章もすこし硬いようで、聖餐式という恵みにあふれたことを取り扱うのには、その点の工夫・努力もあればありがたいと思った。

　しかし全体としては真面目な努力の払われたものであり、主として教職のかたがたが読まれて有益であろうし、またこうした書物を中心として少数グループの研究会をするとよいように思った。余談であるが近頃、諸所で近くの教職が寄って研究会とか読書会とかがなされ、よい結果を生んでいるようにきく。こうしたことは教職の交わりや進歩のためにははなだ有益なことであるが、聖餐の問題がとりあげられることを、ことに望みたい。

　本書も指摘していることであるが、聖餐の問題は、一方にカトリックのことがあり、一方に無教会のことがあり、正しい執行がなされるためには、よほど深い研究と体験が必要であろう。聖書にその基礎を求めることはいうまでもない。代々の教会の歩みもていねいに学ばねばならない。日本の教会という現実の基盤のことも忘れてはならない。ただ回数を多くするとか、形式を複雑にするとか、雰囲気を濃くするとかで解決さるべき事柄ではなく、そのようなことによってかえって本質より遠ざかる危険もあるのが、聖餐である。しっかりしたものをとらえ、深く味わってなさるべきである。そうした意味でこの本は時を得たものと思う。

資料1-3　1963年9月7日『基督教新報』3374号　投稿「聖餐式について」　木村栄寿

　聖日礼拝終了後、教会の長老が声をひそめて何か語りあっていた。話の内容というのは、この礼拝中にまもられた聖餐式のことであって、未熟な執事が、陪餐者ではない会衆のひとりに誤ってパンとぶどう酒を分配してしまったというのである。

　またある母親が聖餐式中にどうしても子供にせがまれてまわりの迷惑を考え、まだ未陪餐ではあるが、幼児洗礼を受けているからということで子供にパンを与えてしまったことや、また見かけは古い信者のようにみえるので、別にどこで、いつ洗礼を受けたのであるか、念をおしてもみなかったところ、洗礼は受けていないが、信仰は告白しているという自称信者であったということなど、聖餐式には、いずれの教会でもこれと同じような事がらに遭遇したことがあるのではないかと考える。

　そこで、二度とこのようなまちがいが生じないように、牧師は声を大にして、教団教規に規定されている陪餐を許されている人についての説明をするのである。厳粛な聖礼典執行の直前に、口では表現できない白けた空気が会堂を横ぎる。会衆の一員として礼拝に出席している求道者たちに、自分たちを除外視したところのこの礼典が、いったいどのように感じとられるであろうか。

　考えてみると、教団教規は教会と信徒のための規定であることはさりながら、教会にいる多くの求道者のことを考えると、いろいろと気がかりの多い規則ではある。コリント人への第一の手紙 11・27～

29のみことばは、陪餐者の心構えについて大事なものであるが、これは必ずしも未信者の陪餐を禁じたものとは考えられない。全会衆が信者、未信者を問わず、主の前に悔い改めと感謝をもってつどい、主のみからだと御血を受けるならば、これが主イエス・キリストの聖旨にそわないことだと、だれがいい切れるであろうか。

　時には求道者をも含めた全会衆の聖餐式もあってよいのではないかと考える。クリスマスなどの特別礼拝に、これが、まもられるならば、この特別な恩寵にこたえて、入信を決意する求道者が与えられるにちがいない。アメリカではこのような聖餐式をオープンコミュニオンというそうであって、一部の教派では古くからまもられているということであるが、その点について、大方の意見を聞きたいと思う。

　「だから、飲むにも食べるにも、また何事をするにも、すべて神の栄光のためにすべきである。ユダヤ人にもギリシヤ人にも神の教会にも、つまずきになってはいけない。わたしもまた、何事にもすべての人に喜ばれるように努め、多くの人が救われるために、自分の益ではなく彼らの益を求めている」
（第一コリント10・31〜33）。　　　　　　　　　　　　　　　　　　　　　　　（佐渡教会牧師）

資料1-4　1963年10月5日『基督教新報』3378号　読者のこえ　鷲山林蔵（日本橋教会牧師）「陪餐すること」

　9月7日号の木村先生の聖餐式についての所見を読みながら思いついたことがあります。

　2年ぐらい前、礼拝後にひとりの青年が私のところに来て、いままで行っていた教会では、求道者である自分も聖餐をいただいていたが、同じ教団であるこの教会では、なぜいただけないのか、とやや抗議めいた口調で言われたことがあった。その言葉から理解すると某教会の牧師は、求道者も陪餐するのが当然と思っておられるらしい。早速、その教会に電話をしてみたら、長く教団総会議員であり当時は、教団の某委員会の書記の要職にあったその先生は、その青年の発言を全面的に肯定されたのでした。

　今回のような投書が新報に載るようなら、同じ見解をもつ先生がたも、必ずしも少なくないのかもしれません。

　未信者に聖餐を与えるなんてとんでもない、とオーソドックスな聖餐論をここに陳述しても、これらの方は、そんなことは、君以上に知っているよ、しかし、いまの日本の伝道ではこうする必然性があるのではないだろうか、とおっしゃるにちがいない。木村氏も「これによって入信を決意する求道者が与えられるにちがいない」とおっしゃるのを見ても、なんとかして求道者を信仰にまで導きたいというそのお気持ちはよくわかるけれども、聖餐式を伝道の道具に利用するのはどんなものでしょうか。主の御体と御血とをあまり安売りすると、それこそ教会の命取りになりはしないかとおそれます。「おそれおののいて自分の救いの達成に努めなさい」というパウロのすすめを見ても、私たちのために主が肉をさき、血を流された事実に対する、おそれおののきをもつことと、自分の救いとは不可分のもので、軽々しく聖餐を食することは、当人の救いの達成のために、妨げになることと思います。

　聖餐を受けることは、形だけならだれにでも真似ができます。心を静めて、黙祷しておもむろに口に運ぶ、受洗者も未受洗者も、何も知らないまったく初めて教会に来たばかりの人だって、同じことができるでしょう。だからこわいのです。そこで取り扱われているのは、教会のいのちである主の肉と血なのです。それが主の死にふさわしく、おそれとおののきをもって受けられているかどうか、司式者である牧師にも区別がつかないのです。

　求道者も祈りをすることがあります。祈りは真似だけではできません。いくらつたない言葉でも彼の心が、彼の求道心が、救いへの情熱が表明されます。同席の牧師や信徒は、その足りないところをとりなし、補うことができますし、教会は彼のためにいっそう具体的に祈ることもできます。

祈り会などで求道者が祈ることは大いに奨励したいが、聖餐を求道者に与えることはできません。教会の一番大事な配慮が、彼にゆきとどかないからです。

木村先生は求道者への配慮の上から主張なさったようですが、その配慮がいかに善意から出たものであっても、それが教会的な配慮、主の死を通しての配慮とならないかぎり、かえって重大なつまずきとなりましょう。

もう一つ、先生はコリント第一の手紙11章の聖餐制定の言葉を求道者にも陪餐させるべき主張の裏づけとされておられますが、いささか驚きました。「だから、あなたがたはこのパンを食し、この杯を飲むごとに、それによって、主がこられる時に至るまで、主の死を告げ知らせるのである」。あなたがたとはまさしく、食し、飲む人々です。食し飲むごとに、それによって……主の死を告げ知らせる。これは終末の日に至るまでの教会の宣教行為です。聖餐を受けることは、陪餐者が、説教者とともに終末的な福音の宣教に従事し、この世に対する、主の主権と勝利とを宣言することなのです。そのような聖餐式の意味を教えたのち、なお、教会のみなさんといっしょに聖餐をうけ福音を宣言したい、とおっしゃる求道者がいるなら、それ以前に受洗をし、信仰告白をしていることでしょう。

資料1-5　1963年10月5日『基督教新報』3378号　「聖餐とキリスト者の生活―世界聖餐日にあたり」　論説　大木英夫（東京神学大学専任講師）

これまでのプロテスタントの聖餐論は、聖餐の本質に関する議論が圧倒的に多かったのではないだろうか。そういう見方は、ルターとツヴィングリのマールブルク会談、ルター派とカルヴァン派の16、7世紀の論争以来、ずっとプロテスタントの聖餐論の発想を規定してきたように思われる。歴史の古い教会ではそれに限定されない広いまた実際的な取りあげ方が背景にあったが、問題を神学的に継受しがちな日本では、聖餐論の立て方が狭く型にはまりすぎていると思う。

それで私は聖餐論に関するもうひとつのアプローチについて一般の注意を喚起したく思う。それはパウロがコリント第一書11章で示した道である。パウロは主から受けた伝承（パラドシス）をのべたあと、聖餐の受け方について勧告する。これは聖餐それ自体に関する議論とは区別されうる、聖餐とわれわれの関係に関する議論である。もし前者が教義学的道といえるなら後者をあえて倫理的道とよぼうと思う。

私はパウロの聖餐論がパラドシスというわくで伝えられていること自体その神学的取り組み方をも規定すると考えたいが、それは別として、日本の教会において聖餐論への倫理的アプローチの必要があることを強調したいのである。パウロは人間が聖餐を問うのではなく、聖餐が人間を問うように考えている。彼は聖餐の前で自己吟味をすすめる。

オランダ改革派やスコットランド長老派では、パウロの「ふさわしくないまま」という言葉を重くとり、したがって聖餐と教会訓練とは密接な関係をもつようになった。陪餐の前提として罪の告白と悔い改めを要求し、もし悔い改めがなくまた明白な道義的犯罪がある場合、《陪餐停止》の戒規（rule of discipline）が適用された。この適用が国家教会的社会のパリッシュ（教区）においてどれほど決定的意味をもっていたか、そのきびしさはおそらく日本の「村八分」から連想されるようなものであったにちがいない。

たしかにある欧米の諸教会では、聖餐式への魂の準備を強調するあまり、聖餐式が喜ばしい瞬間ではなく恐るべき瞬間と化し、信仰生活や教会自体の《危機》を意味するほどになる例が見られ、そのような行きすぎはいましめられねばならないが、しかしわが国の教会はとかく逆の行きすぎにおちいりがちで、聖餐にあずかることのキリスト者の生活に対する意味がボヤけていることは、厳粛に反省されねば

ならないのではなかろうかと思う。

　教団教規にも《陪餐停止》の戒規は厳存している。私はある同労の友人が《陪餐停止》の戒規を適用しなければならなかった事件を目撃し、いろいろ考えさせられた。われわれの教会事情において、この戒規に前提されているもろもろの意味を生かすことは非常に困難なことである。かりにその適用の場面にぶつかったら、そこに日本におけるプロテスタント教会形成の深層に横たわる諸問題が暴露されてくることであろう。しかしそれら諸問題の一つ一つは、避けることによってではなく、取り組むことによってのみ、主の教会において聖餐を守る真の意味が確立されると思う。

　聖餐がそれを受けるわれわれに問いかける問いに真剣な自己吟味をもって答えるあり方は、教義学的命題のように一度かぎりで確立されないので、不断に養成され確立されなければならない。牧師はその責任をもっている。プロテスタントではカトリックにおけるように神秘的状況において聖餐のめぐみを受領するのではなく、倫理的状況でそのめぐみを受領するのである。聖餐における絶大な恩寵は魂を感激と歓喜へと解き放つと同時に、魂を敬虔と聖潔なる生へと引きしめるのである。

　私がいいたいことは、聖餐をキリスト者の生活と結びつける道を、今日もっともっと探求される要があるということである。それはわれわれの信仰における感謝と敬虔の結びつき、信頼と服従の結びつきを達成する道である。この追求において、われわれは律法主義と「安価な恩寵」主義（ボンヘッファー）の両方をさけて進まねばならないのである。　（本紙編集委員）

資料1-6　1963年10月5日『基督教新報』3378号　座談会「聖餐はどう守られているか」

出席者
茅ヶ崎教会牧師　　木下芳次　　　　青山教会牧師　　宮内　彰
三崎町教会牧師　　山北多喜彦　　　初台教会牧師　　湯浅与三
　司会者　　富士見町教会牧師・本紙編集委員　島村亀鶴

司会「世界聖餐日にあたって聖餐について話し合っていただきたい。理論より実際教会でどのように行っているか。東京教区で総会のとき聖餐を守るが、かつて、分餐者が教職でないと、パンや杯を受けとらない人がいて、問題になったこともある。

　教団の戒規に聖餐停止があるが、これらについても語っていただきたい。

　また、信者だけでなく未信者にも配餐する教会もある。

　宣教研究所から出ている木下さんと芳賀真俊さんの共著の『礼拝における聖餐式の諸問題』が参考になると思います。

　聖餐は年に何回とか毎月1回、あるいは毎聖日、行っているだろうが、どれが一番多いようでしょうか」

聖餐の回数
湯浅「わたしのところでは、毎月第1日曜日に守っています」
宮内「月1回というのが多いようですね」
木下「組織的な統計とはいえないが50人の教職にたずねたことがあります。やはり月1回というのが一番多いようでした」
山北「佐伯さんのところ（品川教会）は毎週やっていますね」
司会「月1回というのはどういう意味なんでしょう」
木下「カルビン時代のジェネバの教会からの流れでしょう」
司会「毎週やると、どんな弊害があるだろうか」

宮内「毎週聖餐を守ることはむずかしい。形式的におちいりやすい」
司会「佐伯さんらは、神の言葉としての説教は毎週行うのだから、神の言葉の見える形である聖餐を毎日曜行うのが当然だとして行っている」
山北「礼拝はこれ抜きにしてはなりたたない」
司会「となると礼拝とは何ぞという問題になってくる」
木下「礼典について熱心な研究家である由木（康）さんのところでは、年4回ぐらいと聞いています」
司会「朝礼拝で聖餐を守るのは普通ですが、夜の礼拝で守る教会がありましょうか。わたしのところでは、年6回偶数月に夜守ります。朝礼拝でうけられなかった人たちのために」
山北「特殊なとき、受難週などに、夜守ります」
湯浅「富士見町では礼拝のあと、信者だけで守るということだが」
宮内「求道者は全然残らないのか」
司会「求道者は残っても差し支えないが、全部かえしてから行う。夫婦などで一方が未信者の者は残っている」
木下「それは、求道者の心理的なことを配慮してやっていられるのですか」
山北「わたしのところも、毎月第1日曜に守っているが、週報に注意書きをしている。聖餐は信仰において守るもので信者だけで守るから、見学する者はギャラリーに行ってくださいと」
司会「わたしのところも週報に注意書きをしている。聖餐式のプログラムも載せている」

聖餐を重んじる
木下「旧日基の教会は月1回行っていると聞いているが他のところではあまり行われていなかった。ところが最近は月1回やるようになった教会が多いのですが、この変化はどういうことでしょうか」
湯浅「わたしのところも数年前から毎月行うようになりました」
木下「機械的に回数を増すことが必ずしも、聖餐を重んじるということにはならない。信仰による自覚と検討がなされていないのではないかと思うのですが」
山北「わたしのところでは、もと、教会の約束があって信徒はこれを誓約している。聖餐のときこれを読みました。ちょうど、教団の生活綱領のようなことがかかれています。教団の信仰告白ができてからこれを読むようにしました」
木下「どの教会でも聖餐の回数が多くはなったが、単に反動的に多くなったというのでは困る。真に礼拝の神学が深められているだろうかと考えるのです。

　ある教会では、アバの『礼拝』だの宣研の『礼拝における聖餐式の諸問題』をテキストにして研究し、年4回聖餐を守るということにしました。聖餐に対する自覚が必要だと思います」
湯浅「数年前から毎月1回守るようになったが、自覚が足りないせいか、聖餐についての教養のないせいか、回数の少ない方が重んずるように思われる」
山北「回数を少なくすれば、なれる〈狎れ〉ということが、防げるかもしれない、しかし教団の式文には、礼拝の中に聖餐がはいっている。これは注意しなければならない問題である」

厳粛に守る
司会「聖餐を厳粛に守るというくふうをしていますか」
宮内「前もって心の準備をしてくるようにいっているがこの点では、はっきりわからない」
司会「わたしのところでは、聖餐の前週の祈祷会に祈りをもって準備する」
木下「前週にこれをあずかる人のリストをつくる。出席者を申し出させる。カルビンはこうした」
司会「聖餐式の通知を会員に出す。説教の題なども記入して」

山北「わたしの方は毎週第1は聖餐の日としている。新しい月は聖餐をもってはじめる習慣をつけている。愛餐もやります。役員会がそのあとあるが、他の会はいっさいこの日は行わない。会員は習慣的に覚えている」

宮内「心の準備ができているかが問題だ」

山北「これは別の方法でしなければならない」

宮内「しかし、準備がなくても、恵みとしてうけるという一面がある。陪餐中長い間緊張しているというのはむずかしい」

司会「メソジスト教会では、司式者が配餐中、聖書を読んでいる」

木下「ある教派では沈黙を守るところもある」

山北「英国の教会では、聖餐をうける者が前に出て行く。その間聖歌隊が歌っている。まえにわたしは、聖句を読んだ。このところ聖歌隊や独唱を入れている。わたしの教会は通りに面しているので、静かにしていることがかえってやかましい」

木下「カルビンは受餐者を前に出した。すわったまま分餐する旧日基は、ツイングリーの影響をうけたのではないか」

準備、やり方

司会「教職が分餐をやらないと受けないといった問題が、東京教区にあった。」

宮内「準備もいっさい教職がしなければならないのかな」

山北「どの程度の準備か」

宮内「あまりやかましくいったら牧師がパンまで焼かなければならなくなる」

山北「わたしのところでは、婦人会がブドウ汁を作る。病人用と教会用を別々に」

司会「残ったものはどうしまつしているだろうか」

木下「いろいろでしょう。残りが少なければよいが、多いと教職ひとりで処分することもできかねる」

司会「ブドウ汁は聖書に反しているのではないかと問うた信者がいる」

山北「外国では液ができている。カップで飲み回すときは殺菌のため、アルコールの強い方がよいといっていた教派もある」（笑い）

木下「聖公会である」

山北「大きいカップで回す。ひと口ずつ一つカップから飲む。その間聖書が読まれ、聖歌隊はモーツアルトのものなど歌い、まるで聖劇に参加しているようだ」

司会「わたしどもはサジが各人に配られて、これでのむ」

山北「それではあじけない。兄弟姉妹なら一つカップからいっしょに飲んでよい」

宮内「衛生の問題もある。感染するような病人などいるときには問題だろう。残ったものも祖末には扱えないが、神経質に扱わなくてもよい」

味わうということ

司会「定期的にというわけでないが、長老を連れて病人をたずねて聖餐を行う」

木下「長老を連れて行くということは大切なことだ」

宮内「交わりという点で大切だ。病気で聖餐に出られない者には教会の方から行かねばならない。しかし牧師ひとりでする魔術的なものではない」

木下「ある信者が残ったパンを病人にもって行って感謝されたという話がある」

山北「これは、おさがりのすそわけといった考え方だ」

木下「仏教の迷信的なものと違うということを明瞭にしなければならない」

司会「らい病人が聖餐をうけて、イエス・キリストの血と肉がほんとうにはいり、新しいものとなるという物質的考え方が、彼らの大きい力になるらしい」
山北「われわれもそれを信仰的に体験させようとする。教団の式文には〈信仰をもって心の中にキリストを味わうべきであります〉とある」
司会「この味わうというのはいけない」
宮内「詩篇の34篇8節に〈主の恵みふかきことを味わい知れ〉とある。これから来たものだ」
山北「これは信仰職制委員会あたりで研究してもらわなければならない」
司会「実際行うとき、教団の式文を読みますか」
宮内「自由にしている。式文は少し長すぎる」

ふさわしくないままで

木下「未信者にも聖餐を行う、無差別聖餐とはどういうことだろうか」
宮内「洗礼をうけていない者にも説教は与えられる。見える言葉としての聖餐も与えてよいと考えてである」
山北「パウロのおのれをかえりみて行えということが大切である」
司会「ミカエル・ファラデーがある発明をしたとき、英国女王は彼を晩餐会に招待した。ところがそのとき教会の定期の祈祷会があった。彼の属していた教会では、この祈祷会を無視したというので彼を聖餐停止の処分にした。ファラデーも偉い人でこの処分に服し、礼拝を守ったが、戒規の期限中聖餐をうけなかったと、いわれる」
木下「ここでは教会が毅然としているからである。国家が教会の前に頭を下げたことがあるからだ。プロテスタントの場合、神の前に良心がある。この良心において、これにもとれば自分で辞退すべきである」
宮内「ふさわしくないままで、ということが変な理由になって聖餐をうけなくする場合がある」
木下「そんな良心はおかしい」
司会「良心とは何か、牧師は親切に教えてやらねばならない。〈ふさわしくないままで〉というパウロの意味は」
山北「自分を吟味するというところに意味がある」
宮内「あそこではコリント人らがけんかをしたりしていたが、そんなことのないようにという意も含まれる」
木下「カトリックでは教職は高いところで、会衆を背にして向こうをむいて行う。プロテスタントでは、会衆すべてが参与して日常生活と結びついている。座卓をかこんでいる。聖餐はケリュグマ、教会の問題ではないか」

現住陪餐ということ

司会「聖餐を行う実際の場合について、神学校では教えているのだろうか。教団の式文があるが細部にわたって親切に教えてやらねばならない」
木下「宣教研究所あたりでやればよい。教会の建築なども関係する。講壇の前の柵は、昔は聖俗の境だった。それが体裁がよいといった思いつきで作る」
山北「われわれは神学校で千葉勇五郎先生に教わった」
宮内「われわれは教えられはしなかった。見て覚えていった」
木下「青山学院ではドクター・デリーが教えた。メソジストの教職はデリーさんのものだ」
湯浅「われわれは自由神学の影響をうけたので、そうしたことまではいわなかった」

司会「老小崎さんはどうだったでしょう」
湯浅「組合教会は寄り合い世帯だったので、各自がそれぞれ自分の流儀でやっていた。そのようなことはやかましくいわなかった」
司会「大会などで聖餐を行いましたか」
湯浅「やっていました」
司会「准会員つまり子供に聖餐はしますまい」
山北「やりませんね」
司会「現住陪餐会員とあるがこの陪餐の意味が、信者に意識的にうけとられていないのではあるまいか」
木下「この点から聖餐を重んじることを高めていくべきだ。自分の教会の聖餐にあずかることを、はっきり意識すべきだ」
山北「年1回しか聖餐を行わないところでは、この現住陪餐の意義が希薄だ」
司会「現住陪餐者の現住ということは教会のアクティブな会員である。わたしのところでは教会員名簿でも、教会に近いところに居住している者から書いているが、こうした意味をも考えられている」
木下「キリスト教徒であるという意識はあっても、一個教会の会員がキリスト教徒であるとの意識が少ない」
山北「会員というとき献金ということと結びついて考えるが、陪餐者としての意識が欠けているようだ」
宮内「他行会員、他住会員というのはあるが、現住していても聖餐にあずからない信徒がいたが、これなどは現住不陪餐会員だ」
山北「陪餐という言葉は、忠実な教会員をあらわすのには非常によい言葉である」
司会「わたしの教会では受餐者は全部名簿ができている。何月何日の聖餐にだれがあずかったか、またあずからなかったか、これを見ればすぐにわかる」

聖餐停止の戒規

司会「ところで無教会の人々は聖餐を否定する」
山北「どういう考えからやらないのか」
宮内「無教会の人の中でも、洗礼や聖餐をうけたい者はうけたらよいという人がいる」
湯浅「内村さんは最初はちゃんとした教会生活をした」
宮内「やりたい人はやってよいといいながら、実際には行わないのは、重んじないということである」
木下「教会の組織を否定してみ言葉や霊的なものに中心をおくのだから当然サクラメントはない」
司会「サクラメントのないところでは問題にならないが聖餐停止という戒規はどのように実行されているのだろうか」
木下「戒規との関係ですが、日本の場合、教師の戒規も行わない。教団の現状は不明確な性格であり、教会としての自覚をもっているのかが問題です。この問題の背景と母体である教団の問題である。これはまた教会論となってくる」
司会「教団人事委員会で問題になって、聖餐停止の戒規処分をうけた教職がいます」
山北「各個教会の長老会で処理する問題でしょう」
司会「聖餐停止をする規定はどうか。どんな場合、どうするのか」
宮内「問題は、聖餐停止処分をうけて、どれだけ痛痒を感じるのかということである。そんな人は処分をうけてかえって喜んでいる。だから聖餐をうける、うけ方に問題があり、狂っているところがあろう」
木下「聖餐をうけても意味をもっていない。だから逆に停止されても痛痒を感じない」

世界聖餐日

司会「ところで10月第1日曜は世界聖餐日だが」
宮内「いつごろから決められましたかね」
司会「世界聖餐日は1939年に始まり、今年は24回目になるが、教団がこれを教会行事としてとりいれたのは、1958年の第10回教団総会以後である」
山北「WCCからの呼びかけで、エキュメニズムの運動である。キリストとともに全信徒が一つ卓にあずかり連なるという意味である。超教派の連帯意識をもつことである」
司会「教団も名実ともに一つとなり、連帯意識か高められ相互の交わりと協力ができ、まことの教会としての発展を願わねばならない。聖餐についてだけ考えても多くの問題がある。われわれに課せられた問題と責任であるが、一致をめざして前進したい。ではこのへんで、どうもありがとうございました」

資料1-7　1963年10月5日『基督教新報』3378号　投稿「『聖餐式について』の記事をよんで」
船越三義

　新報第3374号9頁聖餐式についての一文を読みました。
　私たち信徒が聖餐にあずかるのは、主の十字架、復活、聖霊のたまものにより信仰告白によってはじめて与えられる重大式典であることはここにしるすまでもありません。
　未熟な執事云々の項は、その教会の配慮のなさすぎることにおそれ驚きます。厳粛な聖礼典執行の直前に口では表現できない白けた空気が会堂を横切るの項に至っては唖然としました。
　「求道者の方々も一日も早くこの聖餐にあずかられますよう」のひとことをつけ加えられることによって、自分たちを除外したとは感じないはずです。その教会の礼拝で神の言葉が語られないで聖書の文章解釈のような説教となっているのではないでしょうか。もしもこの投稿文にあるような教会があるとしたら、私は非常に悲しいことと思います。
　末尾の「第一コリント10・31〜33」何事をするにもすべて神の栄光のためにすべきである、この一事です。神の栄光のために、これこそ私たちにたもうたいのちの言葉です。これこそ信仰告白の重大事を告白する信徒に与えたもう聖餐式の重大な意義と存じます。
　求道者が聖餐にあずからないから神の恵みが及ばないということとは別ではないでしょうか。
　地方農村教会で農繁期には、朝拝を夕拝にもつことや祈祷会が水曜日であったり木曜日であったり、教会行事にも種々変動がありますのとはわけがちがって、このことだけはという一事が私たちには与えられています。私たちのいのちの泉ともいうべき聖餐式は、あくまでも信仰告白をしたものでなければならないと信じます。投稿者のご苦衷はよくわかります。しかしこの一事の中に没入することを基点として教会運用を誤るべきでないと思いますがどうでしょうか。（兵庫教会役員）

II　1970年〜1980年　聖餐議論が深まる

　1970年代から80年代、日本の教会では聖餐論に関する本が多く出版された。これらの文献では、この時期の聖餐の議論を四つにしぼることができる。
　それらは、聖餐の宣教論的アプローチ、幼児陪餐の問題、未受洗者の陪餐の問題、そして聖餐式文改訂である。『もう一つ陪餐問題で大きな論議を呼んできているのは、特に日本基督教団における未受洗者の陪餐をめぐる問題である。この問題が、日本の教会の宣教的状況から顕在化し、論議され始めたのは、1970年代の半ば頃からである。とりわけ九州教区が、『聖礼典問題に関する研究』として、未受洗者の問題を含めた研究討論会を1975年の2月と11月、そして79年2月の3回にわたって開催し、その成果を公にしている。この真摯な取り組みは、先駆的意義をもっていると言える。そして、この問題

をめぐっては、その後、著作を通して、また『福音と世界』や『アレテイア』等の雑誌を通して、論じられてきているのである。

しかしこの時期に『教団新報』には目立った掲載はない。1974年四国教区において、加藤常昭氏を講師に教師研修会を開催し、大いに盛り上がったことが報告されている。もう一つは1978年の『紙上討論24・聖礼典は乱れているのか？』である。単に聖餐式のあり方が問題となった60年代と違い、「未受洗者の陪餐」に問題がしぼられてきたことがわかる。

資料の概説

2-1　1974年11月2日　『基督教新報』3811号　四国教区教師研修会報告

講師の加藤常昭牧師は、実践神学の立場から聖餐の制定語と説教のかかわりの重要性を強調した。またパネルディスカッションでは様々な立場があることが確認され、説教と聖餐の関連に関心が集中したことが報告されている。報告者の野村は、聖餐について「実に未整理のままであったことが露呈された」と教会の実態を述べている。

2-2　1978年2月4日　『紙上討論24・聖礼典は乱れているのか？』

「紙上討論」は1961年から始まり、教団の抱える問題を賛否の対論という形で浮き彫りにしようとした企画。全24回。最後に未受洗者への配餐の問題が取り上げられた。論者の一人は福音主義連合の小島一郎牧師（横浜指路教会）、もう一人は、鈴木正久議長門下で、「戦責告白」を堅持し「即位の礼・大嘗祭違憲神奈川住民訴訟（バンザイ訴訟）」の原告代表として天皇制問題と闘った依田駿作牧師（横浜上原教会）。小島は、説教の指し示すところのキリストの十字架と復活の出来事を主体的に受け入れる信仰において、聖餐の現在化が生じるとし、その現実化は公同の信仰＝信仰告白に基づけられなければならないと主張する。これに対して依田は、①説教において主の恵みに動かされ、聖餐の「すべて重荷を負って苦労している者は、わたしのもとに来なさい」との招きに応えようとする者を拒む理由はない。②イエスが当時のユダヤ教的習慣を破って、罪人たちと食事をしたこと。③「戦責告白」にあるように教会のことだけで見るのではなく、教会と社会との関わりで見るべきであり、戦前と同じ過ちをおかしてならない。以上を指摘している。

資料編

資料2-1　1974年11月2日　『基督教新報』3811号　四国教区教師研修会報告

「ゆさぶられた聖餐観」

四国教区は加藤常昭牧師を迎えて「教会形成における聖餐―世俗化の中の聖餐論―」のもとに、次第に汚染問題が深刻化している瀬戸内海を足下にしながら10月1〜3日、教師研修会を行った。

講師は実践神学の立場において歴史をふりかえり、聖餐のみことば（制定語、説教）とのかかわりの重要さを指摘された。また、世俗的世界の一つのファンクションとしての宗教または礼拝における聖餐がどの様にとらえられようとし、試みられているかが提示された。

3人の教師によるパネル討議では、メディテーション、献身、交わり、喜びの招きとして能動的に聖餐を受け止める立場。「にもかかわらず」招かれ、民とされているのであって奇をてらわず儀式化せず、できるだけ簡素にすべしと受動的な立場。また救済史との関連において、神の現臨においてとらえるという意見が交わされた。

講演とパネルとに基づき、分団、全体討議がなされたが、関心はほとんど説教との関連における聖餐の固有性に集中した。

聖餐がことば（説教）なしには意味がないとするなら聖餐において提示されるすべては説教によって可能ではないか。愛をささやくことに対する、手を握ることにあたると考えられるが、聖餐は実際に手を握ることではなく象徴的であることにおいては投げキスではないかと、実にまじめに語りあった。

その他聖餐が説教と不可分であるなら、なぜ毎週執行されないか。そこには本質論とは別に便宜主義が忍び込んでいるのではないか。また聖餐と牧会の問題なども語り合われた。

研修会を通して新しい提題となったことは、聖餐論は説教論、礼拝論とも不可分だが、それらのことが重要だとされながら、実に未整理のままであったことが露呈されたことである。したがって、世俗化の中の聖餐論、社会とのかかわりにおける聖餐論について検討する余裕がなかった現実を発見したといえる。

この意においてまさに聖餐観はゆさぶられた。各々、これを契機にこれらのことの新しい取り組みに出発すべきことをかみしめ、散会した。（野村幸雄報）

資料2-2　1978年　2月4日　『紙上討論24・聖礼典は乱れているのか？』
「公の信仰告白にもとづいて」　　小島一郎（横浜指路教会牧師）

依田先生、たしか2年前の横浜地区の元旦礼拝で、先生が聖餐式の司式をされた際、みずから信ありと思う者は、受洗前の人でもパンとぶどう酒にあずかってよい、という意味のことを言われ、列席したかなりの教職や信徒が驚き、かつ当惑したことを思い出しています。

ご承知のように、ローマ・カトリック教会では、正規の手順に従って執行される場合には、司式する者や受ける者の主観的態度のいかんにかかわりなく、聖餐の恵みは有効であるとされるようですが、宗教改革者たちは、信仰をもって聖餐にあずかることを主張し、このために、聖餐と説教とを不可分のものとして結びつけました。

これは、説教のさし示すところに従って、過去のキリストの十字架と復活の出来事を、いま、ここで、この私のために起こったこととして主体的に受け入れる信仰において、はじめて聖餐には真の意義とリアリティが生じるということでありましょう。

この過去の事実にもとづく罪の赦しの現在化と共に、聖餐には、やがて到来する終わりの日に、信じる者が神の国に入れられ、永遠の生命に生きるものとされる、喜ばしい天の祝宴の前祝いの意味があります。未来の祝福の現在化であり、慰めと希望の根拠です。

このような救いの歴史の現在化としての聖餐におけるリアリティは、教会の公同の信仰、つまり信仰告白にもとづく共同の、共通の教会的信仰の上に立って、はじめて現実化するものであります。

先生の教会でも洗礼式を執行されると思いますが、キリストを信じているかどうかを、まったく本人の個人的判断におゆだねにはならないと思います。やはり、信仰告白による吟味が必要でありましょう。

聖餐にあずかる信仰もまた同じではないでしょうか。

もともとキリストを取りかこむ食卓としての聖餐は、罪の赦しといい、神の国への祝宴といい、共にキリストの体にあずかり、キリストを信じる者の共同体の形成を意味しています。

聖餐にあずかる者は一つの群れであり、一つの体につらなる兄弟姉妹であります。

エキュメニカル運動においても、聖餐を共にすることができるかどうかが、重大問題とされています。

教会はあくまで信仰告白にもとづく信仰者の共同体であり、キリストの体と呼ばれています。ここでだけ、キリストの臨在とその恵みとがリアリティをもちます。

未信者に聖餐を許すことは、ひいては洗礼の意味をあいまいにし、キリストの体である教会を単なる宗教的・文化的な運動体に解体することにならないでしょうか。

今日必要なことは、福音主義教会連合が目指しているように、教団を聖なる・公同の・唯一の・使徒的な教会として形成することではないでしょうか。

「すべて重荷を負う者への招き」　依田駿作（横浜上原教会牧師）

小島先生、紙上討論の原稿を拝見しました。要するに、聖餐に当たって各自の主観に委せないで教会共同体らしい規制が必要だとのご主旨と理解してよろしいでしょうか。

　1　勿論私たちも聖餐は各自の思いで勝手にくらっても構わないなどと申している覚えはありません。ただ、私たちは聖餐のリアリティは説教のリアリティと深い関係にある（未来の祝福の先取りという場合でも）と考えるのです。説教で主の恵みに心動かされ、つづく聖餐の時「すべて重荷を負って苦労している者は、わたしのもとにきなさい」との招きを聞いた未受洗者が、パンとぶどう酒に与ることによってキリストの恵みを味わいたいと願うに至った時、私たちはこれを拒む理由はないと考えるのです。

　2　かかるキリストとの出合いの中でキリストの僕となる決意を明らかにし洗礼をうけ、その事が聖餐理解の前進となり、より一層主の恵みの深さを味わい知るに至ることを私たちは心より願い、又そう本人にも告げています。ご存知のように聖餐の起源は、イエスの罪人らとの食事、最後の陪餐、復活者イエスとの食事、終末時の宴の前祝い等と複数のものが考えられ現在の聖餐の中にこれら全ての意味が込められています。従って聖餐理解の幅と段階が認められてしかるべきでしょう。わけても主イエスが当時のユダヤ教的習慣を破って罪人らと食事をされた事実を考えてみます時、聖餐においても受洗者のみが、いつもこれを独占せねばならぬ理由はありません。

　3　私たちの教会は数々の討論、特に戦責告白の検討の中で以上のように考えてきました。福音をスタティックに独善的に解して教団が再び同じ誤りに陥ってはならぬと考え、二つの方向で福音を追い求めようと願っているのです。一つは福音を歴史と社会とのかかわりの中で具体的にダイナミックにとらえるということで、他は教団の教会として問題を先ず自分達の責任でうけとめて行くこと、つまり個性的、主体的であるということです。

2年前の元旦礼拝の時も注意深く申したようにこの聖餐方法は「横浜上原教会」のことなのです。おそれをもってなすこの時代での福音への応答の一つの試みなのです。この事はくりかえし申した筈ですのに奇妙なことにその論点は避けて一般論で問うておられる。このような無時間的機械的発想法が福音主義教会連合の目ざす聖なる・公同の・唯一の・使徒的な教会の形成ということなのでしょうか。私たちはより以上に福音主義的教会を自負しています。そうであればこそ同じ事を考えるにしても、自分の体を打つような仕方に於て福音をうけとめざるをえません。あれ程の大きな経験を無駄にしないためにも教団の教会としてこの時代の中で各自の負うべき責任をお互いに大胆に明らかにしようではありませんか。そこでこそ真の対話がうまれるでしょう。

Ⅲ　1980年～1989年　未受洗者への配餐に議論が集中する

1982年8月に『いま教職の課題は』―教団問題の課題と継承をめぐって―と題し座談会が掲載された。これはシリーズ化され1983年5月までに全15回掲載され、そのうち4回が聖餐の問題であった。

それを受けて同年に特別座談会『聖礼典をめぐって』が企画されているなど、この時期は、聖餐について、特に未受洗者への配餐についての議論が活発になされるようになった。

この時期には教団の宣教研究所が、信仰職制委員会の委託を受けて、3年有余の共同研究を重ね、未受洗者への配餐の問題を含めた『聖餐』（1987年）を刊行している。

しかし資料3-8の座談会で示されたように「未受洗者への配餐問題」が、「教団問題」の枠組みの中

で捉えられるようになっていく。残念ながらこのことによって「未受洗者への配餐問題」を政治的に利用しようとする動きに繋がってゆくことになる。

1990年には未陪餐会員、知的障害者、求道者の陪餐問題に関する国内外の諸教会の研究調査の成果として『陪餐問題に関する資料ガイド』を公にするに至った。いわば聖餐に関する議論に対し、その材料が出そろい、いよいよ教団全体への議論へと進むことができる状況になったと言える。実際、教区の教職の研修会等での議題として取り上げられ、議論が広がってきた。

ただし1984年から1989年まで『教団新報』上では目立った記事がない。この時期、天皇の代替わりへの準備、外国人登録証の大量更新時における指紋押捺拒否への連帯、部落差別への盛り上がり、性差別からの問題提起、沖縄キリスト教団との合同の見直しの実質化の議論、東京教区の復帰問題など大きなことが目白押しであったことが原因と思われる。

資料の概説

3-1　1980年10月4日　『教団新報』3962号　論壇「世界聖餐日に思う—不陪餐信徒を抱える痛み—」　飯　清（霊南坂教会牧師）

　世界聖餐日への寄稿文。教勢低下をふまえつつ、聖餐に毎月あずかっている数は信徒総数の約8分の1しかなく、ただ「習慣的に」行われている聖餐を嘆く。そして陪餐していない信徒がいることを「痛み」とすることに「交わりの礼拝」の意義があるとする。陪餐の資格が問題にされ聖餐を受ける権利が強調される中、受ける義務から考えた意見。

3-2　1982年8月7日　『教団新報』4009号　座談会「『いま教職の課題は』—教団問題の課題と継承をめぐって—」の中の「未受洗者の陪餐等をめぐり」

　この座談会は、第22回教団総会にむけて、教団が抱える課題やその継承について議論したものである。出席者は、後に教団総幹事となる内藤留幸（金沢教会牧師）、北海教区議長の川谷威郎（札幌北光教会牧師）、神奈川教区議長の内藤　協（鎌倉恩寵教会牧師）である。この座談会のテーマの一つとして、未受洗者の陪餐が取り上げられている。この中で川谷は、問題の原因を「大事な職責にある人が、問題を抱えている人たちに、まともな対応をしなかった」とし、「そういう中で秩序を内的に維持しようという努力が続けられなくなった」「いわば精神の崩壊現象」と精神論で捉えようとしている。これに対し内藤（協）は聖餐の問題を、真に伝統を守っていくための内部変革の力と見ている。しかし内藤（留）は、戒規執行はないとしながらも、いまの教団を、具材を何もかも一緒にいれた「なべ」にたとえ、「合同教会としての教団の教会論」の形成なしに、このような問題に取り組むことはできないとし、キリスト信仰として「ふさわしい秩序」の必要性を強調している。後に北村氏を戒規にかけた山北体制の中心的人物から、この時点で戒規適用についての言及がなされていることは注目に値する。

3-3～6　シリーズ『いま教職の課題は』—教団問題の課題と継承をめぐって—

　シリーズ『いま教職の課題は』—教団問題の課題と継承をめぐって—の中で、「未按手礼者による聖礼典の執行」「未受洗者の陪餐について」などが取り上げられた。未受洗者の陪餐は合計4回掲載され、村山盛敦（豊中教会牧師）、糸井国雄（錦林教会牧師）、角田三郎（上大岡教会牧師）、大宮　溥（阿佐ヶ谷教会牧師）と当時の教団を代表するような論客たちが意見を述べている。

　村山は、ヨーロッパの聖餐軽視の状況を示し、豊中教会の努力を紹介し「聖餐にあずからないという自由」を認めよという。糸井は、未受洗者の陪餐の問題は万博問題を契機に教会を根本的に問い直していく作業の中で生まれたと位置づけし、対立の原因は「前提の異なる立場」からであり、「結論だけ一致させていく営みは不可能」であるとする。聖餐は「見える御言」であり、説教を聞いたものが聖餐に

あずかることができると主張する。角田は、未受洗者の陪餐を行っていることの根拠として、上大岡教会が徹底した聖書的礼拝を行っていることを挙げている。最後の大宮氏は、未受洗者が陪餐するとそれが（教会）の崩れのはじまりとなり、教会のサクラメントが事実上なくなるとの危惧を持っているとする。聖餐について多様な意見が存在していることがわかる。

3-7　1983年5月7日　『教団新報』4028号　座談会―いま教職の課題は―聖礼典をめぐって
　出席者　岸本和世（福岡警固教会牧師）　　　尾形隆文（教団補教師）
　　　　　戸田伊助（名古屋教会牧師）　　　　鷲山林蔵（横浜指路教会牧師）

　前出のシリーズ「いま教職の課題は」を受けて、再び座談会形式で掲載されている。聖礼典をめぐって反響が大きく、様々な意見が『教団新報』に寄せられたことが想像できる。尾形隆文氏は主に神奈川教区で活動した「問題提起者」の一人。尾形は「聖餐の持つ暗さを感じる」とし、その暗さは教団が天皇に抗えずに、天皇制のもとで何の批判もなしに聖礼典を重ねてきたからと、日本の教会の体質を問題としている。また岸本は「よく持ちだされる秩序論」を批判し、秩序論からでは理解し合えないとする。鷲山は尾形を批判し、主体的というがその主体は危なく、結局同じように形式的に流れると指摘した。戸田は、秩序論に一定の理解を示しながら、現在は定形への途上にある不定形である、この不定形の受容が必要であると主張する。座談会が進むにつれて、議論は合同教会として未定形であること、どこまで許容するのか？という合同教会のあり様の論議に発展している。未受洗者への配餐の解決が、結局、日本基督教団の根本問題に収斂されることが示唆されている。

3-8　宣教研究所委員会は、万博・東神大問題、教会・教職・聖礼典問題を取り扱うため研究員の補充をすることを決定した。そのうち特に緊急性から聖礼典にしぼることにし、期間を第24回総会までとした。

3-9　1983年12月10日　『教団新報』4043号　投稿「未受洗者の陪餐の可否を問う」　小泉達人

　当時、用賀教会牧師であった小泉が、『教団新報』4028号の座談会（資料3-7）での賛否双方に意義を述べたもの。自分の実践から「心の傷付いている者を教会から遠ざけるような聖餐式の執行は断じて正しくない」とし、日本のメンタリティからの再検討を訴えている。

3-10、11　資料3-9の小泉の投稿への反論。

3-12　小泉（3-9）、川名（3-11）の意見に対し、未受洗者への配餐を拒否しない自分の派遣元の米国合同メソジスト教会での現状を説明、特に子どもへの配餐を紹介し、日本で自分の子どもへ配餐できない苦しみを述べ、再検討を期待する。海外の宣教師としての貴重な意見。

3-13、14　聖餐の議論が教区レベルで活発に話し合われるようになった。

資料編

資料3-1　1980年10月4日　『教団新報』3962号　論壇「世界聖餐日に思う―不陪餐信徒を抱える痛み」　飯　清（霊南坂教会牧師）

　10月5日は世界聖餐日である。キリスト教年鑑によれば、日本キリスト教団の信徒数は189,480人である。教団年鑑では現住陪餐会員数は95,310人となっている。教会所在地に住み（もっとも私の教会では現住とは、東京都、千葉県、埼玉県、神奈川県の1都3県3教区にわたって居住する者である）教会員としての責任を果たす者は約半数である。

　同じ統計では、日曜礼拝の出席者は全国で平均49,310人だから、現住陪餐会員の約半数が毎主日の礼拝に出席していることになる。無牧や複数牧会の教会のことなどを考え、礼拝に出席している求道者

のことも計算に入れると、聖餐に毎月（または毎回）あずかっている信仰者の数は、もうまたその半分ということになるだろうか。とすれば、教団の信徒総数のうち、真実の意味で「主の聖餐にあずかって、主イエスの養いを受け、信仰者の責務を果している者」は、8分の1ぐらいしかないということになる。

教団の戒規には「信徒たる体面に係る行為ありたるときは」役員会は慎重に検討するのではあるが「陪餐禁止」という処分に附することがあり、その期間中は役員に選ばれることができないと定められている。

ところが実情は、戒規ではなく自らの怠りによって「もう毎年にもわたって、聖餐式などに連なったことがありません」と広言する信徒がいる。自らの怠りだけでなく、牧師の怠慢や教会の怠慢によることもあろう。

「世界聖餐日」は全世界のすべての教会が「主イエスにあって一つ」であることを憶える大切な日である。いろいろな試みがなされている。しかし教団の中で、あるいは自分の教会の中で、何年にもわたって「陪餐」していない信徒をかかえていることを「痛み」と感じることなしに、この日も「習慣的に」聖餐式を守るだけというようなことがあっては「交わりの礼拝」としての意味が失われていることになるのではないだろうか。

資料3-2　1982年8月7日　『教団新報』4009号　座談会より「未受洗者の陪餐等をめぐり」
（抜粋）

内藤（留）　やはり教会にはイエス・キリストへの信仰と、それにふさわしい秩序があるわけです。その秩序を信仰的に考えるセンスを持っていない人がこうしたことをするわけで、なぜそうしたことをするのか、私にはわからないですね。

内藤（協）　私も教会の伝統を否定するような事は考えていない。けれども、今日教会が取り囲まれている状況を、教会の伝統だけで料理しようするような発想も、考えられないな。

川谷　未受洗者の陪餐も、未按手教師の礼典執行も、やはり69年頃から顕在化してきていると思う。その原因は、大事な職責にある人が、問題を抱えている人たちに、まともな対応をしなかったので、意見が違っていても真剣に話し合うという信頼関係を持ちえなくなり、そういう中で秩序を内的に維持しようという努力が続けられなくなった。そういう、いわば精神の崩壊現象が起こってきたため、各人が勝手なことをやり出し、本来ならもう少し我慢できたような事柄も、我慢しなくていいような空気が広がっていったのではないかと私は感じる。また私は、多くの若者を教会から去らしたことに対して、組織として責任を感じる。やはり、真剣な課題は真剣に受けとめるという、組織の信頼関係の回復が必要で、今は不十分であっても、いずれ整えるからそれまで我慢してほしいと言えるような責任体制を作らないと。

――しかし、個別のケースで一概に教規違反だと言い切れないものもあるでしょう。

川谷　例えば、正教師試験を拒否している補教師を迎える教会が、役員会で決断をし、礼典執行をしたという場合、これは礼典を執行した補教師の個人的責任だけでなく、受験を拒否せざるをえなかった心情や理由、現在の教団の状況の中で積極的に取り組めないことからくる問題、それに信徒側の問題、等を考えないといけないと思う。そうすると、形式論的には教規違反であっても、簡単に戒規的に対処できないわけで、その悩みが、私はつらいんですよ。

内藤（協）　精神の荒廃から来ているという見方だけでは、それも形式論になると思う。哲学者の三木清は、伝統を本当に守るということは、その伝統を破る力を持っている中でしか言えないと言っているが、これは本当だと思う。戒規の可能性や教会から追い出される可能性を承知しつつも、そこで祈り、

役員会等で討議をつみ重ね、そこで決断していくというような場合は、形式論的なもので対処できない。
内藤（留） 教団の現状では、よほどのことがないと戒規執行なんて出てこないですよ。
内藤（協） でも、教団は戒規執行ができるほど強くあってほしいと願うわけでしょう。でも、私はそうは考えない。
内藤（留） 教団は、合同する前に教会がなすべき基礎的なことを、ほとんどやらないままスタートしてしまった。始めに全部でナベの中に入っちゃって、その中でガチャガチャやっているわけだから、何が煮えてくるかわからない。火加減次第で、オジヤになるか、おかゆになるか、ちっともわからない。現在も私たちは教団信仰告白を持っているが、30以上もの伝統があって、この中には全体教会として信仰告白を持たなかった伝統の教会もあるわけです。教会政治上でも、会衆制、監督制、長老制と、大きくわけて三つぐらいある。だから、問題が先鋭化してくると、その伝統の違いから、いろいろな問題が出てくるわけです。それをつき合せて、合同教会としての教団の教会観を確立していくのは、なかなかたいへんなことなのです。それをやらずに、現実の社会から出てくる問題だけを取り上げて、これとどう取り組むかということだけをやればよいという考えも、また片手おちだと思う。

資料3-3　1982年10月30日　『教団新報』4015号　いま教職の課題は―教団問題の課題と継承をめぐって⑤　村山盛敦（豊中教会牧師）
聖餐にあずからない自由
　　　　全世界で問われている聖餐問題
　1960年10月、日本基督教団宣教研究所より「礼拝における聖餐式の諸問題」が出版された。その冒頭に「聖餐式軽視の傾向」と題して、スイスの教会が直面している文章が紹介されている。少し長いようだが、今日においても問題は同じであると思われるのであえて載せてみる。
　ある真面目な信仰をもった人が、聖餐を受ける場合に、心から信仰をもって受けることができないのに苦しんで「いったい我々の信仰生活で、説教のほかに、なぜ聖餐が必要なのだろうか。説教から罪のゆるしを聞くことができ、キリストの信仰を養われるとしたら、言だけで十分ではないだろうか」と、申してきたことがある。事実、この人は礼拝のうち、説教には真剣に耳を傾けるが、いよいよ聖餐式という時には欠席してしまうのである。
　また、ある牧師は「実に正しく説教をうける人が、聖餐に与ろうとしない。それだけではなくしばしば公言して、聖餐などなんの役にも立たないといってはばからない。ほかの人たちはそこまではいわないが、同じことを考えている。説明した所で、大して役に立ちそうもない」と嘆息をもらしている。確かに、今教会のうちに少なからぬ人々が―こういうことが許されるなら―聖餐をキリストの身体の盲腸のように見ており、従ってなぜそれが存在するのか、見通しも説明もできないが、ただこの際手術することが果して得策であり、当をえたものであるかに悩んでいるだけである……。
　1962年4月から1年間、ドイツに留学したことがある。ルター派教会では、だいたい説教による礼拝が終わってから、聖餐式が行われているが、ほそぼそと集まっているなあという風にうつった。スイスの教会と全く同じ問題を、ドイツの教会も抱えているのである。
　さて、今日における聖餐の問題は、日本基督教団だけの問題ではなく、全世界的教会の問題である。豊中教会は幸か不幸か、万博問題を契機として、真二つに分裂した。今日でも未だその傷はいやされていない。残った教会員は、今まで自明のこととされていた教会の根源的問題を、一つ一つていねいに問い直しながら今日まで来ている。「教会とは何か」「教職とは何か」そして「聖礼典とは何か」をも問うているのである。

私が豊中教会に招聘されて2年目（5年前であるが）礼拝委員会は「今日における聖餐式のあり方」を中心課題として取りあげた。委員の者達が、互いに研究し、学び、全教会員と協議会を持ち、アンケートもとってみた。また、教会誌で聖餐問題特集をくみ、広く教会員の意見を集めた。聖餐礼拝なるものを何度か試み、形式においても、大胆な方法をとり入れてみたこともある。だから、これでよいという聖餐式を決定したのではなく、模索しながら、具体的に追い求めているのが現状である。このことについて、今日まで礼拝委員会で了解していることは、次のようなものである。
　〇礼拝の中で聖餐式を執り行う以上すべての出席者が聖餐にあずかることが出来る。
　〇信仰をもってあずからない限り、意味のないことであることを、十分に説明する。
　〇礼拝出席者は、自らの決断において、聖餐にあずからないという自由を持っている。
　豊中教会のこうした聖餐式の試みが、結果として未受洗者の陪餐ということにもなっていることは事実である。しかし、教会員の大多数は「教会の秩序をはみだしている」などとは思っていない。「今日における聖餐式のあり方」を、今後ともに真剣に追求していきたいと思っている。これは単なる教職だけの課題ではない。

資料3-4　1982年11月30日　『教団新報』4016号　いま教職の課題は―教団問題の課題と継承をめぐって⑥　未受洗者の陪餐をめぐって　糸井国雄　（錦林教会牧師）
キリストの現臨を体験する　　御言を聴いた者全てがあずかる
　未受洗者の陪餐問題は、万博問題を契機に教会を根本的に問い直していく作業が開始されていく中で生じてきた問題の一つである、と私自身は理解している。ここでは自分の立場をたとえ否定されても、問われている問いを受けとめていく覚悟をしていく歩みと、制度と権威の中に自分の真理を同一化していこうとする歩みとでは、歩みの中で展開されていく論理そのものさえずれていくのは自明である。教会の体質そのものさえ変革していくことを可能としながら宣教へと歩み出すことと、ひたすら教会の伝統と闘うという言葉を用いて証していくという、前提の異なる立場を結論だけ一致させていく営みは不可能に思われてならない。状況の中で問われている事柄を、信仰告白・教職制・聖餐論という教会内的な結論を志向しても実りがない。むしろ、あらゆる相違を承認していく方向性が大切ではないだろうか。少なくとも、自分達の教会を真の「教会化」していく苦闘を各々の現場で行っていることを認めあうことができるのだから。
　錦林教会は創立30年の歴史を持っている。陪餐問題に関しては、当時の牧師・伝道師・宣教師が協議をし、礼拝出席者全てが陪餐にあずかる方法を採用し、現在に至っている。現在でも基本的には同じ方法であるが、聖餐式を定期的に執行するのではなく、役員会で時と方法、司会者をその度に確認している。「見えない御言」としての説教と、「見える御言」としての聖餐式において御言を受けとるのである。説教を聴いた者全てが聖餐にあずかるのであり、たとえ役員・現住陪餐会員であっても、都合で説教中は不在をし、聖餐だけにあずかるということは遠慮をしてもらう。ここでは聖餐の意味をキリストの「招き」に集中させている。一人でも多くの人間がキリストの招きに入れられていることを感謝と喜びをもって味わうのである。罪人としての人間がそのままでキリストに招かれ、十字架の死をとおしてまで人を愛して下さっているという事実に参加をしていく時である。教会は聖餐を軽んじるのではなく、むしろ、キリストの臨在を礼拝に集められた者がリアルに体験することを目的にして現在の方法を採用している。神学的という言葉を決して「分離の力」ではなく「共に」のエネルギーとして用いていきたい。未受洗者の陪餐を執行していると必ず、愛餐会と同じではないかという非難が起こる。この非難は、自分の根本的な信仰の問題はしっかりと錠をかけ、外側の親しさ以上を生み出すことができるのだろう

か。自分の根本的な次元で「共に」といわなければ、信仰と現実という二元論（使い分け）を克服できない構造を温存したままになる。

　錦林教会は教団が傷ついたと同じように痛みを体験した歴史を持っている。痛みの中で、自分達に伝えられた伝統をふまえながら、しかし、縛られることなく大胆に自分達の信じる教会を共に築いていこうとする誠実さと自由さが育てられてきた。教会の問題を特定の人がキリスト教専門用語を羅列するだけでわかった様な顔をしてしまうのではなく、集められた一人ひとりが自分の言葉と生き方でキリストを告白できる豊かさがある。礼拝説教も教職が講壇を独占してしまうのではなく、役員会が説教者を検討し、決定している。語った言葉で一週間へと送り出す意味で、原則として説教者が祝祷をも担当している。

　今回の新報の企画は教団問題を洗い直す作業としては一定の成果を期待しているが、各テーマそれ自体で独立しているのではなく、テーマ全体が教団、或は各個教会の体質を明らかにしていくものと理解している。教団問題を含め、キリスト教の問題を神学者・教職が独占していくのではなく、もっと誰にでも理解できる言葉で一般化していったらどうだろうか。そうすれば、権威とか制度という問題も今とは別の角度から見直すことができるようになるのではないだろうか。

資料3-5　1982年12月18日　『教団新報』4018号　いま教職の課題は―教団問題の課題と継承をめぐって⑦　未受洗者の陪餐をめぐって　角田三郎　（上大岡教会牧師）
礼拝を根底から問う　全体的な聖書的礼拝の問題提起

　上大岡教会で、未受洗者が聖餐にあずかることについて、いくつかの事をここに述べます。

　第一に、上大岡教会の礼拝は、教団式文の2に準じています。「準じ」というのは、式文制定の数年前から上大岡教会式文を役員会で検討し、改訂を重ねていたからです。式文2には例えば「ざんげの祈」の前に「近づきの祈」がない等の不備を感じたからです。

　式文中に「ざんげの祈」「赦しの言葉」「慰めの言葉」がありますが、赦しは、教会に托された"鍵"の行為と思われます。慰めの言葉は、十字架と復活に関する福音書と使徒書のみ言葉の中から50ヵ所ほどを選び、司会者がその中から、それぞれ1ヵ所を読むようになっています。これらの形式は儀式的と片づけられますが、実はきわめて聖書的で、聖書のみがそこで語られるのです。

　また式文礼拝では、主の救の全過程の再現が眼目になります。上大岡教会は、信徒0からの開拓教会で伝統がないので教職があまりにも任意にテキストを選ぶという仕方になる問題があります。それでこの形式を採用し、いつも聖書の重要な証言に触れられるようにしました。

　第二に、上大岡教会の説教は(1)聖書の連続講解説教と、(2)5年に1度の信仰問答による説教（今年は1月第1主日から11月第1主日まで、ジュネーブ信仰問答による説教）、(3)2・11、5・3、8・15の前後に戦争や天皇制や靖国問題等に徹底的にふれる説教という構成になっており、これは20年間崩していません。

　なお、いくつかの家庭集会や大学聖研も、聖書研究のみで20年間続いています。全部を通じて、聖書一巻を強く打ち出しています。

　第三に、罪の赦しは、司式者である役員がし、教職も壇の下でそれを受けます。教職も長老の一人で、説教と聖礼典は委ねられますが、神と人との間の"祭司職"を一般のキリスト者以上に委ねられているとは思わないからです。このあたりも、教職制度の基本的問題と思います。

　第四に、第3・4主日は教団信仰告白を中心とし、また、信徒のあかしを含む単純な礼拝形式です。第一形式ですと時間がかかりすぎるからです。また、コリント書や詩篇では信徒のあかしが、礼拝

の重要な部分となっていると思われます。

　福音的と自認される教職たちが、どうして「罪の赦し」「慰めの言」や「信徒のあかし」などを礼拝に採用しないのか、御自分の選ばれるテキストとそれに基づく説教のみが、み言葉であるのか、と問いたく思います。

　第五に、聖餐式の献金で退職教職の為に献金をします。これを次第に拡充し、聖餐の日の献金の中で、開拓教会や諸施設への献金をできるだけ多くするように、皆で励みたいと思っています。「よろしきにかなわずして」とは未受洗者であるかどうかの問題ではなく、隣人を忘れた食卓の問題であることは釈義的に明らかです。

　第六に、聖餐についてはカルヴァンが言うように「我々の肉に固着し、霊的な何ものも考えず、概念さえ得ぬのを見給り、これらの地上的要素で我われを引寄せられ、肉自身に於て霊的善の鏡を我われに提示することを厭わず……聖礼典は我われの信仰を神の言に於て一層確かならしめる修練……我われに対する恩寵の一種の封印」（綱要4・3〜7抜粋）と考えています。

　それは、主の生涯やみ言葉の今日的受肉で、罪人である我われの中に入りこんでこられるのです。聖書的にそれ以外のことが考えられるでしょうか

　ただし、受洗者のある場合（復活節・ペンテコステ・世界聖餐日・クリスマス）は代々の教会の"伝統"にしたがい、受洗者だけの陪餐と役員会が決めました。なお、聖餐式の時は、必ず聖餐について説教で触れることとしています。

　このような上大岡教会の礼拝と聖研全体（これを書いている週でいえば、朝拝・夕拝・家庭集会2・大学聖研2・聖研・婦人聖研）の中で、未受洗者の陪餐が位置づけられます。それ以外の所で、また随意に行うのではありません。教憲・教規違反らしいのですが、全体的な聖書的礼拝の問題提起の一つとして考えて見て下さい。

資料3-6　1983年1月1日　『教団新報』4020号　いま教職の課題は―教団問題の課題と継承をめぐって⑧　未受洗者の陪餐をめぐって　大宮　溥（阿佐ヶ谷教会牧師）

「キリストの身体」となること　　聖礼典の成立条件を問う

　数年前から日本基督教団の中で真実の教会形成を願う牧師の研究集団として、教職者懇談会ができたが、その何回目かの主題が「キリストのからだの現実性―聖礼典と訓練―」であった。聖餐の問題は、われわれがキリストの身体にどこでふれるのか、どのようにしてキリストの身体となるのかという点にかかっていると思う。本紙に3回掲載された未受洗者の陪餐をめぐる議論を通読して感じるのは、聖礼典が説教の補充、もしくは附録のような性格のものとしてとらえられており、説教だけでは伝え得ない聖礼典の固有性が稀薄になっているということである。説教を通して伝えられるものと聖礼典を通して伝えられるものの区別と関係がはっきりつかまれていないと思われる。

　そのために議論が聖餐にだけ集中して、洗礼と聖餐をくるめた聖礼典論になっていない。聖餐を未受洗者にも与えるという考え方は、礼拝参加者が教会的な信仰告白をしなくても聖礼典にあずかることを認めることであるから、その議論を押しひろげると、本人の信仰を教会的に確認できなくても洗礼をさずけてよいということになり、教会のサクラメンタルな次元は事実上なくなってしまう。そうすると、無教会と少しも違わないのではないか。『信徒の友』の82年10月号における雨宮栄一氏と高橋三郎氏の対談は、無教会と共に宗教改革の精神を継承するという意図は共感できるのであるが、聖礼典論、教会論において、教会をケリュグマ共同体に限定してしまい、サクラメンタルな次元を欠落させているという点では、同じ問題を感じさせられる。

教会のケリュグマ的次元を人格的次元、サクラメンタルな次元を身体的次元と言いかえてもよい。人格が身体性を欠落させると精神的抽象化がおこり、身体が人格性を欠落させると物質化がおこる。受肉の言としてのキリストは、人格的媒介としての説教と身体的媒介としての聖礼典を通じて正しく伝えられると私は考えている。そして聖礼典を庶物礼拝（フェティシズム）から区別するためには、御言葉の説き明かしと信仰の告白を明確にしてあずかるべきである。その場合の信仰の告白はサクラメンタルな次元に生きるものとしての告白であり、具体的には洗礼受領という形での告白である。洗礼の出来事を通じて、人は聖礼典的次元での生活に入れられるのである。この入口を介しないで聖餐にあずかることは信仰を個人的な事柄としてしまい、洗礼を通してキリストの身体の肢とされるという行為を特殊ケースにしてしまうのではないだろうか。

日本キリスト教団では、正会員を陪餐会員という。洗礼と信仰告白を条件として陪餐の資格を与えていることになっている。未受洗者を陪餐させようとする場合には、先ずこの問題について全教団的合意を得るために「陪餐会員」という名称を改めるための提案をすべきである。そこで聖餐論が展開するであろう。聖礼典は各個教会の問題にとどまらず、教会としての教団の問題なのであるから、教団的な合意なしに各個教会が各自結論を出し実行するのは誤りである。

私の教会では聖餐式にあたって次のように語ることにしている。「この聖餐は信仰を告白して洗礼を受けたすべての人に与えられるものであるから、他教会の方も共にあずかって頂きたい。しかし同時に、聖餐は『信仰をもって受くべき』ものであるから、洗礼を受けていない方は、直接あずかるのでなく、御自分で祈りつつキリストと交わる時として頂きたい。われわれは、すべての方が洗礼を受け、共に聖餐にあずかれるように、主の御導きを祈るものである」。教会が自らキリストの身体となるための信仰の訓練をはげむ中で、恵みが安価な恵みとしてではなく、高価な恵みとして受けとられ、聖餐がキリストの身体として受けとられるのではないだろうか。

資料3-7　1983年5月7日『教団新報』4028号　座談会　いま教職の課題は―聖礼典をめぐって
出席者
尾形隆文（教団補教師）　　　岸本和世（福岡警固教会牧師）
鷲山林蔵（横浜指路教会牧師）　戸田伊助（名古屋教会牧師）

聖餐のもつ暗さを感ず―尾形
秩序論が出発点となるか―岸本
――新報4面の連載「いま教職の課題は」をめぐって語り合ってもらいたいと思います。今回は一応連載を終えた「未按手教師の聖礼典執行」と「未受洗者の陪餐をめぐって」に重点をおいて話していただきたい。この企画の一つの意図は、例えばあの教会は未受洗者にも陪餐をさせている、という話はよく聞くが、それをやっている人の背景や考えを実際に聞いた上で、改めてみんなで考えていきたいということでした。で、最初にこれを読んだ感想を岸本先生から語っていただけますか。
岸本　先日行われた教師検定試験の面接で、教団問題について質ねたところ、ほとんどの新卒者から、よく知りませんという答えが返ってきたそうです。それを聞いて、やはりそれだけの年月が流れたのだなと、改めて思いました。問題そのものも薄くなってきている。だから今の時点で問題を整理するのは非常に大切なことだと思い、その意味で新報を興味を持って読んでいるんです。
尾形　資格のない者が礼典を執行しているとか、未受洗者の陪餐の問題とかは、それ自体が確かに大きな問題で、それをていねいに整理していくのは大切だが、教団が全体として一体どういう方向性を持と

うとしているのかという問題の方がより重要だと思う。教団が全体的に基本的な姿勢をどこに置こうとしているのかという点から、個別的な秩序問題が論じられることが必要だと思う。

　で、私がいま思うことは、日本基督教団が戦中・戦後、行ってきた礼典というのは非常に暗いものであったということです。その理由は、一つには教団が国家との癒着において成立し、その中で礼典を執行してきた。で、その矛盾を本当の痛みとして感じないで、またそれを乗りこえていくようなものとして礼典がなされてきたのだろうか。逆に、常に神によって救われているという形で信徒を眠りこませ、バラ色の幻想を抱かせ、矛盾を矛盾として感じさせない形で礼典がなされてきたのではないかということです。

戸田　印象として「暗い」という指摘があったが、今の私の気持ちとしては、そういう問題も含めて、全教会が礼典問題を真剣に考えるようになってほしいということです。我々がどのように礼典を行ってきたかを掘り下げ、礼典そのものの意味を深め、礼典にはどういう神の御業が約束されているのかというようなことを、教団の中で深めていくことが今は非常に大事だと思うんです。

　また、しばしば「暗い」と言われ、その暗さを指摘すると、今度は逆に、いや聖礼典によってこそ我々は教会を守ってきたのだという声が必ず起こってくるわけです。我々の中で聖餐が命を持ったものとしてなされているのかどうか。命をもった聖礼典が本当にないのなら、それは全く自己の集団を擁護するだけのものになる。我々自身の、教団の生命を本当に作っていく一つの重要なものとして聖餐を再発掘していくという作業が大事だと思う。そういう方向でこの論議がなされるといいなあと思っているんですけどね。

尾形　たとえば大宮溥氏が新報（4020号）で、礼典の身体性を言い（それは確かに正しいけれども）キリストの体としての礼典というのを無視すると、無教会と少しも違わないと言っている。しかし無教会は戦時中に、国賊呼ばわりされつつも、信仰者として宗教的抵抗をし、限界を持ちながらも、彼らなりに言葉と行動において身をよじるように抵抗してきたと思うんです。それに対して、彼らは礼典を否定しているという一言で切り捨てるのはどうかと思う。むしろ教団は「我々には礼典がある。しかし彼らにはない」ということによって、教会と国家との癒着を全く見えなくさせるどころか、その礼典を執行することによって、己を義としてきたのではないか。それは戦後も続いており、少しも改められてこなかったのではないか。「教団信仰告白」の成立状況を見ても、戦時下の教団と国家との癒着を不問にし「教義の大要」を信仰告白の中に横すべりさせている。戦後は、マッカーサーの権力を背景にして、天皇に受洗させようとの動きも出てくる。天皇がクリスチャンになるなどということがもしあるとすれば、天皇をやめるか、天皇制を廃止しアジアの民衆への深い懺悔の行動をなすことと、彼の洗礼とは同一でなければならない。にもかかわらず、天皇であるままで受洗させようという動きが出たのは、つまるところ国家神道に代って、キリスト教を国家宗教にしようという試みがなされたということです。その試みが失敗したのは、極めて幸いなことだと私は思います。

　そういう教団の礼典の暗さを私は直視せざるをえないし、その暗さを踏まえた上でしか、今日の礼典をどうとらえるのかというのはでてこない。これを無視して、キリストの体としての教会とか、サクラメントの身体性とか、非常に抽象的・歴史的に神学の教科書ふうに言われる点が、私はまず不満に思うわけですよ。

戸田　私は、今までのそれぞれの立場や伝統だけを言い争うのはあまり生産的でないと思うんです。今は教会としての秩序という面からだけでやり合っている面があるでしょう。それも大切だが、教団というのは、まだまだ未定形の教会で、途上にある教会なんです。だから法と秩序という点からいうと、未定形の教会だから、こまかい違いはまだまだある。しかし、この未定形の教会をもう少し定形ならしめ

るために協議していく方法は、秩序よりもその中味だという気がするんです。だから、中味を本当に掘り起こしていくことによって共通の何かが得られるかも知れない。また、得られなくても未定形は未定形なりに、けっこう教会の生命は維持されるし、宣教もなされるし、信仰も養われると思う。

岸本 こういう聖礼典の問題を信徒の立場から見るとどうなのかなと思う。やはり信徒も巻き込んで論議するのが大切だと思います。中味の問題では、秩序の問題というのが、私にはどうしても解らない所なんです。つまり、秩序を主張することによって維持していこうというものは何か、それが理解できない。もっと根本的に言うと、秩序というのが出発点なのか、その秩序がプロセスの中でどこに位置づけられるのかというのが、非常に大きな問題だが、その点で論議が嚙み合わないので、それぞれが言いっ放しで今まできたのではないかと感じている。

主体的応答としての聖餐──尾形
主体の介入が乱れの原因──鷲山

──では尾形さんから礼典論をもう少し展開して下さい。

尾形 私は戸田先生が言われるように、暗さだけを指摘し、教団の歩みを否定的に評価しただけでは生産的に展開できないと思うし、私はそれでよしとしているわけではない。「暗い」と言ったのは、アモスがあの時代に、主の日は暗い、公道と正義をこの皿に流れさせよう、というようなイメージを持っているわけです。で、教団が執行してきた礼典に対する徹底的な批判から、礼典をやめてしまった人もいるわけですが、私はこれも一つの真剣な道だと思うのです。しかし、私は礼典をやめていいとは思わなかった。なぜなら、実践をさまざまに積み重ねても、やはり自分の弱さ、不完全さが最後までついてまわるという現実も、確かにあると思うからです。田中正造は晩年に「この身悪魔にして、悪を破るは難し、この故に我懺悔、洗礼を要する」と言ったが、あれほど民衆の側に立って戦ってきた彼こそが、彼は形式的な洗礼は受けていなかったが、最も洗礼を求め、必要とした人であった。絶えず神から恩寵を受けつつ、不完全な自分がなお生かされているという面は無視できないので、その点からも礼典の持つ意味は存在する。教団の礼典の持つ暗さを吟味せず、それをカッコに入れ、連続的に礼典をやっていくのは誤りである。同時に自分の力で何でもやっていけるんだというように過信することも出来ない。そういう二重の矛盾の中に私はいるし、一人の牧師としてずい分考えさせられたわけですよ。

そこで、なお礼典を執行していくとすれば、今までの礼典のあり方を変え、新たな礼典への理解を持ちつつ、かつての礼典の暗さを乗り越えるというような方向で礼典を見出すのが課題だと言わざるをえない。ではどう礼典を理解すればいいのかというと、まだまだ不十分だが、教団が戦中戦後に行ってきた礼典論の誤りの神学的背景には、礼典によって物的・実体的に罪が赦される、あるいは礼典によって救いに入れられるというふうにとらえてきたことではないか。ルターにせよカルバンにせよ、礼典を恩寵を受けるための道具、あるいは手段というふうに固定化してきた。その後、礼典は一つの実体的な救いを保証するという意味で固定化され、そこから礼典を行う教職の身分の固定化も起こってきたのではないか。そうではなく、礼典というものを、我々の主体的な応答としてとらえ、我々をキリストへの服従へと促していくものとして、あるいはそういう倫理的なものとしてとらえなおすことが、一つの方向性ではないかと考えるわけです。

鷲山 主体的な応答として礼典をとらえるという所を、もう少し説明して下さい。ここの所が大事で、教団の混乱の大きな原因ではないかと私は考えているんです。応答というからには、その前に神の恩寵の御業があるわけですね。その恩寵を主体的に受けとり、それに応答していくものとして礼典をとらえていこうとする所に、あなたの言う「暗さ」の突破口があるわけですか。

尾形　突破口というのは大げさだが、戦中・戦後の教団は、礼典を受けねば恩寵が受けられないかのようなとらえ方をしていたと思う。これに対して私は、徹底的に礼典を人間の業としてとらえ、キリストの恩寵への人間の主体的な応答としてとらえたいということです。

鷲山　服従と言われたが、応答と服従の関係をもう少し説明して下さい。

尾形　キリストの恩寵に対して応答していくということは、即神の国の支配へ服従していくことになり、服従していく行為はどうしても倫理的なものになりますね。また、恩寵を与えるのは、どうしてもキリストであって、決して礼典がキリストの代理にはなり得ない、というとらえ方が、これまで礼典にまつわる問題を前進させていく一歩になると考えるわけです。

鷲山　そうすると、尾形君の礼典理解に立って、礼典を執行したとしても、それが礼典である限り、教会においてはやがて制度化されて来るでしょう。すると、尾形君自身の主体的な判断や決断とは無関係にその礼典が行われるようになりますね。だとすると、また同じになるのではないですか。

尾形　そこで私は、礼典や教職制や信仰告白についても同じことが言えるが、絶えずそれらをある歴史的時点で絶対化するのではなく、それを常に暫定的なものとして、変革し続けていくことが、ぜひとも必要だと思うわけです。これは一般に「旅人の神学」と言われます。職制や礼典が制度や秩序としては絶えず無化され続けるという方向ですね。と同時に、そういう職制や礼典がなくても人間は自由に生きられるというのは幻想なので、人間は相対的な存在であり、終末に向かって絶えずそれらのものを無化させる要素を欠落させてはならないと思いますね。

鷲山　私はそこに教団の礼典問題についての根本的な頽落の原因を見ると思うわけです。つまり、"神の恩寵"を客観的に置き、それに対する自分の主体的な応答として礼典を理解すると言われる。そうすると、礼典というものを、人間が主体的な自由な行為として受けとる限りにおいて、それはしてもしなくてもいいことになるわけですね。礼典を受けたいと思う人は受けるし、受けたくないという人は受けなくてもいいと。そこには人間の選択の可能性があるわけだ。自由であり主体的な応答なのだから。

しかし、礼典というのはそういうものではないと思うんですよ。教会においては説教と礼典とは区別できないでしょう。恩寵に対する言葉による理解や、言葉による応答があるわけですね。それと同時に、サクラメンタルな恩寵の業というのもあるわけであり、サクラメンタルな事柄というのは、人間の理解の届かないもの、我々の頭や行動ではなしえないものであり、そういう神の恩寵の受領というものがあると思うんですよ。霊的なものというか、まさにそれは恩寵そのものなんだ。人間はそこにおいて、ただアーメンと言う以外にない。圧倒的な大きな力の前に自身をひれ伏すという意見において、また人間がもはや自由にはそれを取捨選択できない領域としてね。イエス・キリストが弟子を伝道につかわす時、最後に「バプテスマを授けよ」と言われた。それはもう他の要素ではなしえないところの神の恩寵の業の伝達なんですね。

だから私は、聖礼典というものの中に、そういう人間個人の主体的とか自由とかが入ってきた時に、聖礼典は乱れていくと思う。というより、恩寵性を失っていくと思う。

岸本　それはカトリックのサクラメント理解と、どう違うのか説明していただけますか。たとえば幼児洗礼の問題がありますね。これはまさに一番はっきりした「理解を越えた恩寵」というもののようになると思います。

鷲山　そういう要素は強いですね。親の信仰によるものですから。そこでまさに恩寵の先行性というのがみごとに表現されている。

尾形　キリストの恩寵はもっと広く、包括的なものだと思う。初期のルターは「人は洗礼を受けていなくとも信ずることはできる」「洗礼とは神の約束が我々を教え、励ますための外的な徴以上のものでは

ないのだから、洗礼を受けることが出来るのなら、それは好ましい。洗礼を受けさせなさい。しかし、洗礼を受けられないとしても、あるいはそのことが誰かによって拒否されているとしても、その人が福音を信じているのなら、彼は罪に定められない。なぜなら福音のある所に洗礼があるのであり、キリスト者に必要なすべてのものがあるのだから」（ＷＡ10Ⅲ142）と言っている。カルバンにも同主旨の表現がある。で、私が言いたいのは、鷲山さんにおいてはそれが逆転し、礼典を受けなければ救われないという主張になっているのではないか。そうではなく、神の恩寵が先にあり、包括的に我々に与えられており、それに我々が聞き従うことによって、洗礼なり聖餐を受けようとすることが起こってくるのではないかと思う。

鷲山 神の十字架の贖罪によって罪の赦しが与えられているのであり、その目に見える徴として、保証として洗礼があると私は理解しており、洗礼式そのものが罪の赦しであり、それを受けなければ救われないとは考えてないけどな。

尾形 しかし、鍵の権能すなわち罪の赦しの権威であると考えるわけでしょう。山口隆康氏は新報4015号で、典型的に礼典論即「鍵の権能」「釈罪の権威である」と明言しています。アウグスブルク信仰告白を根拠にあげておられるようですが、この理解はルターのものというよりも、カトリック教会との妥協をはかったメランヒトンの理解であり、厳密にはプロテスタント正統主義的な礼典理解でないと言わざるをえません。

鷲山 聖礼典は告白に結びついてなされるわけで、信仰の告白と不可分になされるわけだから、それでいいと思いますよ。

尾形 私は信仰告白がまずあって、ということを問題にしているのでなく、礼典即罪の赦しを与えるものとしてとらえていることに問題を感じるわけです。

鷲山 教会的に言うと（個人的にではないですよ）求道者が受洗を決断し、教会に加わりたいという願いを持つようになる。そこには確かに人間の主体性が働いていると思います。しかしその主体性はどこまでも個人の主体性であり、それだけでは洗礼を授けてもらえない面があるんだな。教会の決断が入ってくるでしょう。だから私の教会員がどこかの教会に転会していく時、信仰を告白し洗礼を受けているということの保証があれば、その教会でも受け入れてくれるわけでしょう。それも教会としての"恩寵の伝達と受領"の一つの保証としてなされているわけですよ。だから、私は洗礼は受けていないが信じてますと言うだけでは、受け入れられないわけだ。そういう点で、我々の教会というものが個人の主体性から離れて聖礼典をしっかり位置づけるのが非常に大事なことだと思うんです。そうでないと、恩寵そのものが不確かなものになっていく。

尾形 私はその点で大宮氏に対する批判がある。キリストが受肉した。受肉とは体であり、その体とは教会だと大宮氏は展開する。そして、礼典を体なる教会の方向としてとらえようとしている。しかし、キリストの受肉した体とは、教会も入るが教会にとどめてはならず、もっと包括的であり、それは教会に通わない人も含めた人間の全体性としてとらえねばならないと思うんですよ。

鷲山 受肉が人間性全体に関わるということは、私も同意見です。

尾形 もしそうなら、礼典を受けねば信仰者でないというような言い方は出てこないと思う。福音をもっと包括的なものとしてとらえるなら、礼典を単に教会の入会式のものでなく、人間の全体の問題としてとらえていくと思う。その点で最初に言った教団と国家の癒着の問題や、そういう現実を含めて、我々がキリストに服従するとは具体的にはどういうことかと考えていく方向になると思う。そして、クリスチャンでない人の問題、あるいはこの世の問題が自覚されてくると、そういう広い問題として礼典をとらえなおすことが出来ると思う。今の礼典理解は礼典を教会論的・制度論的に矮少化していると思う。

鷲山　私は信仰告白の問題の中では、国家の問題や社会の問題を避けることは出来ないと思うし、またキリストへの服従の課題という領域においても同じです。しかし聖礼典の問題となると、私はあえてそれらをはぶきます。聖礼典とは、ひたすら神の恩寵の前に謙虚にそれを受領するという態度が色濃く出ていると思う。

尾形　私も礼典においては靖国反対とか万博問題等の政治的な問題を直接持ち出すべきだとは少しも思っていないですよ。そうではなく、礼典とは非常に主体的な行為であり応答であるとすれば、みこころが天においても地においてもなされるよう、願い、祈るということが、非常にリアルに出てくると思う。そういう礼典に促されて、国家や社会の問題を主体的に担っていくようなものが、そこから生み出されてくると思う。同時に私は、礼典執行に際して例えば戦責告白のようなものが、もちろん限界性を踏まえてではありますが、読み上げられることも、一つの試みだと思う。

破れを隠す秩序論は問題―岸本
未定形の枠はどこまでか―鷲山

戸田　少し整理をしたい。いま身体性というのが出たが、大宮氏は確かに聖餐における身体性を、教会性の側へと進展させようとしていると思う。そこから教会としての共同性として秩序とか教職制とかを、身体性というものをテコにして考えようとしている。これに対して尾形氏は、身体性というものを広く考えて、全民衆レベルの、この世との関わりにおいてとらえようとしている。これは一つのポイントとして、今後の身体性がどの方向を持つものかということで研究課題とすればいいと思う。ここで徹底的に論じ合うのは少し無理だと思う。

岸本　身体性についての私の問題は、見える共同体としての教会は、そこでどのように破れを感じているかということだ。その破れとの関連において秩序を問う必要があると思う。破れを破れとしてどう受けとめていくかがむしろ問題だ。破れが表面に出てくるのはいけないという発想からの礼典論は問題だと私は思います。破れがあるのに、礼典はそれを越えて働くものだという言い方をし、いつの間にかそれが教会の秩序を守るということにすりかわり、鍵の権能というような言葉が使われ、いつの間にか破れがどこにも見えなくなってしまうのには問題を感じる。むしろ破れているという現実が教会を含めた我々の現実であり、そこに赦しが与えられ、恩寵の恵みが与えられているということを、礼典とどう結びつけ、どう生かされてくるのかがポイントだと思う。

　私は、聖礼典を執行するものとして、いつも痛みを持っているのですが、そういう破れを守るよりも、露わになってくるところで初めて対話もできるようになるのではないか。その破れがないかのような態度に立ったままでいるなら、結局、自分の立場の一方的な主張に終わるし、違いの確認だけで終わってしまう。

戸田　信徒の時代に聖餐におけるキリストの臨在のリアリティというか「やすかれ」というのを強く感じましたね。当時は不安と恐怖のドン底にいましたから。その時は聖餐の司式者がどういう人か、資格のある人かどうかというようなことは問題外で、誰がやっても同じだったと思う。それが自分が司式する側に立って聖餐をしたとき、いろいろまた考えさせられました。説教の破れ、不十分さという中で、自分自身が聖餐の中で救われているという意味で、司式をしつつも自分が恵みにあずかっているのを感じた。それは、司式者が破れていないかのごとく、オーソライズされたものとしてあるのではないということだ。教会はどのような立派な信仰告白があろうとも、恩寵にあずかっているという性格をあいまいにしてはならない。そう考えると、あまりに制度的にガッチリとするよりも、開かれているというか、神学的な未完結性の部分を残しておくのが本当の姿ではないかと思う。

で、無教会の教会があるということは、我々の礼典が形骸化し、固定化することへの批判的予言者として、非常に我々にとってもありがたいものとして存在しているのだと思うんです。

鷲山 制度が固定化することへの危険を指摘されたが、だからと言って未定形であれということになると、心配だ。例えば未按手教師の聖礼典執行とか、未受洗者の陪餐を黙認している現状は、やがて未受洗者の教会員や未受洗者の常置委員が出てくる可能性をまねきますが、そういうものまでも戸田先生の言われる未定形の中に許容されるものなのですか。

戸田 聖餐とは一人でやるものではなく、司式者と会衆とが共にやるわけでしょう。で、会衆が聖餐を媒介としてキリストの赦しを伝えられ、その時に永遠の出来事に参加するわけですから、会衆が本当にそれを期待していないと、そのことは起こらないと思う。その意味で、会衆が「私は司式者に問題を感じる」というように思っていると、やはりまずいと思う。その時はやはりそこで話し合う努力をまずしなければならない。そのように、司式者と会衆とが共にやっているわけだから、そこからルールが必要となり、秩序の問題になってくるのだと思う。

鷲山 日本基督教団の現在の秩序が未定形というのなら、私もよくわかります。合同教会という面もあるしね。しかし、戸田先生の未定形というのは、会衆が合意すれば未按手教師が聖礼典を執行してもいいんだというところまで発展しちゃうので、私はとても不安になるんですけどね。

岸本 現状は未定形だが、最終的には教会というのは定形にならねばならないという考えが、鷲山先生の中にはあると思う。でも、私がさっき破れと言ったのは、何も現象的に教団のある時期にある特定の所で起こっているものを指して言ったわけではないんですよ。

鷲山 地上の教会はすべて未定形でしょう。それは同感です。

岸本 だとすると、そういう所から出発したとき、例えば秩序の問題において、破れはどう反映するのですか。

鷲山 地上の教会が未定形だというのは、地上の教会には恩寵論から救済論に至るまで複数のものが存在するということを意味するわけです。しかしそれでいいとは誰も思わないでしょう。聖書はやはり一つになることを目指している。その意味で、教派の存在は不完全性の証しであり、今日ではカトリック教会までが自らの不完全性を認めざるをえなくなっているわけです。だから未定形を恥じる必要は全くない。

だけどいま教団の一つ一つの教会の中で、恩寵を確かめ合っていく中で、按手の問題であれ教師任職の問題であれ、ここまで違ってくると、これが一つの教会であるとの確認ができなくなることがあるんです。やはり日本基督教団が本当に合意できる枠はここまでなのだということが、もっと積極的に出て来るべきですよ。未定形だからそれぞれの教会で勝手にどうぞとはいかないですよ。

戸田 それは賛成です。それで「新報」を読んで評価できるのは、牧師が勝手にやっているのではないということです。その教会でいろいろやりとりをし、論議し、その上で執行しているという点は、いくらか救われていると思う。これと同じプロセスを全教団的にやることが大事で、今はその過程にあると思う。個々の現象はいろいろあるが、全体としては全教団的な合意に向かっての、一つの一里塚として、苦労しつつやっている所が多い。みんなこのままでいいとは思っていないですよ。

鷲山 やがて一つになるためのやむをえないステップと見るか、むしろ教会的崩壊のきざしと見るか。私も希望的に見たいんですけどねえ。だからこそ言い続けて来たんですが、でも危機の方を強く感じるんですけれどね。教会の命に関する事柄が実に安直に壊されている風潮がある。

戸田 組合教会のような伝統の教会では、各個教会が教会で、全体教会は極めて権限がうすい。その各個教会の中で真剣に決定してやっているのなら、教会として安直だということではない。

岸本　最近では各個教会主義の伝統を持つ教会でも、全体教会の位置づけを考えてますよ。それはなぜかと言うと、転会する人が出るからです。今まで自分の教会でやってきたのと、こちらの教会でやっていることは全然違うという経験が広がり、どちらが日本基督教団の本当の教会なのかということが出てくる。これは単に旧教派の伝統の違いから来るものではなく、福音にふさわしい教会であろうとする姿勢の中で起こっているのですから、自分が今まで真剣に取り組んできた問題がどうなっていくかというところからも、肯定的に受けとりたい。

鷲山　私が「安直に」と言ったのは、その教会なり役員が安直にやったという意味ではなく、全体教会としての安直さがあるということです。その教会でどんなに真剣であったとしても、隣の教会との関係においてもそれが取り上げられない限り、私は安直にと言わざるをえないんです。

尾形　そんなことはないですよ。私のケースも含めて、各個教会で現実に議論がなされ、教区でもなされている。鷲山さんの言い方を聞いていると、ここまではいいがそれ以上度外れた解釈は異端になるというようなアプリオリな基準があると思うんですが。

鷲山　あなたの中にはそれがないですか。

尾形　私は少なくとも全体教会の問題として論議して行き、そこから基準を生み出していけばいいと思っているわけです。

鷲山　私はドグマ（教理）を信じていますよ。実際に私は、教会には神の権威とか、聖書の正典性とかいった大前提は、啓示されたものとしてあると思う。そうでないと、教会はキリストの教会にならないから。だから、キリストのロードシップ（主であること）というのは、我々が合意してやっていくというものではなく、それ以前に啓示されたものとして、まずアーメンと言ってから、教会生活を始めているつもりなんだ。その意味で思考や経験に先んずるものが自分の中にあることは認めざるをえない。

　それから、信仰告白の問題で「対話とか討論によって」と言われる時にいつも感じるのですが、その中には人間の主体性への過信がありすぎはしないかと危惧するのです。福音の問題、救いの問題などについては、人間の主体性や自分の主体性が神のみ言葉の前では、どんどん後退していく。神学を研究していく中でそれを感じるんですね。キリストの主権というものについても"自分の言葉"で言い出すと、どう言っていいかわからないし、言葉の限界性も出てくるので、論議によってはうまく伝わらない面もあるでしょう。

　もう一つは、信仰告白という言葉ね。あれはギリシャ語ではホモロギアですが、同意を表すという意味ですね。それを信仰告白と訳したものだから、自分はこう信じるというように、何か自分の主体性が先行するかのような印象を与えてしまったのではないかと思うんです。本来は、キリストから出た言葉、そして代々の教会がそれに同意してきた言葉に我々も同意するという意味ですね。その意味からも、もともとあるものについて我々も同意していくというのが、教会性を守る基礎だろうと思うんです。それがまさに啓示されたものであり、その点を教団が信仰告白をとらえる時、もう一度考えねばならない問題ではないかと思うんです。

　戦責告白なら、これは同意する必要がないので、私はこう思うという告白でいいと思う。しかし、信仰告白では、同意を表すという言葉で言われてきたものを再認識しないで、人間の主体性を強調しすぎると、神の恩寵を乗り越えていってしまう危険性があると、最近感じているんですよ。

教団問題とは第三戒の問題──戸田
恩寵の包括性に信頼を──尾形

戸田　おっしゃる気持はよくわかります。しかし、教団が問われた問題はいろいろあるが、その本流の

批判は何であったのかという認識と評価も、きちんとすべきだと私は思うんです。それは、十戒の第一戒の、我の他何者も神とすべからずということに対する、同時に第三戒の、我が名をみだりにとなえてはならない、という批判であったと思うんです。その、みだりにという所に、いろんな自己保存があり、それを教会は神の名においてやってきたのではないか。神の名において、教団は戦中戦後に一体何をやってきたのか、ということが問われているわけですよ。モーセは、エジプトの宗教を見て、みだりにとなえることの問題点を、よく知っていたと思う。だから第三戒が出てきた。そういう点で、我々は神の名を、恩寵を語るという営みの中で、ひょっとするとみだりにとなえていたのではないかという怖れがある。神に対して、この世ではなく、むしろ教会があやまちを犯してきたという点が強く指摘された。教団問題とはそういう出来事であったと私は見ているわけです。だから、第一戒を守るために必死にならねば、という発想は私の場合はないわけです。その点で、鷲山さんとは少しズレている所がある。

鷲山 告白を誰かが勝手に作り出しちゃうと、みだりになっちゃうし、みだらな告白になりうるんだと思うんです。もちろん、使徒信条であれ、ニカイア信条であれ、それは基本信条ではあっても、ふれるべからずものとは思いません。事実、基本信条も次々に複数の信条が生まれたのですから。でも、我々が時代的な一時期の感覚だけで、パッと告白しちゃうと、それがみだらな告白になりかねないわけですよ。だからこそ、歴史的意味での信条の大切さを、改めて考えねばと思うんです。

戸田 それは意味があると思います。だから、それぞれから教えられ、我々もおこがましいが過去の偉大な信仰告白や信条を批判する自由もあるわけだし、そういうことは対話していく必要があるわけです。ただ、いま言われた問題は、私は第一戒と第三戒をワンセットにして、真の信仰告白とは何かということを未定形という所で考えるということで一致して、対話をしていく必要があると思うのです。

尾形 その点は全く賛成です。

岸本 私の教会には、1枚の写真があるのです。それは、教会の階段の上に白人の信徒が腕組みをして立っており、下では黒人の青年たちが、ひざまずいて祈っている写真なんです。1965年のものなんですが、当時はアメリカで公民権運動が起こっていて、白人たちはいろんな方面で危機を感じていた。教会も同様で、そこに黒人の青年たちが礼拝をしようとして入ってきたら、ここは君たちの教会ではないと言って白人が拒否しているところを写したものなのです。私は聖礼典を執行するときは、よくそれを思い出すんですよ。なるほど、どの教会も出入りは自由だし、讃美歌も歌えるし、説教を自由に聞ける。しかし未受洗者の陪餐だけは駄目だという。その理由として神学的な説明がなされる。しかし、神の恩寵というものが、ここでだけ秩序の問題となり、拒否という形で出て来るというのは、どうも納得できない。そこで秩序の問題に返っていくが、神のものを神のものとせよとは何を意味するのか。そこでは、神の啓示がある限定を持ち、教会の秩序と結びついた所で神の啓示と言われるのか。そんなはずはないと思う。なぜなら聖礼典はやはり恵みであり、赦しの出来事そのものだから。

戸田 未受洗者の陪餐問題は、聖餐を通して神の恩寵が伝わるという場合、神の恩寵が信仰のあるなしにかかわらずに伝わるというふうに、先行する恩寵の業に重点を置くと、岸本先生のようになる。他方で、聖餐を受ける者の要素として聖霊を念頭におくと、受ける側の信仰の問題、期待、祈りなどが伴わなくてもいいかという問題も、やはりあると思う。

岸本 もし秩序の名での排除を徹底してやると、例えば献金は信仰の応答だから、信仰告白できない人は御遠慮下さいと言うべきなのに、それは絶対に言わないわけですよ。説教にしても礼拝そのものに参加することもそうですね。だけど、聖餐のときだけストンと切っちゃう。

戸田 アメリカの合同長老教会は、総会でそれを徹底的に論じて、神学委員会は結論を出した。つまり、聖餐と洗礼はどちらがさきかということで伝統では洗礼→聖餐だったが、逆に聖餐→洗礼ということを

全員一致で出した。そして、未受洗者の陪餐や幼児受洗者の陪餐を承認するという結論を出したが、総会にそれを提案したら、否決された。

岸本 私は実は洗礼と聖餐を、聖餐→洗礼の順序で考えている。だから、十字架の厳しさは洗礼を決断する厳しさに関わることだと理解しています。聖餐における恩寵は、我々は受けるしかない。しかし、キリストに従って生きるというのは、洗礼において始まると考える。

尾形 無資格者の礼典執行にしても、未受洗者の陪餐にしても、それが有効か無効かという論議は、切り離すべきだと思う。それより、もっと恩寵の包括性に信頼を置くほうがいいと思う。有資格者がまるでキリストの代理者であるかのように振舞って判定を下すべきでない。破れとか痛みの問題は、本来司式者自身が立派な人間でないので、もし司式者の資格が有効か無効かの基準になるなら、聖餐それ自体が不可能になると思う。（4月21日、於：神奈川教会、文責は編集部）

資料3-8　1983年10月1日　『教団新報』4038号　宣教研究所委員会報告
「万博問題（分析と評価）聖餐の研究に着手」

　9月6日、第22総会期第2回宣教研究所委員会が教団会議室で開かれた。委員6名（定員7名）中3名が病気などで欠席して変則的な会議となったが、今回は第2回委員会で設定した研究の具体的な推進が主な議題であり、重要な変更はない、ということをあらかじめ確認した上で議事に入った。

　教団史料編纂に関して、教団史料編纂室より『教団新報』4035号の教団史料ニュース第4号と座談会のこと、および各教区における教区史料編纂の動きが報告された。靖国神社問題特別委員会より研究を依頼されていた「日本右翼の現状について」は、研究題目として断定することは困難であるため資料の収集、提供という形で協力することになった。

　万博・東神大問題第3次研究と教会・教職・聖礼典問題研究については、研究員の交渉と委嘱の結果をみて補充のための人選をし、各々の研究期間をとりあえず1986年の第24回教団総会までとした。「教団社会活動基本方針」の再検討も行ったが、その論点は再検討の理由と背景、近代国家における教会の位置、討議資料のタイトルと内容の不整合、「現実」のとらえ方、戦後民主主義の評価、キリスト論・終末論・贖罪論に関連する問題の相違などであった。

　9月7日には教会・教職・聖礼典問題研究の第1回研究員会が開かれた。研究員は、大塩清之助（座長）、尾形隆文（書記）、雨宮栄一、船本弘毅（欠席）、村山盛忠の諸氏で、協議の結果問題の緊急性から研究対象を聖餐にしぼり、教会・教職はそれとの関連で扱うことにした。

　9月8日には万博・東神大問題第3次研究の第1回研究員会が開かれた。研究員は、大塩清之助（座長）、大橋弘（書記）、森田恒一の諸氏。他に1名補充の予定である。第1次、第2次研究の報告をうけた後、課題について協議し、第3次研究は万博問題に限定してその分析と評価にあたることにした。

資料3-9　1983年12月10日　『教団新報』4043号　投稿記事より
「未受洗者の陪餐の可否を問う」　　小泉達人

　未信者はなぜ聖餐にあずかれないのかという問題は、牧師にとっていつも心にひっかかる問題である。しかし、この問題が正面から論じられることは、案外少ない。国民のほとんどがクリスチャンの欧米では、あまり問題にならないらしい。そしてあちらで論じられないことは、あまり論じないという日本神学の伝統に従って、日本の神学書でもこの問題は大きく扱われてはいない。この意味で、新報4028号で賛否の論が戦わされたのは、意義深いことであったと思う。しかし、私はそのどちらにも納得いかなかったし、論議そのものも十分に深められていなかったと思うので、もう一度この問題を提出し、大方

の御批判をあおぎたい。

　結論から言うと、私は礼拝への参加者全員に開かれた聖餐が正しい聖餐式のあり方（陪餐を拒否する自由があることは言うまでもない）ではないかという疑念を強く持っているので、その点をおうかがいしたいのである。私の主張の根拠は以下の３点である。

①信仰の問題として

　聖餐についての詳細な論議は別として、現実の問題として私たち牧師は、キリストの恵みのしるし、救いのしるしとして、聖餐式をとり行っている。そして、主の恵み、主の救いはすべての人に差しのべられているというのが、私たちの信仰である。それを受ける、あるいは拒否するというのは、あくまでも私たち人間の側の問題であって、神の側からはどこまでもすべての人に差し出されている恵みであり、救いである。ならばそのしるしとしてのパンとブドウ酒も、礼拝出席者全員に提供されるべきではなかろうか。未信者の方が、自分はいまだそこまでキリスト教、ないしはその礼拝にコミットする気にはなれないからとして、それを取ることを控えられるなら、それは自由である。しかし、一旦は提供されるのが正しいのではないだろうか。

②聖書に従って

　聖餐式の原型は、主の最後の晩餐にある。この席上、イスカリオテのユダに主のパンと杯が与えられたか否かが、当面の問題となる。マタイ、マルコの両福音書において、主がパンと杯を与えられる前にユダが退席したかどうかは、明確な記述がない。しかし、ルカ福音書においては、ユダは明らかにそれらを与えられている。そしてヨハネ福音書において、最後の晩餐の席上でのパンと杯の記述はないものの、同じく主の恵みと救いを示す洗足において、ユダはそれを受けている。ここから見れば、マタイ、マルコの沈黙をどう解すべきかは、明らかであろう（新約学者の緻密な論議は別として）。

　この世の中で、おそらく最も聖餐を受けるにふさわしくないと思えるユダに、主がこうしてパンと杯を与えられたとすれば、今日私たちがいまだ洗礼を受けていないから、信仰告白をしていないからといって、聖餐にあずかることを禁止することは、恐ろしい越権ではないだろうか。

③実践の場から

　かつて私は中森幾之進牧師の山谷伝道所の礼拝に出席していたことがある。その時、中森先生は全員に聖餐を配られた。関心があった私は、さっそく先生にその事をうかがった。すると先生は「小泉君、これは理屈ではないんだよ。ここはみんな心の傷ついた人たちばかりなんだ。ここでパンやブドウ酒を与えないなんて差別をしたら、二度と教会へは来てくれないよ」と言下に答えられた。理屈を求めていた当時の私は、やや物足りなかった。しかし、今日私はこれこそ最も強力な、そして最高の理屈だと思っている。曰く、心の傷ついている者を教会から遠ざけるような聖餐式の執行は断じて正しくないと。教会を去った人々のつぶやきは、私たちの耳には入り難い。しかし「すべて重荷を負って苦労している者は、わたしのもとに来なさい」（マタイ11・28）と、招いていたもう主の教会として、現在の私たちの差別的な聖餐式に心傷ついて教会を去った人はいないかどうか、真剣に考えなくてはならないのではないか。

　欧米の教会から福音を伝えられた私たちは、その信仰と教会のあり方を、そのまま忠実に守って今日まで来ている。しかし全く違う伝統を持ち、精神文化を持ち、メンタリティを持ったこの日本で伝道する教会として、私たちは私たちの立場からいろんな面で再検討を必要としているのではないだろうか。その大きな一つとして、聖餐式の再検討を提案させていただきたい。（用賀教会牧師）

資料3-10　1984年1月21日　『教団新報』4045号　投稿記事

「洗礼への招きとしての非陪餐」　　和田信子

　新報 4043 号、小泉達人先生の文を拝見して一筆したくなりました。私共のような小さい伝道所では特に、少数の出席者の中で一人だけの求道者を除外することになり、心苦しさから聖餐式の執行をためらった時期もありました。けれど今のやり方を閉ざされた聖餐式とも廃止すべき差別とも思いません。聖餐にあずかりたければ洗礼を受ければいいのですし、その道は誰にでも開かれているのですから。

　私自身の経験としても、皆様が恵みの御座に進まれて取り残される淋しさを通して、早く受洗して聖餐にあずかれる者にして頂きたいと求道の祈りを強められました。またある時、求道中の姉妹が自発的に立ち上って共にひざまずかれたことがあり、司式の私は内心あわてましたが姉妹は静かに心で受け、やがて受洗に導かれました。聖霊が働かれたことを感謝しております。

　無論、求道者への配慮はそれぞれなりに工夫されて然るべきで、私共では式文にとりなしの祈りを挿入しております。

　なおユダは選ばれて 12 弟子の一人だったわけですから、彼に関する聖書個所を未受洗者陪餐の根拠にするのには難があるように思いますけれどいかがでしょうか。（日立南伝道所牧師）

資料3-11　1984年2月25日　『教団新報』4048号　投稿記事
「未受洗者陪餐をめぐって」　　川名　勇

　新報第 4043 号掲載の「未受洗者陪餐の可否を問う」という小泉牧師の御提言を拝見して、2、3 所見を述べさせて戴く。

　まず私は、氏の主張は全く理解し難く、根本的に承認出来ぬことを明らかにしておく。しかし私自身、市井の一介の牧師にすぎず、ここで神学論を展開する資格も、又その意志も持たぬが、御言の宣教を委託された者として、宣教の内容が御言に即しているかどうかの自己検証はいささかもゆるがせに出来ぬので、その点から、この問題を取り上げていきたい。

　第一に、氏の主張の根拠として挙げておられる「信仰の問題として」「聖書に従っては」、はなはだ曖昧かつ杜撰な論拠である。確かに「主の恵み、主の救いはすべての人に差しのべられている」が、だからと言って、「そのしるしとしてのパンとブドウ酒も、礼拝出席者全員に提供されるべきだ」というのは、論理の飛躍である。差しのべられた主の恵みをしっかり受領し、承認し、その信仰告白に基づいて洗礼を受けることが、まず第一に必要欠くべからざることである。ただ礼拝に出席しただけで聖餐を提供されたら、された者の方が面喰うだろうし、又それはその人に対する侮辱でさえある。氏は「聖書に従って」と言われるが、「主の体をわきまえないで飲み食いする者は、自分にさばきを招く」（第一コリント 11・29）という聖書の箇所を、どのように理解されるのであろうか。

　又、「ユダにも、主はパンと杯を与えられたのだから、未受洗者に聖餐を禁止することは、恐ろしい越権だ」と云われるがこれも甚だ粗雑な議論である。一体ユダが、「この世の中で最も聖餐を受けるにふさわしくない」などと誰が思い、誰が決定したのか。新約聖書で、ユダの名が挙げられる所では、どこでも必ず、「12 弟子の一人」という肩書をつけて呼ばれているし、彼が「裏切った」と訳されている言葉も、原語ではただ「引渡した」という意味をあらわす言葉でしかない。ユダを極悪非道の人間ときめつけている聖書の箇所が 1 箇所でもあったら、示して戴きたい。彼は確かに、道から迷った弟子であり、その弟子の足をも主は洗い給い、パンと杯を授け給うたが、あの最後の晩餐において、ヒョイと顔を出した誰彼にも、主はパンと杯をお出しにならなかった。1 度信仰を告白した者が、しばらく離れた後、教会に戻った時、教会は聖餐を拒否出来ぬが、今日礼拝に初めて出席した人に聖餐を差出すことは、聖餐の意味を根本的に無視することである。

氏の論拠は、第三の「現実の場から」最も強く進められていると思うが、これもはなはだ主観的、情緒的、感傷的である。「…べきだ」とか「断じて」という言葉を見ても、氏の興奮ぶりが分かるというものである。

　植木職人が、専門職としての確信をもって枝をせん定する時、私たちは、それを尊敬の念をもって見るので、もし逆に、枝を切り取るのは可哀想だと言ってどの枝も切り取らなかったら、私たちはその植木職人を軽蔑するであろう。求道者が「心傷ついて教会を去るのは、聖餐式による差別」では「断じて！」ない。

　氏が、聖書をどのように理解し、聖餐に関し、どのような意見を持たれ、それを発表しようとも自由である。しかし、最近お会いした時「戒規に付されるのも覚悟して」御自分の教会で実行なさると伺ったので、それは是非思い止まって戴きたいと思う。もっと聖書に基づいてこの問題を考えつくし、また「汝の父母を敬え」という聖書の言に従って、諸先輩や伝統の声に聞き従い、なおかつ御意見が変わらぬ時は、潔く教団の教会を去って、御自分の教会を建て、そこで実行されたらいかがであろうか。洗礼の際「あなたは教憲教規を重んじるか」と受洗者に誓約させておいて、その司式者たる牧師が「戒規を受けても平気だ」では、それこそ「恐ろしい越権」ではないであろうか。

　どうか、主の教会をこれ以上混乱させず、無差別的な聖餐式により、心傷ついて教会を去る人が一人でも出ないように、再検討をお願いする次第である。（桜新町教会牧師）

資料3-12　1984年5月26日　『教団新報』4054号　投稿記事
「排他的陪餐の再検討を」　　ティム・ボイル

　私の母教会であるアメリカ合同メソジスト教会と、日本基督教団の伝統や礼拝式には、様々な違いがあるが、私が一番心にひっかかる問題は、聖餐式の考え方です。だから新報4043号の小泉達人牧師の提言と4048号の川名勇牧師の反論を、興味深く読みました。

　私はアメリカで牧会した時、聖餐にあずかりたい人に拒否をしたことがないので（私の知っている限り、他の合同メソジストの牧師もそうです）日本の教会で拒否しなければならないということは、心の痛みの一つとなっています。教団のやり方には、いい面もあると思うので、その感じている矛盾をなるべく少なくして、いいところ（信仰告白のさいの初めての喜びなど）を強調しながら、今まで教憲教規を守って来ました。教団に属する宣教師として、こういう大事なことを勝手に変える権利がないと思うからです。

　川名牧師は小泉牧師の結論を「論理の飛躍」と言いながら、「汝の父母を敬え」という戒めを引用して「諸先輩や伝統の声に聞き従う」べきだと主張していますが、このいわゆる「伝統孝行」は正しいでしょうか。

　私は聖餐式の歴史について、詳しいことは知りませんが、明らかに第一コリント11章のパウロの言葉が聖餐の排他性の主な原因のようです。「ふさわしくないままでパンを食し主の杯を飲む者は、主の体と血とを犯すのである」「主の体をわきまえないで飲み食いする者は、自分にさばきを招く」などの言葉は、求道者に対して向けられているという解釈は、前後関係を無視したものではないでしょうか。20節～25節によると、コリント教会の信徒たちが、ふさわしくないままで聖餐式を行っていたので（つまりぶどう酒を飲んで酔っぱらったり、自分の晩餐を食べ物を持っていない人と分かち合わないで、勝手に食べたりしていたこと）、彼らが自分たちに裁きを招いていたのです。パウロがこの言葉を書いたとき、決して未受洗者の晩餐のことを考えていなかった。

　「未陪餐会員」という区別にも矛盾を感じます。合同メソジスト教会には「準備会員」という名目は

ありますが（つまり幼児洗礼を受けたが、まだ信仰告白をしていない子供）これは陪餐には関係ない。子供がバプテスマの聖礼典にあずかることが許されているなら、聖餐にあずかれないことは矛盾ではないでしょうか。私の教会には、小さい子供が大勢いるので、彼らも礼拝に参加しているという実感を与えているのに、聖餐式の前に子供祝福式を行って、クラッカーを与えるのです。しかし、本当は聖餐式そのものに参加させたい気持ちです。こういうわけで、この問題について、ぜひ再検討を提案させていただきたい。（新得教会牧師）

資料3-13　1989年11月18日　『教団新報』4194号
聖餐をテーマに教職講座─学びと連帯と休養と─北海─

　北海教区の89年度教職講座は、10月23日から3泊4日の日程で、支笏湖国民休暇村を会場に、開催された（参加者57人）。今回は、主題に「聖餐を考える・その具体的諸問題」を掲げ、講師に村山盛忠氏（阿倍野教会牧師）を招き、牧会現場で直面している聖餐執行に関わる具体的な諸問題を学んだ。これを互いに共有しあっていく契機ともなった。

　村山氏は、「教団成立時」の「救世団（軍）」問題から説き起こし、「教団における『聖餐』問題」が、歴史の中でどのように推移してきたかを述べた。そして、エキュメニカル・ムーブメントの中で、あらたな宣教の視点から、教団における「聖餐」問題をどのようにとらえ、実践しているかを述べた。いわゆる「陪餐」資格の問題について「オープン」をどのように考えるかは、「主の現実」をどのようにとらえるか、各教会の実情の中で議論を重ねていくことの重要性を強調した。

　教職講座は、学びと連帯を深めあい休養の時をもつことをねらいとして、年1回開かれている。これは、教区の広大で厳しい宣教の現場を共有しあおうとする、諸教会の連帯の結実のひとつである。参加費用の約7割を各教職の現場が負担し、約3割は教区財政から補助が出されている。現在、教区の教会担任教師が65人、講座への参加度は、極めて高いものといえる。

　今回のプログラムの特徴は①「北海教区新任教師オリエンテーション」、②「アイヌ民族学習会」であり、後者の講師は、チカップ美恵子氏。学びと交流を継続している。（池田隆夫報）

資料3-14　1990年3月24日　『教団新報』4203号
「聖餐をめぐって論議に─西日本合同宣教研究協議会開かる─」

　第26回の西日本四教区合同宣教研究協議会が、2月5、6日、四国松山において開かれた。出席者は、東中国、西中国、九州各1名、四国6名、自主参加・沖縄1名、計5教区・10名であった。

　第一日目は、各教区の宣教研究委員会が取り上げている研究を発表し、引き続いて懇談をした。各教区の研究の主なものは以下の通りである。

　東中国教区。聖餐をめぐる問題、特に陪餐について研究。教区の機構改正について研究。
　西中国教区。宣教基本方針と宣教基本方策の作成。
　九州教区。社会変動や地理的な状況を盛り込んだ教区史を作成中。
　沖縄教区。教区立の伝道所の問題。教会と天皇制の問題。聖餐式の問題、等。
　四国教区。3役・常置委員が教区内で移動した場合の委員資格についての研究。教区史年表の作成。教区の歴史を語る会の開催と資料の作成。

　それぞれの教区の発表を受けて懇談の時を持ったが、特に、話題が集中したのは陪餐をめぐる問題であった。

　夜、担当である四国教区の研究発表「日本伝道研究の目的と方法」の後、懇談の時を持ち、2日目は、

教団宣教研究所の報告を秋山徹氏がし、再び懇談の時を持った。

　普段、自分の教区内のことしか見えてこないが、他教区のことを教えられ勉強になった。今後も各教区の宣教研究委員会の研究発表や連絡の機会としてだけではなく、自主的な数区間の交流の場として、この会が続けばと願っている。（宮崎新報）

Ⅳ　1990年～1999年

　1989年1月に昭和天皇が逝去し大喪の礼が行われ、1990年には大嘗祭が挙行された。教団はこの天皇の代替わりへの対応に追われた。聖餐問題においては、1990年に『陪餐問題に関する資料ガイド』を発表するなど、また新報等において未受洗者の陪餐を肯定する牧師等が実名で登場するようになり、考え方の上でもまた実践されているという面からも、その存在が公になりつつある感があった。そのような中で、1991年2月に全国から124名が集まって開かれた第3回部落差別全国会議での3日目の開会礼拝において、未受洗者の陪餐を前提とした聖餐式が執行されるということが起こった。このことは未受洗者への配餐に反対する者たちにとって、議論の領域を越えたと判断されてもおかしくないことであった。

　この問題は、表面化せず、5年が経過した1996年に開催された第29回総会期の信仰職制委員会で「既成事実が進行しているのを放置することは許されない」（資料4-2）との委員の言葉として現れることとなった。このように聖餐のことが取り扱われなくなった背景として、1991年には東京教区が20年ぶり教区総会を開催し、1992年は総会議員を選出し、同年11月に開催された第28回教団総会は全教区がそろった総会となった。東京教区が総会議員を送ることにより、「合同のとらえ直し」などの重大課題への関心が集まったことが考えられる。

　加えて1995年1月17日未明、関西を襲った阪神淡路大地震の未曾有被害と教団執行部の対応を巡って、教団が大きく揺さぶられた。翌年11月12～14日に開催された第30回教団総会において、小島誠志議長、山北宣久副議長が選出され、未受洗者への配餐は課題から問題へと切り替わってゆくことになる。

資料の概説

4-1　1991年3月9日　『教団新報』4227号　第3回部落差別全国会議報告

　天理市で行われた第3回部落差別全国会議において、聖餐が議論された。部落解放センターの運営委員会は、歴史的にも現在的にも聖餐式において差別が行われてきた現状をふまえ、差別のない聖餐式を行うことで乗り越えようと、3日目の開会礼拝において、教団の執行の最高責任者である中嶋正昭総幹事に司式を依頼していた。それに対し参加者の中から、出席者の中に洗礼を受けていない人がいるが未陪餐会員への配餐を曖昧にしていることを指摘し、未陪餐会員への配餐を拒否する聖餐こそ差別であり、差別に苦しんできた側がそれを曖昧にして、聖餐で一致しようとすることが問題ではないかと姿勢を問うた。交流の時間をこの議論にあてて話し合ったが、様々な意見が出され結論にいたることはできなかった。そこで運営委員会の出す結論にゆだねることになった。協議の結果、東岡山治委員長は、陪餐に与るか与らないかはそれぞれの判断に委ね、聖餐式を行うことを提案し執行された。報告者が述べている感動的な聖餐式から見えてくることは、そこに参加した者が、キリスト者かそうでないか、ということにこだわらず、ただ差別を乗り越えるために聖餐に与ったことが想像できる。このことは教団の公の会議において、事実上の未受洗者への配餐が行われた最初となった。

4-2　1996年7月6日　『教団新報』4362号　信仰職制委員会報告

信仰職制委員会は、検討すべき課題の一つに聖餐の陪餐者に関する件を取り上げ討議している。聖餐の本質の議論をすべきとの意見の他に聖餐の多様化や既成事実の信仰を懸念する意見が報告されている。

資料編
資料4-1　1991年3月9日　『教団新報』4227号　第3回部落差別全国会議報告
聖餐式めぐり白熱の論議─解放の願い込め閉会礼拝で執行─
（前文略）
　今回は3日目の閉会礼拝の中で、はじめて聖餐式をプログラムに入れたが、全体交流会の中で、野毛一起、池上信也の両氏は、解放運動の姿勢と聖餐式の関係についての問題を提起し、論議するように呼びかけた。これに対して会の運営委員会は、2日目夜の「予備時間」を、そのために用いることを提案し、この時間に論議が続けられた。
　論議では、まず野毛氏が、①部落解放運動との関わりの中で、聖餐式の積極的意義づけをすべきである、②今回の聖餐式で司式者が正教師になっている理由、及び陪餐は未受洗者を含むか否かの説明と根拠を述べるべきである、③今後の解放運動を担う決意の中から、新しい聖餐式の試みをすべきである、と3点について意見を述べた。
　これに対して、今回聖餐式をプログラムに入れた主催者側の説明が、部落解放センター主事の角樋平一氏よりなされた。「明治時代」に岡山教会で「部落の人といっしょにイエスの血は飲めない」という差別事件があり、大阪教会等でも同様の事件があった。この体質は今の教会も引きずっていると思うが、今回は「そうではない聖餐式」をやりたいと考えた。その意味から、司式者は教団を代表する者として中嶋正昭総幹事にお願いし、陪餐者は部落差別をなくしたいと願っている人すべてと考えている、と角樋氏は説明した。
　続いて討論に入ったが「オープンコミュニオンでやるべきだ」「信仰をもってうけるべきなので、未受洗者はその時が来るまで遠慮してもらいたい」「聖餐にあずかれない人が出るのを恐れるので、今回は中止すべきだ」等の意見が出された。さらに補教師の礼典執行問題を含む「教団問題」も表面化し、結局主催者に判断を委ねることとなった。
　3日目、部落解放センターの東岡山治委員長は、前夜の討論をふまえた結果の委員長判断として、「実際の聖餐式の場で、部落の人が排除されるという差別事件が起こり、それらの歴史的事件と和解しないまま今日に至っているので、その関係を回復するためにも今回は聖餐式をとりおこないたい」と述べた。
　続いて部落民宣言をしている牧師も「私が聖餐式を司式することになったら、その日は他の教会の礼拝に出席した信徒もいた」と、差別は「明治時代」だけでなく、今も続いていると発言。
　結局「委員長見解」が了承され、閉会礼拝で聖餐式が執行され、部落解放の願いをこめて、参加者はそれぞれ聖餐にあずかった。中には涙を流して盃を飲む者もいて、感動的な聖餐式であった。
　参加者は、東岡氏の感涙で言葉にならない「閉会挨拶」を聞き、2年後の再会を期待して散会した。
　その後も約50名が、部落解放同盟御経野支部の人たちの案内で「現場研修」を行った。「自主的に研修する気がないのなら、我々も忙しいので、帰らせてもらいますよ」との言葉に応えるかのように、参加者は積極的に発言をしていたのが印象的であった。

資料4-2　1996年7月6日　『教団新報』4362号
「信仰告白」の理解で協議─聖餐の陪餐者問題も論議に─

第29総会期第四回信仰職制委員会が、6月4、5日、教団会議室においておこなわれた。
1、合同教会における信仰告白の理解に関する件
　標記案件は「教団信仰告白の再検討」に係わるものであるが、第25総会期にさかのほって資料を検討しつつ討議をおこなった。討議では「教憲前文の加筆・修正、沿革の加筆・修正、名称変更等と連絡させるべきである」、「信仰告白というものを歴史状況との関連でどう捉えるべきか検討されなければならない」、「沖縄との合同時点で、信仰と職制をどう考えていたか、資料を収集してまとめる必要がある」等の意見が出された。
1、「教憲前文」の位置づけに関する件、並びに日本基督教団成立の沿革」に関する件
　標記2案件について討議をおこない、おおむね以下の意見が出された。「そもそも『教憲前文』とは何かということを、諸外国の例をも参照して研究する必要がある」、「『合同』特設委員会は『加筆・修正』を、部分的ではなく全面的に手を入れることを委託されたと理解しているふしがあるが、それは自己理解の逸脱と考えられる」。
1、聖餐の陪餐者に関する件
　「陪餐問題に関する資料ガイド」（宣教研究所）を手がかりに担当委員からの発題を聞き、討議をおこないおおむね以下の意見が出された。「聖礼典の本来の豊かな内容を追求し確認することが大切であり、規則や法の問題にすり替えてはならない」、「『聖餐とは何か』を教団としての共通理解を求める作業が必要だ」、「聖餐理解が多様化しており、既成事実が進行しているのを放置することは許されない」。
1、教師制度および教師養成に関する件（3委員会連絡会）
　今回は「3委員会連絡会」の名称、構成、運営、法的位置等について討議をおこない、以下の2点を確認した。⑴「連絡会」は法的に位置づけられたものではない、⑵「連絡会」で話し合われたものは、各委員会に持ち帰り、それぞれの委員会の責任において処理されるべきものである。（倉橋康夫報）

Ⅴ　2000年～2006年

　1995年～1999年の間は、信仰職制委員会で協議された以外、聖餐の問題が教団新報上で取り上げられることはなかった。それが2000年の当初、1つの投稿によって賛否両論の投稿が掲載された。しかしこれらは議論にならずに終わった。1996年以降、すでに方向は決定しているかのように『教団新報』に登場しなくなった。2005年度の教区総会において、聖餐議論が活発におこなわれたのは、前年2004年11月の教団総会において、山北宣久が議長になったことによる。山北議長は教区総会への議長挨拶で「聖礼典の乱れ」を指摘、厳しい対応措置をとることを明言したからである。そして2006年6月に開催された第5回信仰職制委員会において、中部教区常置委員会からの諮問事項であった「未受洗者への配餐についての諮問」に対して、聖餐に与るのが陪餐会員であるので、逆も真であるとし、陪餐会員以外、すなわち未陪餐会員への配餐や未受洗者へ配餐することは教規（135条、および136条）に違反するとした。また配餐を教会総会および役員会が決議した場合は無効であるとした。山北教団議長（当時）はこれを根拠に「教師退任勧告」そして戒規処分へと突き進んでいった。このような明確な条項なしに、類推によって判断し、それを裁判所の判決のように絶対化する手法には当初から強い疑念が表明されていた。

資料の概説

　5-1～7　『教団新報』4450号～4454号に掲載された投稿による応答。信徒である寺尾鉄男より未受洗者の陪餐の否定意見が出される。牧師の野村喬が寺尾に聖書的根拠を示すよう求めたが、寺尾の返

答は伝統的教理の理解に終始し、充分なものになっていない。

5-8　2005年度の各教区総会の報告記事。そのリードに大阪教区での聖餐論議が筆頭に挙げられている。また大阪教区報告では、未受洗者への配餐が重大な教憲教規違反であり、教区常置委員会に対応を求める議案が提出されたことを報告している。また4581号の教区総会報告③のタイトルは「『正しい聖礼典』各教区で議論に」として未受洗者への配餐に関心を寄せていることを強調している。

5-9　このころより諮問が多くなっている。信仰職制委員会を裁判所のように利用しようとする動きが加速する。

資料編

資料5-1　2000年1月29日　『教団新報』4450号　投稿記事
「未受洗者の陪餐について」　　寺尾鉄男（大塚平安教会会員）

　未受洗者が聖餐に与ることを認める、いわゆるオープン聖餐の教会が教団内にかなりあると思われる。それは公にされていないので、聖餐には未だ信仰告白をしてない幼児受洗者を除く受洗者のみが与ることを当然としている人にとっては青天のへきれきであろう。

　教規は明らかに受洗者の陪餐を定めている。未受洗者への配餐を禁じる条項がないという人がいるが、陪餐会員及び未陪餐会員の規定、戒規の中の陪餐停止という定めなどから教規が受洗者の陪餐を前提としているのは論をまたない。

　オープン聖餐には「神の恵みはすべての人に差別なく及ぶ」という神学と主張がある。それが世界の教会の方向であるとも聞く。しかし「2大礼典」というプロテスタントの伝統と異なり、教規に背馳していることが公に議論されることなく複数の個教会で行われているとはどういうことか。受洗志望者に対して個教会によって異なる教育がなされているのである。これは単なる信仰職制よりも重い問題であると思う。教団内における公の議論を望むものである。

　私自身はオープン聖餐は「信仰告白」を無にし、ひいては洗礼をも否定することにつながるのではないかと思っている。

資料5-2　2000年2月26日　『教団新報』4451号　投稿記事
「寺尾氏に問う」　　小島武比古（五日市伝道所牧師）

　『教団新報』1月29日付の4ページ、「窓」の欄に、未受洗者の陪餐の問題を論じてありました。そこで大塚平安教会員の寺尾鉄男氏に質問したいことがあります。

　プロテスタント教会の権威は伝統にあるのではなく聖書にあります。寺尾氏の伝統を守っていきたいという意見に反対するつもりはありませんが、伝統には当然聖書の根拠がなくてはなりません。伝統に権威があるのではなく聖書にこそ権威があります。そこで伝統を重んじていきたいという聖書の根拠は何かをお聞かせいただきたいと思います。つけ加えておきたいことが一つあります。それは信仰告白は救いの条件にはならないということです。信仰告白に先行して「恵みのみ」があるからです。

資料5-3　2000年2月26日　『教団新報』4452号　投稿記事
「小島先生へのお答え」　　寺尾鉄男　（大塚平安教会員）

　1月29日付4450号所載の拙稿について「受洗者陪餐の聖書的根拠は何か」のお尋ねですが、私は教憲で自らを公同教会としているわが教団内の複数の個教会が教規に背馳する未受洗者陪餐を行っていることの問題を述べた後に私自身の考えも短く加えたまでで、教規の聖書的根拠を説明するような立場

にはありませんが、お尋ねですから、あえて自分なりの考えを申し述べます。

受洗者のみが聖餐に与るということの狭い意味での聖書的根拠はないと思います（「ふさわしくないままでパンを食し……」が未受洗者のことを指しているとは思いません）。しかしプロテスタント教会がカトリックの（七つ？の）サクラメントの中から選びとった洗礼と聖餐は別々のものでなく一体のものだと思います。そしてその両者に共通する前提の一つに信仰告白があります。信仰告白の聖書的根拠はローマ10・10など。そして教会は初代教会も現代教会も告白共同体です。洗礼はその共同体への加入のしるしであり、聖餐は繰り返し確認する意味もあると思うのです。

「神の恵みの先行」は信仰を持って初めて知るのであって、神の恵みが先行するから人間の側からの主体的な決断も告白もいらないという考えは洗礼の否定にもつながるのではないでしょうか。

資料5-4　2000年2月26日　『教団新報』4452号　投稿記事
「聖餐の受領について」　　野村　喬（江差伝道所牧師）

聖餐式のパンとぶどう酒（或いはぶどうジュース）を受領する人に関して私見を申し述べます。

私は、礼拝に出席している人で、いまイエス・キリストを信じ、十字架の恵みにあずかりたいと願う人には、パンとぶどう酒の受領を勧めてよい、と考えます。

聖書はこの件について明白な決まりを残していません。私たちは聖書の福音にたって考え、実行していけばよいのです。

福音の言葉を聞くことがすべての人に開かれているのと同じように、福音の事物による表現あるいは象徴である聖餐も、すべての人に開かれていると考えるべきであります。

ただ聖書は呪術を厳しく禁止しています。聖餐が呪術化してはなりません。信仰を持たないでも有り難いパンとぶどう酒を受ければ功徳がある、と考える人が出ては困ります。だから信仰をもって受ける、というのが受ける者の限定になるでしょう。

信じる者は洗礼を受けるべきだ、洗礼を受けていない者は信じていない者だ、という決めつけはパリサイ派に通じましょう。日本には洗礼を受けにくい現実が厳としてあるのです。

信じて受ける、これで十分だと考えます。

資料5-5　2000年3月11日　『教団新報』4453号　投稿
「聖書をよく学ぼう」　　長谷川洋介（上地教会牧師）

ここ数回「窓」において聖餐受領の件で意見が交わされている。これを読んで教団はどうなってしまったのかと感じる。なぜなら信徒が聖餐について、未受洗者には遠慮願うという教会の正しい伝統について意見を出し、牧師が信徒に対して「聖書的根拠が解らないから教えて欲しい」と問うという事態になっているからである。私たちは未受洗者に聖餐に与ることを遠慮願っているが、聖書をよく読んでいただけるなら、聖書はこのことを否定していないことがわかるはずである。聖書の語る聖餐は洗礼を受けた者が与ることを語っていることがわかるはずである。聖書に謙虚に聞く姿勢を持って、特に牧師は聖書をよく学んでほしい。

資料5-6　2000年3月11日　『教団新報』4453号　投稿
「聖餐について」　　野田武彦（横浜本牧教会信徒）

私は前はフリー聖餐に賛成でした。しかし今はやはり受けた人だけが聖餐にあずかるのが良いと思っています。幅広く教区レベルで又、教団レベルで講論（論争？）をつみ上げて頂きたいと思っています。

資料5-7　2000年3月25日　『教団新報』4454号　投稿
「再び寺尾鉄男様へ」　　小島武比古（五日市伝道所牧師）

　先の投稿文で寺尾鉄男氏はロマ書10・10の言葉を根拠の一つとされていますが、この言葉は律法との対立の中で語られています。つまり律法義認に対して信仰義認を主張している言葉です。パウロ以後、救いについての思想の発展が見られます。キリストの先在性です。キリストは天地万物が創造される以前から神のふところに在す、と言われています。キリストの業はすべて存在するものへの贖いとなられた、ということですから、天地が創造される以前に存在するものすべてに対して贖いがなされていたということになります。信じたから救われたと思っている方が多いと思いますが、キリストの先在性において救いを見つめますと、「生まれた時すでにキリストは贖っていてくださったことを信じます」が正しい告白ではないでしょうか。救いは神の無条件のしかも気前のよい恵みなのです。

　もう一つのこと、礼拝の場で聖餐が行われていますが、初代教会の本質的な業は宣教と交わりです。教会（エクレシア）の使命は宣教と交わり（コイノニア）です。その場には信徒も未信徒もいました。日本での礼拝は宣教と交わりそのものです。信徒も未信徒もみ言葉を聞く恵みの座にあずかります。同じ恵みにあずかっているのに聖餐だけは信徒のみというのが現実です。使徒的伝承を重んじる制度化された古代教会の産物です。制度は教会にとって二次的なものです。だから制度から成り立ったものが聖書的に見て正しいかどうか吟味されてよいのです。

　それでも洗礼と一体とお考えになるのでしたら、同じ恵みに共にあずかっている場で執行せずに、聖餐の場を信徒たちだけであずかる時間を設けたらよいのではないでしょうか。小島自身はパンとブドウ酒は物質そのものであるので、物質に意義があるとは思っていません。霊的なものはひとつです。恵みの言葉だけです。恵みの言葉こそ目に見えない霊的なものです。

資料5-8　2005年5月21日　『教団新報』4579号
総会報告①　大阪・京都・九州・四国・北海

　大阪教区では、いわゆるフリー聖餐をめぐって激しい議論が交わされた。京都教区では、按手礼の執行に関連して教師の制度が根本から問われ、司式者一人だけによる按手が行われた。一方、四国教区では、「信徒が展望する伝道の明日」の主題で力強い証がなされた。九州教区・北海教区では、それぞれ「共生・連帯・平和」「革新・連帯・平和」と似通った宣教方策、宣教計画が掲げられた。何れの地でも、教会の根幹に関わるような重大な事柄が取り上げられ、活発な議論がなされている。

聖餐をめぐり議論（大阪）

　5月3日から4日、大阪女学院ヘールチャペルを会場に第50回大阪教区総会が行われた。「台湾基督長老教会との協約改定20周年を覚えて」として開会礼拝・聖餐式が行われた後、正議員310名中232名の出席で総会は成立した。

　議事日程の承認に際して、山田謙議員より「緊急議案」として「大阪教区が日本基督教団に対し、教団内で起きたセクシャル・ハラスメントの加害者（教師）に戒規の適用を求める件」が提案された。緊急議案の扱いについて教規や教区規則に規定がないことから、議論の後に議場に諮られ、議案として上程された。

　この議案は2日目の午後に審議され、九州教区での事案について大阪教区が提訴できるのか、そもそもこれは提訴なのか、判決の内容や事実確認をしないまま戒規の適用を求めるのはどうかなどの議論を経て、賛成多数で可決された。なお、この議案の趣旨は提訴ではなく要望であることが明らかになるよ

う文言を整えることとされた。

　常置委員会報告の件では、526万円余りとされている教区貸出金返済滞納に関して質問や意見が出されたが、教区としては、当該教会と教区の双方に責任があるので、募金を集めることも含めて会計的な解決を図ることになったと説明された。

　議員提案の「関西労働者伝道委員会への大阪教区からの支援に関する件」は可決され、来年で発足50年目を迎える関西労伝は、募金180万円の他、教区の各種負担金より20万円の援助を得ることとなった。

　2日目の午後、1日目の最後に上程された岡本恒議員提案の「大阪教区内における聖餐執行の乱れを憂慮し、常置委員会が是正を図るよう努力する件」が扱われた。教会の生命にかかわる本議案をめぐっては賛否両論が活発に交わされた。提案者らは、未受洗者に配餐するいわゆるフリー聖餐は重大な教憲教規違反であり、宣教協約を結ぶ諸教会への背信行為であり、求道者への混乱と不信を招いているなどと指摘した。それに対して、フリー聖餐を禁じる規則はない、正しい聖礼典の「正しさ」は主観的だ、規則が人間疎外を生むことがあるなどの反論があったが、反対意見の中にも「洗礼から聖餐」への道筋は守るとする立場もあった。また、結論を急いでここで採決すべきでないとの意見もあり、相互の立場を尊重し理解を深めようとするいわゆる「3号議案」の精神を重んじつつ、学習会等を持つことも視野に入れて常置委員会で受け止めることとされた。

　1日目の午後一番に7名の准允式と2名の按手礼式、続いて主事就任式が執行された。2日目の午前は召天者記念式、紹介・挨拶などに続いて、小林眞教団副議長が教団間安使として挨拶し、正午過ぎまで質疑応答が行われた。

資料5-9　2006年8月12日　『教団新報』4608号
「未受洗者への配餐は教規違反と答申」　第5回信仰職制委員会

　第5回信仰職制委員会は、6月26日～27日に教団小会議室で開催された。

　式文改定小委員会より報告がなされた。結婚・葬儀・主日礼拝式文の最終原案が確定し、試用版を信仰職制委員会編として、10月中旬、教団総会前に出版することとなった。

　中部教区常置委員会より「未受洗者への配餐についての諮問」があった。「常置委員会において、未受洗者への配餐を容認する趣旨の発言がありました。（1）教憲教規において未受洗者への配餐は認められるでしょうか。（2）上記の行為を教会総会および教会役員会において議決した場合、その議決は有効でしょうか」。

　答申「（1）教規第135条は信徒を陪餐会員と未陪餐会員の2種類に分けています。このうち未陪餐会員とは『聖餐に陪しえない者』（教規第138条①）であり、陪餐会員とは『信仰を告白してバプテスマを領した者、または未陪餐会員で堅信礼または信仰告白式を了した者』（教規第136条）を言います。つまり聖餐に陪し得ない者からこれに与り得る者となる為に、①信仰を告白してバプテスマを領するか、②幼児バプテスマを領して堅信礼または信仰告白を了するかのいずれかが求められていることになります。よって、未受洗者が聖餐に与ることは出来ません。（2）お尋ねの内容の決定は上に述べた通り、教規に違反する決議となりますので、無効です」。

　また総幹事より「准允・按手礼についての諮問」があった。「兵庫教区より准允式執行通知および按手礼式執行通知が送られてまいりました。しかし、2006年5月21日～22日に開催された兵庫教区定期総会において執行された『准允・按手礼式』は、教区総会議案書、准允・按手礼式次第によれば、執行主体が日本基督教団ではなく、『第60回／「合同」後37回兵庫教区定期総会に招かれた私たち』で

あり、『誓約』も『准允』『按手』も行われず、『宣言への招き』『准允受領考への宣言』『按手礼受領者への宣言』だけが式の要素となっているものでありました。この『准允』『按手礼』を受けた者を教団の補教師、正教師として登録してよいでしょうか」。この件は継続審議となった。（井ノ川勝報）

最後に

　聖餐の問題、特に未受洗者への配餐の是非は、1960年～1990年までは真剣に論議されたと言えるだろう。それらの論意を踏まえて宣教研究所が未受洗者への配餐の問題を含めた『聖餐』（1987年）を刊行し、1990年には未陪餐会員、知的障害者、求道者の陪餐問題に関する国内外の諸教会の研究調査の成果として『陪餐問題に関する資料ガイド』を公にするに至ったのである。これによって、公に各教区、各個教会での論議に供することのできる資料を整えたと言えるだろう。しかしその矢先に、東京教区が教団総会に復帰したこと、そして阪神淡路大震災の対応を巡る混乱により、未受洗者への配餐に危惧を持っていた側が教団執行部を握るという事態になったことによって、聖餐論議は打ち切られた。想像ではあるが、この方向に引き金を引かせたのは、皮肉にも1991年の部落解放全国会議での聖餐式だったかもしれない。

　いや、たとえそうでなくても、山北宣久日本基督教団総会議長（2004～2010年在任）が教区総会への挨拶文において、まるでキャンペーンのように繰り返し「聖礼典の乱れ」を強調したことを考えれば、山北は「荒れ野の40年」[※1]からの回復のため、そして自己の体制確立のために、未受洗者への配餐を利用したといえるだろう。

　いずれにせよ「真理問題」において、数の力で決着をつけるやり方は、合同教会の形成にはなじまない。1990年までは、互いに存在を尊重する気風があった。その手法でやり続けても結論はでなかったかもしれないが、最低、数の力で押し切り、教団を2分化し、一人の教師をスケープゴートのように処分することはなかっただろう。

　合同教会の合意形成には、時間と忍耐と手続きが必要だ。今回の未受洗者への配餐の問題はそれを私たちに示していると言えるだろう。

（鶴川教会牧師）

※1　1966年の第14回教団総会から数えて40年間を言う。

[参考資料－3]

【日本キリスト改革派教会　教会規定第2部　訓練規定】（抜粋）

(1968年10月11日　第23回大会定期会)
改正：1975年　第30回定期会
1994年　第49回定期会
2008年　第62回定期会

第1章　訓練－その性質、対象および目的－

第1条（訓練）　訓練は、教会の会員を教え、導き、教会の純潔と霊的豊かさとを増進するために、主イエス・キリストによって教会に与えられた権能の行使である。訓練という語は、二つの意味をもつ。その一つは、教会がその会員、役員および教会会議に対して持つ統治、査察、訓育、保護および管理の全体をいい、他の一つは狭義かつ法的な意味のもので、主として裁判手続きを言う。
第2条（訓練の対象）
第3条（裁判による訓練の目的）　裁判による訓練の目的は、キリストの栄誉の擁護、違反者の霊的利益、違反の譴責、つまずきの除去、教会の純潔および霊的豊かさの増進にある。
第4条（訓練の権能）　キリストが教会に与えられた権能は、建てあげるためであって、破壊のためではなく、またあわれみをもって行使すべきであって、怒りをもってすべきではない。教会は、母がその子どもをかれらの益のために矯正するように、かれらがみなキリストの日にとがなきものとして御前に立ちうるように行為すべきである。

第2章　未陪餐会員の訓育

第5条（未陪餐会員の訓育）
第6条（訓育の配慮）
第7条（未成年の教会の子どもの指導）
第8条（成人の未陪餐会員への配慮）
第9条（未陪餐会員への配慮）

第3章　違反

第10条（違反）　裁判手続きの固有の対象となる違反は、キリストに対する信仰を告白した教会員が信仰または生活において神の言葉に反することである。ウェストミンスター信仰告白、大・小数理問答書は、政治規準、訓練規定および礼拝指針とともに、信仰と実践に関する聖書の教えの規準的注解として、日本基督改革派教会によって承認されている。従ってこれらの規準書において解釈されたところの聖書によって違反として立証することができないものは、いかなる教会会議によっても違反あるいは、告訴事件として認められてはならない。
第11条（違反の種類）

第１２条（個人に対する違反及び一般に対する違反）
第１３条（内密および周知の違反）

第４章　教会戒規

第１４条（戒規）　戒規とは、教会会議によって課せられる法的訓練であり、訓戒、停止、除名および免職から成る。一つの軽い戒規が違反者を矯正し得ないときは、教会会議は場合によりさらに重い戒規を課さなければならないことがある。

第１５条（訓戒）　訓戒とは違反者に対する、教会会議による公式の叱責であって、かれのとがと危険について警告し、以降一層慎重に注意深くあるように勧告することである。

第１６条（停止）　停止とは、教会員に関しては、聖餐にあずかることの停止であり、教会役員に関しては、その職務執行の停止であり、これに聖餐にあずかることの停止を加えることがある。停止の期間については、期限つきと無期限とがある。期限つき停止とは、たとえかれが教会会議に満足を与え得た場合でも、キリスト教の信用、キリストの栄誉および違反者の益がそれを要求するときは、執行される。無期限停止とは、違反者が悔い改めのしるしを表わすまで、またはかれの行状次第によって最高の戒規の必要が現われるまで、聖餐または職務からかれを除外することである。

第１７条（除名）　除名とは、違反者を教会の交わりから除外することである。この戒規は、大罪または異端の理由の下に、そして違反者が矯正し難く、かつ会議の命令に従わない場合にのみ課せられる。この戒規の目的は、違反者を改悛させること、彼の違反によるつまずきから教会を救うこと、およびこの訓練の実例によって、すべての人々に恐れの念をいだかせることである。

第１８条（免職）　免職とは役員の職務を剥奪することであって、他の戒規を伴うときと、伴わないときとがある。

第５章　教会裁判事件における当事者

第１９条（裁判権の帰属）

第２０条（小会および中会による調査、訴追）　小会および中会は、その管轄下の人々の信仰と行状についての好ましくない情報に接したときは相当な注意と十分な思慮分別をもって判断し、必要と認めるときはかれらに満足な釈明を求めなければならない。中傷によって侵害を受けたと思う人々が調査を要求するときは、より一層釈明を求めなければならない。

２　調査の結果、当事者の有罪が強く推定されるならば、教会会議は裁判手続きを定め訴追者を任命しなければならない。

３　この訴追者は、教会会議の一員でなければならない。ただし小会に出された事件においては、被告と同じ教会の陪餐会員でもよい。

４　訴追者は起訴状を準備し、裁判手続きを遂行する。

第２１条（原告と被告）　裁判手続きにおける第一次の、唯一の当事者は、原告と被告である。原告は常に日本キリスト改革派教会であって、その名誉と純潔が維持されるべきである。訴追者は自発的にしても、任命によるにしても、常に日本キリスト改革派教会の代表者であって、その事件においては、同代表者としてそのあらゆる権利をもつ。

２　上訴の会議における当事者は、上訴者と被上訴者と呼ばれる。

第22条（起訴の形式）
第23条（訴追者の態度）　個人に対する違反については、被害者側は、まずキリストが「兄弟があなたに対して罪を犯したなら、行って二人だけのところで忠告しなさい。言うことを聞き入れたら、兄弟を得たことになる。聞き入れなければ、ほかに一人か二人、一緒に連れて行きなさい。すべてのことが、二人または三人の証人の口によって確定されるようになるためである。」（マタイによる福音書一八・一五、一六）と教えられた、和解と違反者の矯正との手段を試みることなしに訴追者となってはならない。
2　ただし、教会会議は、キリスト教にとっての益のために必要と認められるときは、個人に対する違反をも一般に対する違反のごとく裁判上の調査をすることができる。
3　また、内密の違反を知る人々は、同じキリストの教えに従って、まず私的な方法によってつまずきを除去する努力なしに、訴追者となってはならない。
第24条（一般に対する違反の訴追）　一般に対する違反については、事件は自発的に訴追者となる人によって、または会議によって任命された訴追者によって遂行される。
第25条（会議が立てる訴追者）　会議が訴追する時は、第二十三条一項および三項の段階を必要としない。2　しかし、裁判手続きが開始される前に、委員を派遣して違反者と私的に懇談させ、違反者が罪を認めるように努める事が望ましい場合がある。
第26条（個人による告訴の申し出）　被告に対して悪意をもつと知られている者、善良な性質でない者、戒規または裁判手続き中の者、被告の有罪判決と深い利害関係をもつ者、または訴訟好き、無分別もしくは極めて軽率な性質であると知られている者による告訴を受理するときには最大の注意を払うべきである。
2　会議が訴追者を任命しない場合、被害者または内密の違反を知る人は、告訴にあたって自発的に訴追者となることを申し出ることができる。
第27条（訴追者への警告）　会議は、自発的訴追者に対して、あらかじめ次の警告をしなければならない。すなわち、もしかれが告発の根拠に蓋然性があったことを示すことに失敗したならば、告発において表わされた悪意または軽率に応じて、兄弟の中傷者としてかれ自ら戒規をうけなければならない。
第28条（議員の職能停止）　教会会議の議員が裁判手続きの下にあるときは教会会議の裁量により、教会役員としての権能の全部を停止することができる。しかしこれは決して戒規としてなされてはならない。
第29条（当事者の権利制限）

第6章　すべての教会裁判事件に適用される一般規定

第30条（議員の審理心得）
第31条（教会裁判の成立要件）　違反者に対する教会裁判は、次の場合にのみ開かれる。
　（イ）告訴がある場合
　（ロ）教会会議がキリスト教信仰の名誉のため必要として第20条の措置を自ら取る場合
第32条（告訴後の手続き）　告訴が小会または中会になされたとき、それは記録されなければならない。その会議では、訴追者の任命、起訴状起草の命令、指定された裁判期日に出頭し聴取されるべき両当事者と証人との召喚はできるが、それ以外は、両当事者の同意がなければ何事もなされてはならない。
2　上記の裁判期日においては、被告が出席しているならば、起訴状が被告に対して朗読され有罪か否

かについて答えるよう求められる。

　（イ）彼が罪を告白するならば、会議はその判断に従って彼を処置してよい。

　（ロ）彼が弁明し、反対するならば、審理が始められなければならない。

　（ハ）被告の出席が不可能の場合には、文書で弁明してもよい。やむを得ず、欠席する当事者は、弁護人を指定しなければならない。

第３３条（召喚状の発行）　召喚状は、会議の命令があるときは、議長または書記の署名捺印の上発行されなければならない。議長または書記は、当事者が出頭を求める証人にも召喚状を発行しなければならない。

第３４条（起訴状の記載事項）　起訴状を作成するときは、被告に防御の機会を与えるため時間、場所および状況を出来るかぎり具体的に記載すべきである。

第３５条（被告の召喚拒否）　被告が召喚状に従うことを拒否するときは、再度の召喚がなされなければならない。この再度の召喚状には、もし彼が指定された時間に出頭しないならば（不可抗的に妨げられる場合にはこの限りではない。ただし、その事実を会議に知らせることを要する。）、または、もし彼が出頭しても弁明を拒否するならば、「その不従順に対して第５１条または第５７条の規定によって処理する」という警告を書き加えなければならない。

第３６条（期日と送達との間の猶予期間）　被告への第一回召喚状の送達と彼の出頭すべき会議の会合との間には、少なくとも十日以上の日数をおかねばならない。その後の召喚状に対し彼の出頭までにおかれる日数は、会議の判断に委ねられる。ただし召喚状に都合よく応じられる時間がなければならない。

第３７条（証人の出頭不可能な場合）

第３８条（管轄地域外での違反）

第３９条（召喚状送達確認）　会議は審問に入るに先立って召喚状が正しく送達されたことを確かめねばならない。

第４０条（裁判委員会）　すべての教会裁判手続きにおいて、もし便宜と思われるならば、裁判委員会を設置し、裁判委員会は全文書を整理要約し、会議の監督の下に裁判の全手続きを定めることができる。裁判委員会の構成員は、会議の議員としても議席を占め投票する資格を有する。

　２　教会会議は政治規準に従って、裁判権を有する特命委員会を設置することもできる。

第４１条（議長の義務）　審理が開始されるとき、議長は、議長席から教会会議が事件の審理に取りかかることをおごそかに宣言し、議員に対して、イエス・キリストの法廷の判事としての彼らの高き品位および彼らが今たずさわろうとするおごそかな務めを想起し留意することを命じなければならない。

第４２条（証人に対する尋問）　審問が公平かつ中正であるために、証人は、被告の面前で、または少なくとも被告が召喚状を正式に受けた後に、尋問される。証人は、両当事者によって反対尋問され、また係争論点に関連するいかなることでも質問されてよい。

第４３条（当事者の議場退出）　審問の進展中に起こるすべての問題に関しては、まず両当事者の間で論議がなされるものとする。右の論議のあとで、両当事者は、議員がその点を審議し決定するまで議場から退出するよう要求されることがある。

第４４条（公判手続き）　第一審の教会会議の審理は、次の順序に従うものとする。

(1)　議長が会議の開会を宣言する。

(2)　起訴状が読まれ、被告の答弁がなされる。

(3)　訴追者側の証人、次に被告側の証人が尋問される。

(4)　両当事者が発言する。まず訴追者、次に被告、終わりに訴追者の順序である。

(5) 議員は、事件に関する彼らの意見をのべることができる。
(6) 有罪・無罪を決する投票が行われる。
(7) 無罪と決した場合、議長は裁決を宣言する。
(8) 有罪と決した場合、戒規の種類について審議がなされ、表決が行われる。
(9) 判決が記録される。

第45条（忌避申し立て）　いずれの当事者も、十分の理由があるとき、いかなる議員の審理の参加についても異議を申し立てることができる。この異議については、当該議員以外の議員によって決定されなければならない。

第46条（議員の資格剥奪）

第47条（事件記録）　両当事者は、もし彼らがそれを必要とするならば、全議事の写しを自費をもって求めることができる。審理議事録は、書記によって保存されるものとする。

2　審理議事録には、告訴、答弁、すべての証言、当事者のいずれかの要求によって会議がなしたところの事件に関係のあるすべての決議、命令および決定、ならびに判決を記さなければならない。

3　書記は、遅滞なく、告訴、答弁、召喚状およびそれに対する回答ならびに保存を要求されている審理議事録を合本しなければならない。このように合本されたこれらの文書は「事件記録」を構成する。

4　一つの教会裁判事件が上訴または異議申し立てによって上級会議に移されたときは、下級会議は、右の事件記録を上級会議に移送しなければならない。この事件記録には、上訴通知書、異議申し立て書、理由書があるときは理由書を添付しなければならない。この事件記録中に含まれていない事項は、両当事者の同意なしに、上級会議が考慮に入れてはならない。

5　上級会議において教会裁判事件の最終判決があったとき、その判決は、事件の裁判を開始した会議に通達されなければならない。

第48条（弁護人の選任）　弁護人は、小会が裁判を扱うときには、その教会の現住陪餐会員でなければならない。その他の会議においては、その会議の議員でなければならない。弁護人となった議員は、その教会裁判の判事になることはできない。

第49条（起訴の時期）　不道徳犯の場合教会裁判手続きは、違反後、一年以内に開始されなければならない。ただしそれが最近になって初めて明らかになったものはこの限りではない。また、教会員が以前の住居から遠隔の地に移転して教会との関係が知られていない所で違反を行なったため、教会裁判手続きが前記の期間内に成立し得ない場合には、違反者の所属する教会が明らかになった時を、その違反が初めて明らかになった時とみなす。同一の原則が同様の事情において教師にも適用される。

第7章　小会に提起された教会裁判手続きに関する特別規定

第50条（教会員に対する戒規権の所在）　教師以外のすべての教会員に対する裁判手続きは、その会員の所属する教会の小会に提起されねばならない。ただし小会が法治権を行使できないと中会がみなした事件については、裁判手続きは、中会で行わなければならない。

第51条（被告の不従順）　被告が二度正式に召喚されながら、小会に出席することを拒否するとき、または出頭しても答弁を拒否するときは、小会は、その事実を起訴された違反の性質とともに小会記録に記載し、彼を不従順のゆえに陪餐停止の戒規に付さなければならない。小会が適当と認めるならば、戒規は公表されてもよい。そしてこの戒規は、違反者が会議の命令に対する不従順を悔い改め、さらに、彼に対する告訴に関して申し開きの立つまでは、決して解除されてはならない。

第５２条（不従順の固執）　告訴が大罪または異端であって、しかも被告が会議に対する不従順に固執するならば、会議は、最も重い戒規まで課することができる。

第５３条（陪餐仮停止）

第８章　教師に対する教会裁判の手続きに関する特別規定

第５４条（教師に対する戒規権の所在）　教師に対する教会裁判の手続きは、彼の所属中会に提起されなければならない。

第５５条（教師に対する告訴）　教師の罪は、その職務への考慮によっておおいかくされたり、軽く戒規されたりしてはならない。同時に、教師に関する告訴は軽々に受理されてはならない。

第５６条（私的警告）

第５７条（召喚拒否）　違反のゆえに告訴された教師が二回正式に召喚されても、中会に出頭することを拒否する場合、かれは直ちに停止の戒規を受けねばならない。もし次の召喚後もなお彼が出頭することを拒否するならば、かれは不従順のゆえに免職され、さらに陪餐停止か除名の戒規に付される。かれに対する告訴理由と判決の記録が作成され、その宣告は公表されねばならない。

第５８条（異端と分派）

第５９条（矯正され得る過失）

第６０条（告訴事実の承認）

第６１条（復帰の条件）　恥ずべき行為のために停職または免職された教師は、自分の罪を深く悲しみ、謙虚で建徳的、いちじるしく模範的な生活を相当長期にわたって送ることによって、自分の不道徳が与えた傷をいやすまでは復帰させられてはならない。

２　免職させられた教師は、いかなる場合でも、教会全体が強くかれに好意をよせ、かれの復帰を欲していることが明らかになるまでは、決して復帰させられてはならない。

３　かれの復帰はかれを戒規した会議によってか、またはその同意を得て他の会議で行われる。

第６２条（教師の免職・停職と教会）　教師が免職されたときは、その教師と教会との牧会関係は解除される。しかし、停職の場合は、戒規に牧会関係の解除を含めるかどうかは、中会の判断に委ねられるべきである。

第６３条（教師の職務不履行）　教師が正規の職務を二年間遂行しない場合は、教師の働きに関する委員会は中会に報告しなければならない。中会は定期会においてその原因を調査し、必要ならばかれの契約違反のゆえに、かれに対して教会裁判手続きを提起しなければならない。

２　もしかれの不履行の原因が、教会に受け入れられないこと、または招聘を受けるに至らないこと、または、教師の働きに対する彼自身の関心の欠如であることが明らかになるならば、中会は、聖なる召命の証拠の欠如のゆえに教師候補者の登録を取り消すと同一の原則の下に、戒規をともなわずして、当人の意思に反してもかれの職務を罷免することができる。このためには三分の二の賛成投票が必要である。右の場合には書記は中会の決議によって、当人に対して、次期の定期中会においてかれがそう処置されることが議題となることの通知書を、直ちに送達しなければならない。この通知書には、右の処置の理由が明記されねばならない。この通知書を受けた者は、自ら弁明する機会を与えられるものとする。また、もし決定がかれに不利であるならば、かれは通常の形式に従って審理された場合と同様に上訴することができる。"

３　この原則は、治会長老および執事にも、必要な変更を行って適用される。

4　これらの規定は、引退した教師には、いかなる意味においても適用されない。

第9章　証拠

第64条（証人）　相当な年齢と知性をそなえた信仰者は、すべて十分資格ある証人である。被告は、証言することは許されるが、強制されない。しかし、原告は、被告の請求にもとづいて証言することを要求される。両当事者の一方は、かれが不適当と信ずる証人の拒否を申し立てる権利をもっている。会議は、その証人の適正を調査し決定しなければならない。すべて証拠の信用性の程度の判定は会議に属する権限である。

第65条（配偶者の証言免除）

第66条（告訴の成立）　違反の認定のためには、二人以上の証言が必要である。ただし補強的証拠が出されたならば、一人の証人の証言でもよい。

第67条（証人の出廷）

第68条（証人の尋問）

第69条（証人の宣誓）

第70条（証人尋問と証言の記録）

第71条（記録の有効性）　会議の記録は、原本にしても謄本にしても、議長または書記によって正式に認証されたならば、他の会議において完全かつ十分な証拠とみなさねばならない。

第72条（証言の有効性）

第73条（特命委員会及び同格の会議による証言の聴取）

第74条（証人の判事の資格）

第75条（証言の拒否）

第76条（再審理）　裁判終了後、被告が重大であると信じる新しい証拠または証人が現れた場合、新規の再審理を要請することは、かれの権利であり、その要請を受理するか否かは、会議の権限である。

第77条（上訴）　上訴にあたって新しい証拠または証人が提示され、上訴を受けた会議がその証拠または証人が重大であると判断した場合、再審理のために下級会議へその事件を差し戻すことができる。あるいは、両当事者の承諾を得て、証言を取り、事件を審理することができる。

第10章　教会戒規の執行

第78条（違反処理についての配慮）　教会の会員または役員が有罪と判明したときは、会議は深い思いやりをもって教会裁判手続きを進め、また会議の議員は、自らもまた誘惑されることのないように反省しつつ柔和な精神をもって違反のあった兄弟または姉妹を取り扱わねばならない。

第79条（執行様式）　教会戒規とその執行様式は、違反の性質に適応させるべきである。内密の違反に対しては、戒規は、教会裁判の会議において非公開で執行されるか、またはひとりまたは数名の議員によって内密に執行されるべきである。

2　周知の違反の事件においては、戒規の程度とその執行様式は、個々の戒規を規定する以下の条項に従って、会議の判断によって定められる。

第80条（訓戒戒規の執行）　訓戒は、違反がごくわずかの者にしか知られておらず更に悪化する性質のものでない場合には、ひとりまたは数名の議員によって内密に執行されるべきである。違反が周知の

ものである場合は、訓戒は、会議の開会中に議長によって執行されるべきであって、会議が適当と認めるならば、公けに宣言されてもよい。

第81条（期限つき停止）

第82条（無期限停止）

第83条（除名）　除名の戒規は、無期限停止について定めた様式に従って執行されるべきである。この戒規の執行にあたって、小会議長は、違反せる兄弟または姉妹に関してとられた各段階と、かれを教会の交わりから断つ決定とについての声明書を作成しなければならない。ついで議長は、会員としてふさわしくない者を追放することは教会の権能であることをマタイによる福音書一八章一五節から一八節とコリントの信徒への手紙一五章一節から五節によって表明し、戒規の性質、実施および結果について説明しなければならない。議長は次の言葉をもって戒規を執行しなければならない。「この教会員〇〇は、十分な証拠によって〇〇の罪があることが確かめられ、かつ多くの訓戒と祈りにもかかわらず、教会に聞くことを頑固に拒み、悔い改めの証拠を表わさなかった。ゆえに主イエス・キリストの名において、またその権威によって、〇〇教会小会は、かれを聖餐から除外し、かれを教会の交わりから断つことを宣言する。」そののち戒規の執行が神の祝福によって、違反者の悔い改めと復帰をもたらし、すべてのまことの信徒を堅く立たせるように祈られねばならない。

第84条（免職）　免職の戒規は、議長によって次の言葉をもって執行されねばならない。「この中会の教師（または、この教会の治会長老あるいは執事）〇〇は十分な証拠によって〇〇の罪があることが立証されたゆえに、〇〇中会（または小会）は、かれを教師（または治会長老あるいは執事）の職務に資格なきものと宣告する。従ってわれらは、ここに主イエス・キリストの名において、またその権威によって右の教師（または治会長老あるいは執事）〇〇の職を免じ、それに関するいかなる職能の行使をも禁止する」。右の戒規が停止または除名を含んでいるならば、議長は次の言葉をつづけて述べなければならない。「われらは実に同じく主イエス・キリストの権威によって右の〇〇にかれが心からの悔い改めの十分な証拠を示すまで聖餐を停止する」。または、「右の〇〇を聖餐から除外し、かれを教会の交わりから断つ」。

　免職の宣告は、すでに定められた除名の場合と同様の厳しゅくさをもって下さなければならない。

第11章　戒規の解除

第85条（解除のための配慮）　教会役員は、聖餐停止または停職された人について、かれが悔い改めに至るために、しばしばかれとともに、またかれのために祈り、またかれと語り合うことが適当である。

第86条（停止の解除）　停止を受けた違反者が真実の悔い改めを十分に示したと会議が認めたときは、かれは会議において非公開または公開で悔い改めを告白することを許され、教会の聖餐と職務に復帰させられるものとする。会議の判決が復帰を認めたならば、以下の趣旨の言葉をもって悔い改めた者に宣言しなければならない。「〇〇あなたは、教会の聖餐から（または、礼典の執行と福音宣教の職務から、または治会長老職、あるいは執事職から）除外されていましたが、今あなたは教会が十分と認める悔い改めを明らかに示しました。それゆえに、〇〇教会小会（または〇〇中会）は、ここに主イエス・キリストの名において、またその権威によって、あなたを右の停止の戒規から解除し、教会の全き交わり（またあなたの右の職務の執行とそれに関するすべての権能）に復帰させます」。その後、祈祷と感謝が捧げられるべきである。

第87条（除名の解除）　除名された人が彼の置かれた状態に心を動かされて悔い改めて、教会の交わ

りに再び入れられたいと切望するときは、小会は、かれの心からなる悔い改めの十分な証拠を得て、かれのために復帰手続きをとるものとする。これは会議においてまたは会衆の前において、小会が最善と認めるところによって行われる。教師は、除名された人の復帰のために指定された日にかれを召喚し、会議においてまたは会衆の前において、以下の質問をしなければならない。

「あなたは自己のはなはだしい悪を深く覚え、神に対して反逆し、神の教会に聞くことを拒んだことの罪を自ら進んで告白しますか。また、あなたが教会の交わりより断たれていたのは、神の義とあわれみによるものであったと認めますか」。 答「はい」。 「今、あなたはあなたの罪とかたくなに対して真実の悔い改めを自ら進んで告白しますか。また、あなたは神と教会のゆるしを謙虚に願いますか」。 答「はい」。

「あなたはみ恵みによって、謙虚なる思いと、細心の注意とをもって生活し、聖い生活により、わたしたちの救い主である神のみ教えを飾るように努力することを心から約束しますか」。 答「はい」。

ここで教師は悔い改めた者を励まし慰めて、適切な奨励を与えなければならない。次に以下の言葉をもって復帰の宣告をしなければならない。

「〇〇あなたは教会の交わりより断たれていたが、今、教会に満足すべき悔い改めを示したので、わたしら〇〇教会小会は、主イエス・キリストの名において、またその権威によって、先にあなたに対して宣告された除名の戒規を解除することを宣言する。わたしたちはあなたが主イエスのすべての祝福にあずかり、永遠の救いに至るように、教会の交わりに復帰させるものである」。

全体は祈りと感謝をもって終了するものとする。

第88条（免職役員の復帰）
第89条（治会長老、執事の復帰）
第90条（他住戒規会員の復帰）
第91条（教師の復帰）　停止または免職されている教師の復帰については、最大の注意をもって処置することは、中会の義務である。もしかれが聖餐停止を受けているならば、まず聖餐にあずかることを許すべきであり、そののち、かれの悔い改めの真実性とみ言葉の役者としての有用性を試すために、説教する特権を一時試験的に与えるべきである。これらの点において十分であるとき、中会は、かれをその職務に復帰せしめるよう処置すべきである。しかし、復帰の判決が宣告されるまでは、かれは、法的配慮の対象であり続ける。

第12章　教会裁判手続きなき事件

第92条（自発的告白）
第93条（除籍願い）
第94条（職務からの除去願い）
第95条（変則的所属変更）

第13章　下級会議の議事が上級会議の監督下に置かれる様式

第96条（上級会議の監督様式）　下級会議の行為と決定は、以下の各様式に従って上級会議の監督下におかれる。

(1) 調査および管理
(2) 照会
(3) 上訴
(4) 異議申し立て

第97条（下級会議議員の権利保留） 下級会議の議事が上級会議に提出されたとき、下級会議の議員は、上訴または異議申し立ての場合を除いて、上級会議に出席し、下級会議の議員として、審議し、投票する権利を失わない。

第14章　一般調査および管理

第98条（記録調査）　上級会議は、すぐ下の下級会議の記録簿を少なくとも年に一回調査する権限を有し、義務を負う。下級会議が調査に応ぜず記録簿を提出しない時、上級会議は直ちにかまたは定められた時に記録簿を提出するよう要求することができる。

第99条（調査事項）　上級会議が下級会議記録簿について調査すべき事項は次のとおりである。
(1) 議事が正確に記録されているか。
(2) 議事が正規であり憲法の規定に合致しているかどうか。
(3) 議事が教会の繁栄に役立つように賢明、公正または適切なものであるか否か。
(4) 上級会議の合法的命令に服しているか否か。

第100条（調査結果）　上級会議は特定項目についての承認不承認または訂正を議事録ならびに調査された記録簿に記載することで十分である。

2　しかし、重大な変則が発見されたならば上級会議は下級会議に調査と訂正を要求することができる。

3　上訴または異議申し立ての通告が下級会議になされている教会裁判事件の議事は、調査と管理の対象とされない。教会裁判事件における下級会議の下した判決は、上訴または異議申し立てによる破棄以外に、破棄されない。

第101条（記録の不備）　下級会議がその義務の遂行を怠った結果、異端的実態または腐敗した実践がはびこり、あるいは非常に悪質な違反者が裁判をのがれたり、さらには議事が非常に変則的に扱われたことが明確に記録されなかったりする事態の生ずることがある。いずれの場合もその記録によって上級会議は下級会議の実態を十分に知ることができないであろう。下級会議のこのような怠慢または変則を感知したすぐ上の上級会議は、当該議事を審理する義務を有する。上級会議は当該会議の実態を明確な記録があった場合と同程度に明らかに把握するために完全に調査し査閲し、その判断を下さなければならない。

第102条（過失または違憲への処置）　上級会議がすぐ下の下級会議の重大な過失または著しい憲法違反の議事を、その会議の記録により、陳情書により、またはその他の確かな方法によって、知った時の処置の手順は次のとおりである。
(1) 過失または違憲を申し立てられている会議を喚問し、特定の時と所に代表者の出頭または書面の提出を求めて、当該案件の処理について説明を求める。
(2) 喚問状を発した会議は、裁判事件を除く下級会議の手続きを取り消しまたは是正することができる。

過失を犯した会議を訓戒することができる。

または過失を犯した会議に当該案件の再審議を命ずることができる。

また事情により当該案件のそれ以上の手続きを差しとめることができる。

第１０３条（規則の適用）　下級会議に対する審理の手続きは、個人に対する手続きとして規定された規則を適用しうる限りは、それに従わなければならない。

第１５章　照会

第１０４条（照会）
第１０５条（照会事項）
第１０６条（照会の種類）
第１０７条（照会の手続き）
第１０８条（照会事項の適不適）
第１０９条（関係書類の提出）

第１６章　上訴

第１１０条（上訴）　上訴とは、下級会議で判決が下された裁判事件を上級会議に移管することである。上訴は不利な判決を受けた当事者にのみ許される。当事者は上訴者および被上訴者である。上訴は、すぐ上の上級会議の同意なしに、他の上級会議になされてはならない。

第１１１条（上訴者の資格）　正規の審理に服した者のみ上訴する権利を有する。正規の審理に服さなかった者は上訴する権利を有しない。

第１１２条（上訴理由）　上訴の理由は次のとおりである。
(1)　下級会議の裁判手続きにおける違反。
(2)　審理されている当事者に対する正当な特権の拒否。
(3)　不適当な証拠の受理または適当な証拠の拒否。
(4)　十分な証拠調べがなされずに下された性急な判決。
(5)　当該事件に関する偏見の明白な現れ。
(6)　判決および戒規における誤りまたは不公正。

第１１３条（上訴通知書）　上訴の通知書は、上訴理由を付して、会議の閉会前にまた閉会後十日以内に、会議の議長または書記に提出しなければならない。

第１１４条（事件記録）　上訴者は、上級会議の会議の第一日目までに、上級会議の書記に上訴状およびその理由書を提出しなければならない。

下級会議の書記は、当該事件に関する一切の議事の写し、上訴理由を付した上訴理由書、証拠および事件に関係ある書類を、同期間中に上級会議の書記に提出しなければならない。これらの書類は一括して「事件記録」という。

上級会議は、両当事者の同意なしに「事件記録」の中にない他のものを受理または考慮してはならない。

第１１５条（上訴通知書の効力）　上訴の通知書は、当該事件が上級会議で決定されるまで、下級会議の判決を停止させる効力を有する。

しかし、戒規が停止・除名または免職である場合、当該事件を取り扱った会議は正当に記録された十分な理由があれば、当該事件が最終的に決定されるまで、その戒規を有効とし、執行することができる。

第１１６条（審理）　上級会議は、上訴を正式に受理したならば、次の手続きをとるものとする。

(1) 事件の完全な記録の朗読、ただし両当事者および会議の同意を得て省略しうる部分を除く。
(2) 両当事者が陳述をする。上訴者は冒頭と最後の陳述をする権利を持つ。
(3) 上訴を受けた会議の議員は、その意見を発表する機会が与えられている。
(4) 次に表決は上訴されたそれぞれの条項についてそれ以上の討議をすることなく、下される。表決はそれぞれの誤りの申立てについて「この条項は認められるか」という形式で行われなければならない。

会議は適当と認める時、その議決に関する詳細な解説を採択することができる。その場合、それは当該事件に関する記録の一部となる。

第１１７条（決定）　上級会議は次のような決定を下すことができる。
(1) 下級会議が下した判決の全部または一部を確認することまたは破棄することができる。
(2) 記録が不正確あるいは欠陥があると思われる時、記録の修正のため下級会議に当該記録を差しもどすことができる。
(3) 再審理のために当該事件を差しもどすことができる。いずれの場合にも十分な記録が作成され、その写しが下級会議に送付されなければならない。

第１１８条（上訴放棄）　上訴者またはその代理人が、上訴通知書提出の日の後、最初に開かれる会議の第一日目までに上訴した上級会議に出頭しなければ、上訴を放棄したものと見なされる。ただし彼が出頭して上訴を断行し得なかったことについて満足な釈明を会議に与えた場合はこの限りではない。

第１１９条（不当な上訴）　上訴が、上訴者の訴訟ずきとかまたはその他の非キリスト教的精神に基づくものであることが明白となった場合、上訴者は上訴をなした上級会議より相当の叱責を受けねばならない。

第１２０条（事件記録の提出）　下級会議が「事件記録」の全部またはその一部を提出することを怠り、上訴者の利益を損うならば、上級会議よりしかるべき叱責を受けねばならない。また、上訴の原因となった判決は「事件記録」が提出され、その案件が公正に審理される時まで停止されるものとする。

第１７章　異議申し立て

第１２１条（異議申し立て）　異議申し立てとは、下級会議の議決または決定に反対し、上級会議へなされる文書による申し立てである。戒規事由のない陪餐会員が、自己に対して法治権を持つ下級会議の議決または決定に対して異議申し立てを起こすことは、彼の権利である。上訴中の裁判事件についての異議申し立ては許されない。異議申し立ては、すぐ上の上級会議の同意なしに、それ以外の上級会議になされてはならない。

第１２２条（異議申し立ての効力）　異議申し立ての通告は、異議申し立ての対象である下級会議の決議を停止させることはできない。
ただし、当該決議が行われた時の出席議員の三分の一の賛成により、上級会議での最終決定まで、その決議を停止することができる。

第１２３条（異議申し立ての当事者）　異議を申し立てられた会議は、申し立ての対象である決議を弁護するために、一人以上の代表者を任命しなければならない。この件における当事者は、異議申し立て者および異議申し立て応答者である。

第１２４条（上訴規定の適用）　第百十三条、第百十四条、第百十六条、第百十八条、第百十九条および第百二十条に定められている上訴に関する規定は、必要な変更を加えて異議申し立てに適用される。

第125条（上級会議の権能）　上級会議は次の決定を下す権能を有する。
(1)　下級会議の議決の全部または一部を無効とすることができる。
(2)　再審議するよう指示し、その案件を下級会議に差しもどすことができる。
第126条（表決の種類）　異議申し立てに関する表決は、異議を申し立てられた下級会議の決議の全部を支持するか、一部を支持するか、または全部を支持しないかのいずれかでなければならない。
第127条（表決の効力）　全部支持する表決は、異議を申し立てられた下級会議の決議の全部を支持するものである。全部を支持しない表決は同決議の全部を取り消すものである。一部を支持する表決は、同決議の特定事項を支持するものである。
第128条（一部支持の表決）　一部支持に関する表決は、表決に際し、支持しようとする特定事項も明示しなければならない。
第129条（表決の宣言）　異議申し立ての表決にあたり、多数の支持する項目のみが支持されることを、宣言しなければならない。

第18章　不同意および抗議

第130条（不同意）　不同意とは、会議において、特定の問題をめぐり、多数意見者と異なる意見を表明する一人またはそれ以上の少数意見者側の意志表示である。不同意は理由を付することなしに会議の記録に記載されなければならない。
第131条（抗議）　抗議とは、少数意見の議員が、その決議について有害または誤っていると考えるとの証言によって行ないいっそう厳粛な正式の意見表示である。通常、その根拠となる詳細な理由が付されるものとする。
第132条（不同意または抗議の記録）　不同意または抗議が、温和な言葉により表現され会議に対し礼を失しないものであれば、それを記録にとどめなければならない。
会議は、その必要を認める時、抗議と共にそれに対する回答を記録にとどめることができる。問題はここで終了する。ただし抗議した当事者が許可を得て取り下げた場合はこの限りではない。
第133条（抗議者の資格）

第19章　元教師の教会所属と再任職

第134条（元教師の教会所属）　中会が各個教会に教会員籍のない教師を、戒規によってではなくその職務から退かしめ、または除名によってではなく免職する時は、その者を小会の承認をへて一個教会の会員としなければならない。
第135条（元教師の再任職）　戒規によらず職務から退かせられた元教師の身分は、他の会員の身分と同一でなければならない。
彼が再び教師の職務にはいることを望むならば、中会は教師候補者、説教免許の取得、教師への任職に関する政治規準の規定に従って慎重に取り扱わなければならない。中会は適当と認めたならば再び任職することができる。

（出典：日本キリスト改革派教会　ホームページ）

COPYRIGHT(C) 2008　日本キリスト改革派教会　ALL RIGHTS

あとがき

世話人　小海　基

　ようやく「裁判資料集」を刊行できました。2010 年 11 月 22 日付で東京地裁に「地位保全処分命令申立て」（仮処分）を提出してから 2014 年 6 月 6 日付の最高裁上告棄却までの約 3 年半にわたる原告側と裁判所判決の全資料がここに記録されています。こうした司法法文書は私たち法律用語に疎い者たちにとって決して読みやすいものではありませんが、私たちの日本基督教団内で今後、同じような人権無視の適正手続きを無視した「戒規」処分が濫用されていくような「事件」が繰り返されないよう、「歯止め」になって欲しいという祈りのような思いを込めて刊行しました。「…内規の改正という内部手続きにより、教規や戒規施行細則の規定を踏み越えて、戒規の申立も受理も教師委員の権限として取り込んだ。この結果、教師委員会は教団内において、警察・検察・裁判所に当たる司法権のすべてを手中にした。こんな全権的司法機関の出現は『江戸町奉行所』以来であろう。…これはファシズム体制にほかならず、その先に現れるのは恐怖政治である」と、渡辺英俊訴訟対策委員長が「第 6 章　総括に代えて」の中で懸念を表明しているようなことを、まるで「司法のお墨付きをもらった」かのように錯覚し強行する人達が起こさないためにも、私たちはどうしても「資料集」の刊行が必要であると考えました。

　もちろん「巻頭言」で関田寛雄代表がことわっているように「資料集」というなら原告側の資料だけでなく被告側資料も全部収めたかったのですが、それは残念ながらできませんでした。時間をかけ被告側文書の要約を試みたりもしたのですが、出版後に「不正確な要約」といった類の言質を問われる口実を与えかねないという懸念から断念しました。本当は被告の日本基督教団側が、どんな「極論」をもって「戒規処分」を強行したのかを後世に残したかったのですが、それは控えることとしました。それにしても、最後に至るまで「戒規処分」対象者である北村慈郎牧師には処分内容の情報開示が一切無いにもかかわらず、司法（国家権力）に対しては何でも公開していることが、付録として付けられた被告側の証拠書類のリストからもお分かりだと思います（被告側文書のため本書にはリストしか収めていません）。「戒規」は制裁的「処分」ではない、「牧会的指導」なのだと被告は繰り返し力説し、情報公開を拒否し続けてきたのですが、さすがに司法の場ではそれは通らないと裁判所に証拠として出してきたのです。このことだけでも北村慈郎牧師「処分」がいかに人権無視の適正手続きを無視したやり方で進められてきたものであるかを自ら示してしまっているようなものです。

　本「資料集」は後半の 4 分の 1 近い分量を使って、今後日本基督教団が対話を深めて「ひらかれた合同教会」を形成していくことができるための参考資料として、瀬戸英治牧師の労による「『教団新報』における『聖餐』論議」や日本キリスト改革派教会の「教会規定第 2 部　訓練規定」（抜粋）を載せておきました。日本基督教団のものに比べて他教派の規定の方が、よほど慎重であり、人権にも配慮され、透明性、公平性を確保しようとする姿勢が、読者の皆さんにも感じられるのではないでしょうか。また 1960 年代から積み重ねられていた議論の仕方の方が、よほど「冷静」で、互いの主張に耳を傾け合う「対話」が成立していたとお感じになるのではないでしょうか。

　繰り返し申しますが、司法は北村牧師の「免職」が白であるか黒であるかとか、「開かれた聖餐」が正しいか否かの判断を示したのではなく、その判断については教義内容に触れざるを得ないものだから、と門前払いをしたに過ぎません。今後も対話が続けられる必要があります。また最高裁が「棄却」を出す少し前の 2013 年には、ドイツのヘッセン・ナッサウ州教会が改訂版「教会規定」を採択し、同州では日本で称されるところの「フリー聖餐」こと「開かれた聖餐」が標準的な聖餐のあり方になりました。

アメリカの合同メソジスト教会（UMC）やキリスト合同教会（UCC）でのそうした聖餐の持ち方はこれまでも知られていましたが、ヨーロッパでもそうした動きが正式に始まりつつあります。つまり今後、日本基督教団が「聖餐」を「開く」にしろ「閉じる」にしろ、北村慈郎牧師「免職」裁判のような、「戒規」処分で議論を封じ込めていくやり方で済ますことはできず、海外の諸教派の議論も踏まえつつ、「対話」と「議論」を積み重ねなければならない時代が始まっているということです。

　最後に、一つの文章を皆さんに紹介しておきたいと思います。隠退教師の柏井創牧師から紹介された文章です。日本基督教団にはこれまで、不品行や財産、金銭着服問題といったこととは無関係に、純粋に「神学問題」で北村慈郎牧師が日本基督教団初の「免職牧師」となった半世紀も前に、やはり「神学問題」で「除名」寸前までいった牧師が存在しました。上原教会の赤岩栄牧師です。ご存知のように、同師は1949年1月の「共産党入党宣言」発表以来、教団内で問題となり続け、一度は教団の説得により入党を断念したものの、64年に『キリスト教脱出記』を発表したことでついに「除名」寸前という所までいったのです。「除名」処分そのものがなされたのでなく「寸前」で終わったのは、66年11月28日に同師が亡くなられたためです。この件も本来なら同師が牧していた上原教会（現在も代々木上原教会として続いている）の総意を巻き込んでの問題提起であったはずなのですが、その後今日に至るまで教会の方は何らの「戒規」や「除名」対象にならず、牧師だけを「処分」対象としたという点でもよく似た事例であったと言えるでしょう。赤岩牧師は、亡くなる半年前に、同師主宰の『指』誌上で「除名についての私の弁明」という文章の中でその思いを公にしています。もちろん北村牧師と赤岩牧師の神学的立場は異なりますし、課された処分も「免職」と「除名」では、実態はともかくとして重さの度合いは一段階違うものです。しかし「神学問題」を、本来すべき公の議論を省いて「処分」でもって封じ込めてしまうやり方に対する疑義や思いは、現在私たち北村牧師を支援する立場と通じるものを感じないでしょうか。

「除名についての私の弁明」　　　赤岩　栄（『指』1966年4月号 20～21頁）

　教団内部で、この頃私の除名が問題になっているらしい。先日、キリスト新聞の記者が来て除名になったらどうするかと質問された。私はその時、抗告して問題を公にすると答えたのだが、この公という意味は、こっそり処分されるようなやりかたでなく、教団全体の問題としてもらうというつもりであった。ところが記者は、抗告を広告ととって、広告を出して世に問うと私が言ったように新聞に出してしまったのである。広告を出して世に問うとは何ごとかと、さっそく抗議の葉書をよこす人などがあって、こちらは迷惑している。こうした問題は、出来る限り冷静に対処したいものである。

　人はよく私に質問して、教団に残ることに何か得なことでもあるのかと聞かれる。しかし、むろん、それは損得の問題ではない。この広い世間には損得以外で動く人間も少しはいてもよいし、私はそういう人間のひとりでありたいと思っているのである。

　私は教団の信仰告白や、規律に反したことを語ったり、行ったりしているから除名しなければならないというのが、一部の除名論者の言い分らしい。教団が政党であるなら、この考えは当然だと思う。しかし、教団は政党ではないのだから、そうした規則以前に、イエスにある交わりが前提となるほかない。このような前提を無視して、規則だけで処理することは教団を政党の場に堕すことである。この点で私は除名論者の態度が納得できない。彼らは自分こそ教団であると自負しているのであろうが、教団政治の外にある私もまた教団に属している。それも、教団の規則や、信条が先であって、それを選ぶことで、私は教団の一員になったのではない。むろん、そのような仕方で教団の一員になったの

であるなら、当然、信条や規則に反する私は言われなくとも、自ら教団を出るべきであろう。ところが、戦時中、諸教派が合一したので、一教派に属する私も、自ら教団に属する者となった。私にとって教団に属する者となったということは、教団の規則、信条、以前の問題なのである。それは信条や、規則で第二次的に成立した組織ではなく、イエスにある交わりであって、この根拠を無視するなら、教団は単なる政治団体のようなものとなってしまう。除名論者の動きは、私から見ると、何か政党の懲罰委員のように見える。もし、教団の成立条件が基本的にはイエスの交わりにあるなら、信条や規則を押しつける前に、それの正当性を私に納得させるよう、なぜ努力しないのか。私の『キリスト教脱出記』が、信条の限界を越えているとの判断が、私の除名の理由であるということを私はきいている。むろん私は『キリスト教脱出記』が無謬のものだなどとは考えていない。しかし、同時に、教団の信仰告白も、教団員を拘束するものとは受けとっていないし、ブルトマン以後の今日ではいささかアナクロニズムであると思われるのである。

　したがって、イエスにあるものという前提のもとに、一方的に自分の考えを押しつけるのでなく、互いに話し合う必要があるのではないか。私が『キリスト教脱出記』を書いたのは、福音書の様式史的研究、編集史的研究の結果、在来、私の抱いていた信仰が神話にもとづく迷信であったということを知らされたので、私はそれに対して責任を感じ、その過程を明らかにしたのである。この点に関して、そういう誤りを犯した以上、以後沈黙すべきだという意見を私は聞いている。しかし、この試行錯誤は、私にとってはイエス追求という過程の一道標なのであって、イエス追求の結果が私の『キリスト教脱出記』となったのであって、この点に関しては、過去も現在も変わりなく首尾一貫しており、節操をうんぬんされるいわれはないと思っている。もし、私がこのイエスの線を外してしまうなら、私は当然、自ら教団脱退を申し出るべきであろう。しかし、教団はイエスにあるということを根拠にすべきであって、信条や規則を第一義とすべきでないと考える。もし、教団の一部の人の主張するように、信や教規をかざして、自分の意に反するものをひき抜いていくなら、教団はその根拠をあやうくするだろう。それは、福音書の譬にあるように、毒麦を抜こうとして、よい麦を抜いてしまう結果になる。古い信条が無効になろうとしている現代においては、マルコ福音書の編集時点に立って、ヨハネに語ったイエスの言葉を思い起こしたい。ヨハネがイエスに「先生、わたしたちについてこない者が、あなたの名を使って悪霊を追い出しているのを見ましたが、その人はわたしたちについてこなかったので、やめさせました」といった時「やめさせないがよい。だれでもわたしの名で力あるわざを行いながら、すぐそのあとで、わたしをそしることはできない。わたしたちに反対しない者は、わたしたちの味方である」イエスはこのように答えられた（9：38−40）。むろん、この言葉は編集史的理解によればイエスの言葉そのものではなく、当時の教条化されていくエルサレム教会へのマルコのせい限りの批判、警告なのである。おそらくイエスもまたこのマルコの気持ちに同意されるに違いない。今日の教団は、イエスという広い地盤にとどまり、あらゆる立場から、活発に論議し合うことで、現代にふさわしい教団になることができるであろう。私が教団にとどまる理由はこのようなきっかけをつくりだしたいためである。

　それから教団負担金の問題だが、合同しない前の私の教派（註・旧日本基督教会）は、外国の援助を受けないで自立する立場をとっていた。私たちの教会は教派からも、教団からも一度も金銭上の援助を受けたことはない。しかし、教団が外国からの援助金を受けなくなれば、私たちの教会はその日から教団の負担金を支払うつもりでいる。それは教団に属する者の当然の義務である。私の教会が今、それを納めないのは、外国の援助を受けることに対する抗議なのであって、教団が外国からの援助をことわれば、負担金を納めないというような非常手段は、即刻、とりやめるつもりでいる。何よりも

まずそれぞれが、それぞれの立場を、親身になって理解する必要があろう。すぐ、だんびらを抜いて除名、除名と騒ぐ前に、もっとしなければならないことがあるのではないのか。

　今、教団の一部がしていることは、教会が制度化される以前の大切な毛根と、現在に目覚めた新しい緑の芽を切ってしまうことのように見えるので私は教団という樹のために、このような愚かな真似はしないでほしいと願っているのである。教団の一部の人たちにとって除名対象となる人々は、ただ私だけではなく、教団という樹の毛根や、芽にあたる大切な人たちでもあるのだということを理解してほしい。

　つるひけば全山の露うごきたり

本書刊行のために大変な実務を執られた編集委員の皆さん、また隅々まで何度も目を通してくださり法的側面からのチェック、アドヴァイスをくださった弁護士の先生方、「教会規定第２部　訓練規定」の本書への転載を承諾してくださった日本キリスト改革派教会、新教出版社の小林望社長には心から感謝いたします。また裁判闘争を教会をあげて支援し続けてくださった紅葉坂教会の皆さん、全国の支援会の皆さんにも深く感謝します。今後も「戒規」問題や教憲・教規の不備や施行のあり方、「合同教会の『法』を問う資料集」や、「聖餐」論議の基本的「資料集」を出していきたいと願っています。地道なこの働きの果てにこそ、「教団という土俵を割らない、対話を止めない、希望を捨てない」道が開けてくると信ずるからです。

（荻窪教会牧師）

「北村慈郎牧師の処分撤回を求め、ひらかれた合同教会をつくる会」
編集委員：小海基（長）、沖田忠子、北村慈郎、谷口尚弘、渡辺英俊

北村慈郎牧師の処分撤回を求め、
ひらかれた合同教会をつくる会
〒242-0022　神奈川県大和市柳橋3の3の22　久保博夫方
Tel：090-2669-4219
e-mail：h2kubo@jcom.home.ne.jp

合同教会の「法」を問う
北村慈郎牧師の戒規免職無効確認等請求訴訟裁判記録

2016年10月21日　第1版第1刷　発行

編　者
北村慈郎牧師の処分撤回を求め、
ひらかれた合同教会をつくる会

発行所
株式会社新教出版社
〒162-0814　東京都新宿区新小川町9-1
電話（代表）03-3260-6148

印刷所
株式会社カシヨ

ISBN 978-4-400-32455-3　C1016